La réforme des juridictions des comptes dans l'espace CEMAC

Daniel Yannick EFANGON

La réforme des juridictions des comptes dans l'espace CEMAC

Avant-propos de Marc Ateba Ombala

Préface de Bruno Bekolo-Ebe

Postface de Nicaise Mede

L'Harmattan

5-7, rue de l'École-Polytechnique, 75005 Paris
http://www.editions-harmattan.fr
ISBN : 978-2-343-14937-0
EAN : 9782343149370

« Pendant que je cherchais mon trésor, j'ai découvert en chemin des choses que je n'aurais jamais songé rencontrer si je n'avais eu le courage de tenter des choses impossibles aux bergers. »

Paulo COELHO, *L'Alchimiste*, p.153.

À mes feus parents NTYA ENGO Roger
et AKOUMBA EFANGON Jacqueline

REMERCIEMENTS

Ce travail est le fruit d'une conjugaison de plusieurs efforts. Ma reconnaissance à tous ceux et celles qui y ont contribué de près ou de loin.

Ma profonde gratitude au Professeur Gérard Martin PEKASSA NDAM qui a accepté de consacrer de son temps pour que cet ouvrage revête sa forme actuelle et dont la rigueur a constitué pour moi une source d'inspiration et d'encouragement.

Mes remerciements au Docteur GOUDEM LAMÉNÉ Berthelot pour les conseils avisés dans la réalisation de ce travail.

Ma gratitude au Professeur ABOLO MBITA Christian, au Professeur ASSOUMOU Jules, à Monsieur Eric OMENGUE MESSANGA, Monsieur Célestin ANKAMTSENE, Monsieur Constant METOU'OU AMVELA, Monsieur Éric Samuel KOUA qui ont su me guider dans ce travail.

Mes sincères remerciements à Hemes Myriam NJIMEGNE NKWA, DJEULEZECK Ornella Raïssa, Faustin Liboire ESSOMBA et Georges Stéphane ETOH SANGON, William ONDO EBANG, Yannick ZANGA AKOA pour leur présence et leurs encouragements.

LISTE DES SIGLES ET ABRÉVIATIONS

AFRITAC-CENTRE :	Centre Régional d'Assistance Technique du FMI pour l'Afrique
BM :	Banque Mondiale
C/CEMAC :	Commission de la CEMAC
CCDBC :	Cour des Comptes et de Discipline Budgétaire du Congo
CDBF :	Cour de Discipline Budgétaire et Financière
CDC :	Cour des Comptes
CEMAC :	Communauté Economique et Monétaire d'Afrique Centrale
CONSUPE :	Services du Contrôle Supérieur de l'État
D.CTBGFP :	Directive Relative au Code de Transparence et de Bonne Gouvernance
NGFP :	Nouvelle Gouvernance des Finances publiques
D.LF :	Directive relative aux lois de Finances
D.NBE :	Directive relative à la nomenclature Budgétaire de l'État
D.PCE :	Directive relative au Plan Comptable de l'État
D.RGCP :	Directive relative au règlement Général de la Comptabilité Publique
D.TOFE :	Directive relative au Tableau des Opérations Financières de l'État
DOB :	Débats d'Orientation Budgétaire
EM :	États membres
FIGE :	Forum des Inspections Générales d'États
FMI :	Fonds Monétaire International

IFAC: International Federation of Accountants

INTOSAI : International Organisation of Suprem Audit Institutions

INCOSAI : International Congress of Suprem Audit Institutions

ISA : International Standards on Auditing

ISC : Institution Supérieure de Contrôle des finances publiques

ISSAI : International Standards of Suprem Audit Institution

PTF : Partenaires Techniques et Financiers

SP/CDBF : Secrétariat Permanent du Conseil de Discipline Budgétaire et Financière

AVANT-PROPOS

La bonne gestion des finances publiques participe de la gouvernance qui est une condition incontournable du développement d'un pays. Elle est plus pressante pour les pays en voie de développement ou d'émergence en quête de ressources financières nécessaires pour la réalisation de leurs projets structurants ou intégrateurs. Tout État, conscient de cette réalité, met sur pied des mécanismes plus ou moins efficaces de bonne gestion, de contrôle des finances publiques et de répression des atteintes à la fortune publique.

Le contrôle des finances publiques, en ce début de XXIe siècle, est une préoccupation qui transcende le cadre étatique. Au lendemain de leur accession à l'indépendance, la plupart des États africains ont mis en œuvre des mécanismes de contrôle des finances publiques, inspirés de ceux des anciennes puissances coloniales, qui évoluent sans cesse ; ils n'ont pas ménagé leur adhésion aux organisations internationales des Institutions Supérieures de Contrôle des finances publiques (INTOSAI, AFROSAI) pour les faire gagner en efficacité. L'Institution Supérieure de Contrôle des finances publiques (ISC) s'entend comme la plus haute autorité de contrôle externe des Finances publiques qui, entre autres caractéristiques, dispose d'un mandat légal, est indépendante des pouvoirs exécutif et législatif en ce qu'elle décide de son programme de travail et de la publication des conclusions ou résultats de ceux-ci[1].

La France, la principale puissance coloniale de la région subsaharienne empruntant cette voie de la réforme et de la modernisation des Finances publiques, a adopté le 1er août 2001 la Loi Organique relative aux Lois de Finances (LOLF). Ce nouveau cadre budgétaire et comptable est bâti sur trois (3) piliers essentiels : la budgétisation orientée vers les résultats ; le nouvel équilibre des pouvoirs au sein de l'État ; la mise en place des outils de mesure de la

---

(1)- Déclaration de LIMA, 1977 ;
- Déclaration de Mexico sur l'indépendance des ISC, 2007 ;
- Déclaration de l'EUROSAI, sur le « Renforcement de l'indépendance des ISC », Lisbonne, 2011 ;
- Résolution n° A/66/209 des Nations Unies du 22 décembre 2011 sur l'indépendance des ISC.

situation financière de l'État par l'adoption d'une comptabilité générale avec, à côté d'une comptabilité de caisse, une comptabilité d'exercice (ou de droits constatés) en vue de la transparence et de la lisibilité du budget et des comptes.

L'on note, avec l'adoption de cette LOLF, une vague déferlante des réformes en Afrique francophone au niveau des États et des instances communautaires. Dans la sous-région de l'Afrique centrale, le Cameroun adopte la loi n° 2007/006 du 26 décembre 2007 portant régime financier de l'État qui intègre les innovations ci-dessus rappelées de la LOLF et prévoit pour les finances publiques un triple contrôle : parlementaire renforcé, juridictionnel et administratif. Il prend ainsi le pas sur la Communauté Economique et Monétaire de l'Afrique centrale (CEMAC) qui adopte en 2008 les directives portant cadre harmonisé des finances publiques. Dans le train des réformes institutionnelles de la CEMAC, ce cadre est modifié et complété en décembre 2011 avec l'adoption de la directive n° 06/11-UEAC-190-CM-22 du 19 décembre 2011 relative au *« Code de transparence et de bonne gouvernance dans la gestion des finances publiques au sein de la CEMAC »*, et des cinq (5) autres directives prises en application de celle-ci. Cette directive affirme la primauté de ses dispositions sur celles de toutes les directives CEMAC et toutes les législations et réglementations nationales des États membres postérieures qui doivent se conformer aux principes et règles qu'elle définit (article 3). Le code y annexé édicte en ce qui concerne le contrôle :

« Section VI. 3.- Les Finances publiques et les politiques qu'elles soutiennent sont soumises au contrôle externe de la Cour des Comptes dont la création est obligatoire dans chaque État membre. »

La mise en œuvre programmée de ces directives de 2011 dans la zone CEMAC ne va pas sans susciter des interrogations face à certaines réalités évoquées dans cet ouvrage.

Au-delà de l'évocation de la notion d'Institution Supérieure de Contrôle des finances publiques (ISC) qui est ici sujette à caution, l'auteur se penche sur des dispositions des directives sur le contrôle juridictionnel, notamment de l'article 72 de la Directive n° 01/11-UEAC-190-CM-22 du 19 décembre 2011 relative aux lois des Finances, qui explicite celles de la section VI du code susvisé. Le problème évoqué est d'actualité et d'intérêt avérés en ce qu'il a trait à la dynamique de l'intégration en Afrique Centrale, engagée avec le

Traité de Brazzaville du 8 décembre 1964 qui crée l'UDEAC. Car, comme il est rappelé dans mon ouvrage *« Le Contrôle Juridictionnel des Comptes de la CEMAC », « c'est l'impératif de la construction économique en zone CEMAC qui a présidé à l'institution de la Chambre des Comptes de la Communauté et même des Cours des Comptes nationales. »* Avec l'adoption et la mise en œuvre du Programme Economique Régional (PER), le cadre harmonisé rénové de gestion des finances publiques de la CEMAC de 2011 se fait plus précis et contraignant, et les États membres engagés dans leur politique d'atteinte de l'émergence sont attelés à la modernisation de leurs finances publiques. L'entreprise du jeune diplomate EFANGON Daniel Yannick est à saluer comme une précieuse contribution dans ce processus.

Je ne peux que recommander cet ouvrage à tous ceux qui s'intéressent aux finances publiques, gouvernants, chercheurs, enseignants, étudiants et grand public.

Marc ATEBA OMBALA

Magistrat hors hiérarchie premier groupe,

Président de la Chambre des Comptes de la Cour Suprême du Cameroun,

ancien Juge et Président de la Chambre des Comptes de la Cour de Justice de la CEMAC.

PRÉFACE

La montée en puissance de la dépense publique est devenue depuis la fin de la Deuxième Guerre mondiale, une des caractéristiques essentielles des États modernes, traduisant par-là l'importance de ce que l'on appelle la trilogie de Musgrave,[2] désignant la triple fonction de l'État moderne : l'allocation, la régulation et la stabilisation, la redistribution. Si l'assomption par l'État de cette triple fonction a pour objectif d'optimiser la fonction d'utilité collective dont la fonction de préférence du décideur public est supposée donner une représentation appropriée, l'expérience des économies contemporaines montre que le processus de réalisation s'accompagne d'externalités pas toujours positives. Il en est d'autant plus ainsi que la dépense publique, qui prend sa source dans le prélèvement sur le revenu des agents privés, obligent ceux-ci à intégrer à leur contrainte budgétaire intertemporelle, la contrainte budgétaire intertemporelle de l'État, et à tenir compte des risques d'incohérence intertemporelle liés à l'intervention publique. La question de la pertinence de la décision publique devient ainsi une question capitale, posant le problème de l'évaluation des politiques publiques et de manière plus spécifique, de la qualité de la dépense publique. Ce problème se pose particulièrement aux pays africains depuis les années 1980-1990, avec la grande crise qui les a affectés et qui s'est traduite par un creusement des déficits publics, et un endettement d'autant plus insupportable que l'on était obligé de reconnaître que l'occurrence de ces déficits ne s'accompagnait pas de résultats positifs significatifs en termes de croissance, de développement, et de bien-être pour les populations. L'actualité de cette question n'a pas depuis lors disparu. La gouvernance est ainsi devenue un enjeu important pour l'avenir de ces économies, obligeant à l'engagement d'un ensemble de réformes pour rendre l'intervention publique plus efficace et plus pertinente pour le développement. C'est dans ce processus de réformes en profondeur de l'État que se situe la réforme des finances publiques. Celle-ci a plusieurs volets, entre autres : la rationalisation des choix budgétaires qui a conduit à

---

[2] Musgrave, R et Musgrave, P., Public Finance in Theory and Practice, McGraw-Hill, 1989.

l'adoption des budgets programmes ; la réforme du compte unique qui a permis le retour du Trésor dans le circuit de la liquidité et de l'État sur les marchés ; la réforme fiscale, pour sa meilleure utilisation, comme variable instrumentale de politique économique ; la réforme de la comptabilité publique et des mécanismes de reddition des comptes. C'est cette dimension qui est au cœur de l'analyse passionnante que nous livre l'ouvrage de M. EFANGON Daniel Yannick : *La Réforme des Juridictions des Comptes dans l'Espace CEMAC.*

La réforme des juridictions de comptes en Afrique Centrale a été en effet engagée dans un cadre communautaire, celui de la CEMAC, du fait que la sortie de crise s'est elle-même inscrite dans une perspective communautaire, l'intégration étant alors apparue comme la voie obligée pour les six États de la sous-région, non seulement pour un rétablissement rapide des équilibres macroéconomiques, mais encore pour l'accélération du processus de développement grâce à des réformes structurelles qu'aucun d'eux ne pouvait réussir à mener individuellement à bonne fin. Ce sont ces réformes engagées depuis 2008 (date de la première série des directives communautaires) qu'analyse cet ouvrage structuré en deux grandes parties, l'une consacrée aux fondements, déterminants et acteurs de la réforme ; l'autre à son opérationnalisation.

La première partie met en perspective la réforme, en la situant, avec raison, dans la problématique générale définie par la Déclaration de Lima d'octobre 1977 qui pose le double principe d'une part, de l'obligation du contrôle des finances publiques, et d'autre part, de l'indépendance de ce contrôle comme gage de son objectivité et de son efficacité. Ce double principe permet à l'INTOSAI de décliner les normes de contrôle qui inspireront les instances communautaires dès les premières directives. Celles-ci assignent au contrôle trois missions : audit financier, audit des performances, audit de conformité. Ces missions de contrôle doivent être confiées, d'après les directives de la CEMAC, à une instance juridictionnelle dont l'indépendance doit être garantie par ses structures organiques, le statut des personnes chargées de son fonctionnement (des magistrats) et les procédures de réalisation des audits. Au-delà des fondements juridiques qui trouvent leur origine dans la Déclaration de Lima et sa traduction en normes par l'INTOSAI, l'auteur met en évidence les fondements politiques et économiques de cette évolution qui s'analyse comme une véritable mutation paradigmatique pour les six États. Il souligne en particulier les déterminants économiques d'accélération de l'intégration qui inscrivent la réforme des finances publiques dans le cadre des grandes réformes sectorielles engagées par la CEMAC.

Les acteurs de la réforme en sont les États membres, initiateurs et bénéficiaires de la réforme, les instances communautaires, dont le Conseil des ministres qui a compétence pour édicter des directives ; les partenaires techniques financiers. Ces derniers, dont le rôle théorique est l'appui au processus, semblent cependant jouer un rôle primordial. Il en est particulièrement ainsi des deux organismes de Bretton Woods que sont le FMI et la Banque Mondiale, et, dans une moindre mesure, l'Union Européenne, omniprésents de la conception de la réforme à son opérationnalisation. On ne peut manquer ici de s'interroger sur l'appropriation et l'internalisation effectives de la réforme par les acteurs nationaux et communautaires. Sur le plan institutionnel, le schéma se structure organiquement autour d'une Cour des Comptes, organe juridictionnel indépendant des pouvoirs exécutif, législatif et judiciaire, mais qui appuie par son assistance technique le pouvoir législatif avec lequel elle partage la mission de contrôle des finances publiques. La Cour des comptes assume les compétences d'Instance Supérieure de Contrôle (ISC), de juridiction, d'audit et de coordination, compétences qui s'exercent dans un vaste champ incluant tous les acteurs de la gestion des finances publiques. Apparaît ainsi implicitement une volonté de promotion de l'efficacité et de l'efficience par le biais d'une homogénéisation institutionnelle et organique qui garantit l'indépendance. On peut cependant s'interroger avec l'auteur sur la capacité et surtout la volonté effective des États à mettre en œuvre le schéma, eu égard à l'écart observé entre le schéma théorique proposé et son opérationnalisation.

L'analyse de l'opérationnalisation à laquelle est consacrée la deuxième partie de l'ouvrage amène en effet à la conclusion que le grand écart est la règle, l'application du schéma communautaire l'exception, tant les disparités de mise en œuvre sont grandes. L'auteur en apporte la preuve en procédant à l'analyse critique de chacune des expériences nationales. Si, sur un plan formel, le Congo, le Tchad, la RCA et le Gabon disposent, chacun, d'une Cour des Comptes, un examen approfondi des structures de fonctionnement de chacune des Cours montre que celles-ci sont loin de correspondre au schéma communautaire, le cas du Congo étant, d'après l'auteur, le moins éloigné. Le cas polaire de la résistance est celui du Cameroun dont l'analyse amène à se demander si le rapprochement pourra se faire dans un avenir proche, tant les actes juridiques les plus récents, tels que le décret n° 2013/287 du 4 septembre 2013 donnent un signal tout à fait contraire qui semble plutôt pérenniser le grand écart.

Parmi les facteurs permissifs de ce grand écart, M. Efangon met en avant les problèmes que pose, dès l'origine, l'élaboration des directives communautaires qui réduisent les marges de manœuvre des États et les ambiguïtés que véhiculent lesdites directives. On peut se demander si ce n'est pas là la rançon de réformes imposées de l'extérieur, sans une analyse suffisamment rigoureuse et du contexte sociologique, anthropologique, politique et économique, et des conditions nécessaires et préalables de mise en œuvre. Comment penser en effet qu'une institution indépendante de reddition des comptes puisse fonctionner dans un environnement politique structuré autour d'un pouvoir exécutif fort dont la gestion des finances publiques est précisément le principal instrument de sa prééminence sur les autres pouvoirs ? L'auteur pointe aussi la complexité de cette réforme dont il dit qu'elle est *« largement en avance par rapport à d'autres, tant sur le plan formel que matériel. »* (p.240). Cette complexité est d'autant plus difficile à maîtriser que, comme le relève encore l'auteur, l'internalisation de la réforme impose aux acteurs un investissement particulièrement lourd en travail pour assurer la fusion en une seule institution de ce que devrait faire chacune de son côté, une Cour des comptes, une Cour de discipline budgétaire, une Cour de contrôle des finances publiques.

M. Efangon ouvre une perspective de solution en proposant la division du travail comme gage d'efficacité, allant de pair avec un effort de décomplexification. On peut cependant regretter que ces propositions ne fassent pas l'objet d'un mûrissement en profondeur qui aurait donné encore plus de richesse à cette réflexion stimulante dont il faut saluer la mise à la disposition du public et souhaiter qu'elle serve de balise à tous les responsables de cette aventure qui vaut la peine d'être engagée et poursuivie, en dépit des difficultés présentes et à venir, parce qu'il y va du devenir de nos pays et de notre capacité à construire un avenir de développement.

Professeur BEKOLO-EBE Bruno

Agrégé des Facultés des Sciences Economiques et de Gestion

Recteur Honoraire des Universités de Douala et de Yaoundé II

Président de la Société Camerounaise des Agrégés

SOMMAIRE

INTRODUCTION

La communautarisation des divers secteurs d'activités en vue d'une intégration parfaite en zone CEMAC[3] n'a pas épargné le domaine des finances publiques. On en veut pour preuve, l'adoption par le Conseil des ministres de l'UEAC[4] le 19 décembre 2011, de six directives relatives au cadre harmonisé de gestion des finances publiques dans la sous-région[5], et la création d'un comité d'experts en gestion des finances publiques[6]. La directive N° 01/11-UEAC-190-CM-22 relative

[3] CEMAC : La Communauté Economique des États de l'Afrique Centrale est créée par le Traité de Ndjamena le 16 mars 1994. Née sous les décombres de l'UDEAC, elle a connu plusieurs mutations institutionnelles dont la plus récente remonte au 30 janvier 2009 avec le dernier Traité révisé.

[4] La CEMAC fonctionne avec deux grandes unions considérées comme piliers de la Communauté. Il s'agit d'une Union Économique représentée par l'UEAC (Union Économique de l'Afrique Centrale) régie par la Convention de Yaoundé du 25 juin 2008 et d'une Union Monétaire à savoir l'UMAC (l'Union Monétaire d'Afrique Centrale) elle aussi régie par une Convention signée à Yaoundé le 25 juin 2008.

[5] Il s'agit de la directive N° 01/11-UEAC-190-CM-22 relative aux lois de finances, de la directive N° 02/11-UEAC-190-CM-22 relative au règlement général de la comptabilité publique ; de la directive N° 03/11-UEAC-190-CM-22 relative au plan comptable de l'État ; de la directive N° 04/11-UEAC-190-CM-22 relative à la nomenclature budgétaire de l'État ; de la directive N° 05/11-UEAC-190-CM-22 relative au tableau des opérations financières de l'État et de la directive N° 06/11-UEAC-190-22 relative au code de transparence et de bonne gouvernance dans la gestion des finances publiques. C'est suite aux insuffisances constatées dans les premières directives adoptées par le Conseil des ministres le 20 juin 2008 que la CEMAC a fait recours aux experts du FMI et au comité d'Experts en gestion des finances publiques dont les travaux ont abouti à l'adoption de ces nouvelles directives.

[6] La directive N° 05/10-UEAC-190-CM-21 du 28 octobre 2010 crée et fixe les attributions du Comité d'Experts en gestion des finances publiques. La création de ce comité intervient au moment où les directives élaborées en 2008 montraient toutes leurs défaillances. Le Conseil des ministres a jugé de la nécessité d'avoir au sein de la CEMAC des experts dans le domaine des finances publiques qui désormais vont travailler sur toutes les questions y relatives afin d'éviter les dérapages. La première mission confiée à ce comité était de réfléchir, avec les experts du FMI sur les voies et moyens pouvant permettre de combler les insuffisances que recelaient les premières directives de 2008. Au bout du compte, le comité a produit des comptes rendus le 25 février et le 29 avril 2011. Comptes rendus qui ont servi à l'élaboration des nouvelles directives de 2011.

aux lois de finances traite spécifiquement des questions relatives au contrôle des finances publiques[7]. Parmi les modalités de contrôle consacrées par ladite directive figure le contrôle juridictionnel. Aux termes de son article 72, *« le contrôle juridictionnel des opérations budgétaires et comptables des administrations publiques est assuré par une Cour des Comptes qui doit être créée dans chaque État membre. Cette Cour des Comptes est une juridiction et ses membres ont le statut de magistrat. Elle est indépendante par rapport au gouvernement et au parlement et autonome par rapport à toute autre juridiction. Elle décide seule de la publication de ses avis, décisions et rapports. Elle est l'Institution Supérieure de Contrôle de chaque État »*.

Les États membres de la CEMAC, dans la poursuite de l'idéal communautaire à savoir la réalisation d'intégration régionale effective en Afrique Centrale, se sont obligés de créer des cours des comptes nationales. Cette obligation traduit l'interaction entre, d'une part, un droit communautaire qui s'impose aux États membres et, d'autre part, un droit national avec ses réalités, ses particularités et ses pesanteurs ; lequel doit se conformer au droit communautaire.

Le Cameroun à l'instar des autres États de la CEMAC, doit s'atteler à la création d'une Cour des Comptes[8] pour un renforcement des mécanismes de contrôle de finances publiques. Les directives adoptées le 19 décembre 2011 par le Conseil des ministres de l'Union Économique de l'Afrique Centrale, en fixant un délai pour leur transposition[9], traduisent la volonté des États membres de la communauté de parvenir à un espace intégré. Au-delà, il s'agit d'optimiser et de perfectionner les systèmes nationaux de gestion et de contrôle des finances, en vue d'améliorer le bien-être des populations. Ce cadre harmonisé procède également de l'arrimage des institutions et

---

[7] Dans le chapitre 4 de ladite directive intitulé « Du contrôle », trois modes de contrôle des finances publiques sont préconisés à savoir « le contrôle parlementaire, le contrôle administratif, et le contrôle juridictionnel ». Article 69.

[8] L'article 72 de la directive N° 01/11-UEAC-190-CM-22 relative aux lois de finances dispose que : *« le contrôle juridictionnel des opérations budgétaires et comptables des administrations publiques est assuré par une Cour des comptes qui doit être créée dans chaque État membre. Cette Cour des comptes est une juridiction et ses membres ont le statut de magistrat. Elle est indépendante par rapport au gouvernement et au parlement et autonome par rapport à toute autre juridiction. Elle décide seule de la publication de ses avis, décisions et rapports. Elle est l'Institution Supérieure de Contrôle de chaque État. »*

[9] Ce délai a été fixé en décembre 2013.

pratiques aussi bien nationales que communautaires, aux standards internationaux[10], en matière de gestion des finances publiques. Cette harmonisation des pratiques et des institutions apparaît, comme un outil incontournable par l'entremise duquel les États africains parviendront au développement. D'ailleurs, c'est « *une des principales priorités des dirigeants africains et reste un moteur important de la croissance économique, du développement et de la réduction de la pauvreté en Afrique* »[11]. Or, les progrès vers l'intégration dans les huit Communautés économiques régionales[12] que compte l'Afrique sont contrastés. Selon le Traité d'Abuja, le cadre harmonisé de gestion des finances publiques correspond à la deuxième étape du processus d'intégration qui consiste à procéder au « *renforcement de l'intégration sectorielle aux niveaux régional et continental, de tous les secteurs d'activités et en particulier dans les domaines du commerce, de l'agriculture, de la monnaie et des finances...* ».

La CEMAC, bien que n'étant pas reconnue par le Traité d'Abuja, évolue conformément à ces objectifs, dans la mesure où un vaste programme de réformes et d'harmonisations a été engagé. Il concerne des domaines aussi variés que les transports, les finances publiques ou encore les télécommunications[13]. Il faut souligner que l'entreprise d'harmonisation pour ce qui est des finances publiques, date de quelques années seulement. En effet, le 20 juin 2008, 5 directives avaient été adoptées par le Conseil des ministres de l'UEAC. Celles-ci ayant été jugées inadaptées sur certains points essentiels, il devenait

[10] Au niveau international, il existe une institution, l'INTOSAI, qui est l'organisation internationale des Institutions Supérieures de Contrôle des finances publiques. Cette instance faîtière en matière de contrôle des finances publiques définit les normes internationales auxquelles les États membres doivent se conformer pour renforcer les capacités des acteurs institutionnels internes intervenant dans la sécurisation des finances publiques.

[11] Nations Unies, Conseil Economique et Social, Commission économique pour l'Afrique. Huitième session du comité du commerce, de la coopération et de l'intégration régionale, Addis-Abeba (Éthiopie), du 6 au 8 février 2013, Rapport sur le Programme d'intégration régionale en Afrique. P.1.

[12] CEDEAO, COMESA, CEEAC, IGAD, CEN-SAD, CAE, SADC, UMA.

[13] Nous avons notamment la directive N° 99/CEMAC-028-CM-03 portant harmonisation des législations des États membres en matière de Taxe sur la valeur ajoutée (TVA) et du droit d'accises (DA), la directive N° 06/08-UEAC-133-CM-18 fixant le régime du service universel dans le secteur des communications électroniques au sein des États membres de la CEMAC et la directive N° 07/08-UEAC-133-CM-18 fixant le cadre juridique de la protection des droits des utilisateurs des réseaux et des services de communication électroniques au sein de la CEMAC.

urgent de les adapter au contexte économique régional et international. D'où les réformes substantielles opérées par les experts du FMI[14] et de la CEMAC et qui ont donné lieu aux 6 directives[15] du 19 décembre 2011.

Jean-Louis CLERGERIE affirme qu'*« une politique économique est considérée par les États membres « comme une question d'intérêts communs » (article 99-1 Traité de la CEE), ce serait évidemment incompatible avec de grandes disparités budgétaires »*[16]. De ce point de vue, la réduction de ces disparités passe inéluctablement par une fidèle transposition et mise en œuvre dans les ordres juridiques nationaux des différents instruments juridiques communautaires en matière de finances publiques en général, et plus spécifiquement pour ce qui est de la mise en œuvre des Cours des Comptes au sein des États membres.

Avec la réforme des juridictions des Comptes impulsée par la CEMAC, chacun des États membres doit disposer d'une Cour des comptes, Institution Supérieure de Contrôle chargée de coordonner l'action globale de l'État en matière de contrôle des finances publiques. Dans certains de ces Etats membres à l'instar du Gabon et du Tchad, les Cours des Comptes sont déjà existantes. Ce sont des institutions

---

[14] Le Fonds Monétaire International (FMI) est créé le premier juillet 1944 à Bretton Woods dans le New Hampshire aux États-Unis. C'est l'une des Institutions de Bretton Woods à côté de la Banque Mondiale. Au sein du FMI, il y a un groupe d'experts en gestion des finances publiques. C'est ce dernier qui, à la demande du Conseil des ministres de l'UEAC, a procédé au toilettage des directives de première génération de 2008 avec l'appui du Comité d'experts en gestion des finances publiques de la CEMAC. Il faut souligner que la création de ce dernier le 28 octobre 2010 s'inspire de la même pratique au sein du FMI.

[15] Les cinq directives de 2008 ont connu des réformes substantielles. Mais l'esprit et l'objectif sont restés le même. C'est pour cela qu'on remarque que les aspects des finances publiques (lois de finances, nomenclature budgétaire, plan comptable de l'État, règlement général de la comptabilité publique, tableau des opérations financières de l'État) sont les mêmes dans les deux générations de directives. Cependant, l'une des grandes innovations des directives de 2011 c'est l'introduction d'une sixième directive relative au code de transparence et de bonne gouvernance dans la gestion des finances publiques. Cela traduit la volonté des États membres de rendre la gestion des deniers publics plus rigoureuse et plus transparente. C'est l'une des garanties à la bonne mise en œuvre des politiques publiques pour le bien-être des citoyens.

[16] J. L. CLERGERIE, A. GRUBER, P. RAMBAUD, *l'Union Européenne*, Paris, Dalloz, 2008. p. 469.

constitutionnellement consacrées[17] et occupant une place non négligeable dans le paysage institutionnel de ces États. Dans d'autres, à l'instar du Cameroun, l'ISC est représentée par un organe rattaché au pouvoir exécutif à savoir les Services du Contrôle Supérieur de l'État[18] (CONSUPE) qui contrôle exclusivement les gestionnaires de crédits publics, tandis que le contrôle et la sanction des comptables publics sont assurés par la Chambre des Comptes[19] de la Cour Suprême.

En tout état de cause, l'existence d'une Cour des Comptes dans chacun des États membres de la CEMAC traduit la volonté d'aligner leurs systèmes de gestion des finances publiques aux normes internationales, ce qui induit un effort d'harmonisation et un pas de plus dans le processus d'intégration. Cette mise en œuvre emporte des réformes importantes, qui vont, sans doute, reconfigurer l'ordre institutionnel dans ces États. On est là face à des enjeux juridico institutionnels et politiques non négligeables aussi bien au niveau des États qu'au niveau communautaire. D'où la pertinence et toute l'actualité de cette réflexion portant sur *La réforme des juridictions des comptes dans l'espace CEMAC.*

On ne saurait aborder une recherche ou une réflexion sur un ensemble de concepts dont on ne perçoit pas véritablement le sens. Ainsi, la clarification conceptuelle nous permet de partir sur des bases certaines.

À la question de savoir ce que c'est qu'un concept, Madeleine GRAWITZ estime que *« ce n'est pas le phénomène lui-même, c'est une*

---

[17] D'après l'article 67 de la Constitution de la République gabonaise, la Cour des Comptes figure parmi les institutions qui sont chargées de rendre justice au nom du peuple gabonais. L'article 76 expressément dédié à la Cour des Comptes précise d'entrée de jeu que celle-ci est chargée du contrôle des finances publiques. À cet effet, plusieurs compétences lui sont reconnues par la Constitution, notamment assurer l'exécution des lois de la loi de finances et en informer le Parlement et le Gouvernement ; vérifier la régularité des recettes et des dépenses décrites dans les comptabilités publiques et s'assurer à partir de ces dernières du bon emploi des crédits, valeurs et fonds gérés par les services de l'État.

[18] Au regard de l'article 2 alinéa 1 du Décret N° 2013/287 du 4 septembre 2013 portant organisation des Services du Contrôle Supérieur de l'État, *« Les Services du Contrôle Supérieur de l'État constituent l'Institution Supérieure de Contrôle du Cameroun. Ils sont chargés de l'audit externe ».*

[19] L'article 2 de la loi N° 2003/005 du 21 avril 2003 fixant les attributions l'organisation et le fonctionnement de la Chambre des Comptes de la Cour Suprême dispose que *« la Chambre des Comptes juge les comptes ou les documents en tenant lieu des comptables patents ou de fait ».*

abstraction, une pensée, un moyen de connaissance ». L'auteure dégage un double aspect du concept qui *« représente une activité pratique sensible, le contact avec le monde sous la forme des êtres singuliers : tel objet, tel animal, et de proche en proche, il s'élève en écartant les aspects particuliers, contingents de ce contenu, pour atteindre par abstraction l'universel ».*[20]

Selon LEFEBVRE[21] *« la formation d'un concept signifie que l'on a pénétré au-delà de l'immédiat sensible, de l'apparence, dans un degré supérieur d'objectivité »*. C'est la raison pour laquelle *« la logique du concept est une logique de l'essence ».* L'un des moyens à travers lesquels le chercheur peut parvenir à la rupture épistémologique réside dans la critique lexicologique. Cette dernière consistant à passer aux cribles, les mots usuels pour passer du langage ordinaire, profane, à un langage scientifique. Et c'est à juste titre que DURKHEIM indique que : « *le savant doit d'abord définir les choses dont il traite afin que l'on sache et qu'il sache bien de quoi il est question... Une théorie ne peut être contrôlée que si l'on sait reconnaître les faits dont elle doit rendre compte. Un véritable concept ne peut être établi qu'à la fin de la recherche, lorsque les caractéristiques des phénomènes étudiés sont connues ».*[22]

Deux concepts sont au centre de cette réflexion. Il s'agit de la Réforme (1) et des Juridictions des Comptes (2).

1- La Réforme

La réforme désigne un *« changement que l'on apporte (dans les mœurs, les lois, les institutions) afin d'en obtenir de meilleurs résultats »*[23]. Le changement dont nous faisons allusion ici, est un changement progressif, dénué du caractère brusque propre aux révolutions, avec parfois une violence accrue. Réformer signifie donc corriger, changer en mieux. Particulièrement pour ce qui est des institutions, il s'agit d'extirper ce qui serait devenu inadapté au contexte socio-économique et culturel, pour l'adapter selon les normes et les

---

[20] M. GRAWITZ, *Méthodes des sciences sociales*, Paris, Dalloz, 11e édition, 2001, p. 18.

[21] H. LEFEBVRE, *Logique formelle, logique dialectique*, Paris, éditions Anthropos, 1969, p. 115. Cité par M. GRAWITZ. *Op.cit.* p. 18.

[22] E. DURKHEIM, *De la division du travail social*, Alcan, 1932, p. 34. Cité par M. GRAWITZ. *Op.cit.* p. 381.

[23] M. DURAND, *Le Robert pour tous, dictionnaire de la langue française*, Paris, 1994, p. 953.

besoins de l'heure. En ce sens, la réforme renvoie à *« une mise à jour »*[24] c'est-à-dire à une correction, une amélioration, un perfectionnement de ce qui existe déjà. Ainsi, la réforme des juridictions des Comptes dans l'espace CEMAC s'inscrit dans une optique de changement progressif en vue d'adapter les institutions nationales aux exigences et aux réalités internationales du moment en matière de gestion et de contrôle des finances publiques. Les juridictions des Comptes ne sont qu'une infime partie des réformes entreprises ou devant l'être au sein des États membres de la CEMAC conformément aux standards internationaux. C'est dans ce sens que Joseph KANKEU, faisant allusion au cas du Cameroun, a pu affirmer que : *« la réforme de l'État camerounais apparaît, de nos jours, comme une ardente obligation. Il est, en effet, soumis à une critique incessante »*[25].

La réforme a un double objectif. D'une part l'uniformisation ou de manière plus souple l'harmonisation du cadre général du contrôle des finances publiques dans la zone CEMAC ; ce qui traduit l'obligation pour chacun des États membres de créer une Cour des Comptes, obéissant aux critères énoncés par les directives communautaires. D'autre part, la réalisation de cet objectif sert assurément l'objectif d'intégration en ce sens que l'harmonisation des institutions[26] est l'une des étapes ou encore l'un des stades qui mènent à l'intégration parfaite. L'harmonisation des institutions s'inscrit dans le cadre plus large de l'union économique, qui correspond au marché commun et à l'harmonisation des politiques économiques.

---

[24] E. GENOUVIER, C. DESIRAT, T. HORDE, *Dictionnaire des synonymes*, Paris, Larousse, 2003, p. 585.

[25] J. KANKEU, *La réforme de l'État par la performance*, Bafoussam, Presses Universitaires de la Périphérie (PUP), 2012, p. 17.

[26] B. BIAO, « Intégration régionale en Afrique Centrale, bilan et perspectives », *in* H. BEN HAMMOUDA, B. BEKOLO EBE, TOUNA MAMA (dir), *L'intégration régionale en Afrique Centrale, Bilan et Perspectives*, Paris, Karthala, 2003, p. 31. Selon l'auteur, l'intégration régionale est constituée de six étapes. Et à chaque degré d'intégration correspondent des repères. Ainsi n a) la Zone d'échange préférentiel se caractérise par la réduction des barrières tarifaires et non tarifaires ; b) la Zone de libre- échange consiste à l'élimination des barrières tarifaires et non tarifaires ; c) L'union douanière se caractérise par la zone de libre-échange, plus le tarif extérieur commun ; d) le marché commun c'est l'union douanière plus la libre circulation des facteurs de production ; e) l'union économique se caractérise par un marché commun et l'harmonisation des politiques économiques ; f) l'intégration économique complète qui se caractérise par l'union économique plus l'unification des politiques économiques et sectorielles.

Ainsi, la réforme est une modernisation des structures et des institutions, tant du point de vue de leur forme que de leur fond. Lesdites institutions doivent désormais répondre à un critère d'harmonisation au niveau communautaire, et de conformité aux normes internationales. Ce qui permet le renforcement des mécanismes de contrôle des finances publiques au niveau des États et une avancée non négligeable pour ce qui est du processus d'intégration sous régionale en zone CEMAC. En fin de compte, la définition qui nous semble la plus complète et qui cadre le mieux avec notre étude est celle retenue par Frank MORDACQ, pour qui réformer, c'est procéder à révision *« de l'ensemble des missions, des organisations et des méthodes de fonctionnement (...). L'analyse ne doit pas se borner au système interne (...), mais intégrer également les relations avec les autres acteurs institutionnels ».*[27] Ce deuxième aspect à savoir les relations avec les autres acteurs institutionnels est non négligeable. Le positionnement de la Cour des comptes vis-à-vis des trois pouvoirs (exécutif, législatif et judiciaire) détermine son degré d'indépendance et partant sa crédibilité.

2- Les juridictions des comptes

La juridiction peut revêtir un double sens. Le premier est en rapport avec le mot anglais *« jurisdiction »*. En ce sens, la juridiction renvoie à l'autorité, à la souveraineté. Elle peut aussi renvoyer à la « *mission de juger (au) pouvoir et (au) devoir de rendre justice par application du Droit* ».[28]

Le deuxième sens qui peut être attribué à la juridiction est celui de tribunal ou d'un ensemble de tribunaux de même catégorie. C'est cette deuxième acception de la juridiction qui nous semble le mieux se rapprocher de notre réflexion. En effet, cette dernière traite de la mise en place des juridictions ou des tribunaux des comptes dans les États membres de la CEMAC. Des Cours des Comptes *sui generis* au regard du modèle consacré par les instances communautaires, notamment le Conseil des ministres de l'UEAC[29].

---

[27] F. MORDACQ, *La réforme de l'État par l'audit*, Paris, L.G.D.J, 2009, p. 12.

[28] G.CORNU, *Vocabulaire juridique*, Paris, PUF, 2011, p. 584.

[29] FMI (Département des finances publiques du FMI-AFRITAC CENTRE), CEMAC, Mission circulaire de sensibilisation et de dissémination des directives du cadre harmonisé de gestion des finances publiques en zone CEMAC, *« le rôle de la Cour des Comptes dans la nouvelle gestion des finances publiques »*, p.4. Le constat selon lequel l'organisation institutionnelle du jugement des comptes est variable selon les pays a été fait lors de ces exposés sur la dissémination des directives. Au Cameroun

La juridiction ou la Cour des Comptes, pour faire allusion à la terminologie de la directive N° 1 de l'UEAC relative aux lois de finances, est une institution juridictionnelle ayant pour compétence de certifier la régularité, la sincérité et la fiabilité du compte général de l'État. Au-delà, la juridiction des Comptes a également pour compétence de *« juger les ordonnateurs, les contrôleurs financiers et les comptables publics »*[30].

Ce thème de réflexion relatif à la réforme des juridictions de Comptes dans l'espace CEMAC trouve toute son actualité au regard des faits qui nous instruisent. En effet, le projet d'intégration ne peut trouver une pleine réalisation que si les États s'y impliquent véritablement à travers notamment une application fidèle des normes communautaires. De plus, l'espace CEMAC ne constituant pas un vase clos coupé du reste du monde, ses États membres ont l'obligation, pour survivre dans un environnement international caractérisé par des mutations incessantes, la concurrence et l'innovation ; de s'arrimer aux standards internationaux. Cette exigence recouvre plusieurs domaines de compétence, les finances publiques n'étant pas en reste. C'est dans cette logique que le Cameroun s'est, depuis 2007 avec son nouveau régime financier, engagé dans un vaste programme de réforme sur des questions d'ordre budgétaire en particulier, et de finances publiques en général.

L'actualité de cette thématique procède aussi de cette obligation faite aux États par les directives communautaires de mettre en œuvre chacun, une Cour des Comptes. Une question qui fait débat dans l'opinion et que cette dernière n'a pas tardé de récupérer, dénonçant parfois le

---

et au Congo, nous avons des Chambres des Comptes rattachées à la Cour Suprême, tandis que dans les quatre autres États, il existe certes des Cours, des Cours des Comptes, mais avec des compétences plus ou moins étendues et des divergences certaines par rapport au modèle de Cour des Comptes harmonisé de la CEMAC. Avec la directive CEMAC par exemple, le personnel de la Cour des Comptes a le statut de magistrat. Ce qui veut dire que ce ne sont pas forcément des personnes qui sont passées par une école de magistrature. C'est tout le contraire au sein des États membres.

[30] L'article 73 de la directive N° 01/11-UEAC-190-CM-22 relative aux lois de finances prévoit en ce qui concerne les États pris individuellement, les missions de la Cour des Comptes. En dehors des compétences déjà mentionnées, la Cour des Comptes a aussi le devoir d'assister le parlement dans ses missions de contrôle ; le contrôle de la légalité financière et de la conformité budgétaire de toutes les opérations de recette et de dépenses de l'État ; l'évaluation de l'emploi des finances publiques au regard des objectifs fixés.

manque de volonté politique[31] des États membres dans l'implémentation de cet arsenal de réformes que constituent les six directives adoptées par le Conseil des ministres de l'UEAC le 11 décembre 2011, ce qui doit sans doute reconfigurer le paysage institutionnel de ces États. Et par là, les réformes à entreprendre seront importantes, d'où l'idée que leur mise en œuvre constitue un vaste chantier pour les États de la CEMAC.

L'harmonisation du cadre de gestion des finances publiques ne peut se faire que par l'intégration des directives communautaires dans les ordres juridiques nationaux, et leur application effective. L'aspect de cette harmonisation objet de cette étude est celui du contrôle des finances publiques, précisément le contrôle juridictionnel qui suppose la mise en œuvre d'une Cour des Comptes par chaque État membre de la CEMAC. Outre son actualité brûlante, le sujet revêt un intérêt à deux dimensions : la dimension théorique et la dimension sociale.

Au plan théorique, la présente réflexion peut améliorer les mécanismes de réception des directives communautaires dans le droit national, voire optimiser le processus d'intégration en Afrique Centrale en général, et particulièrement en zone CEMAC. Cette dernière est en effet considérée en Afrique non seulement comme étant la plus ancienne, si l'on considère qu'elle naît des décombres de l'Union Douanière Equatoriale (UDE)[32], et de l'Union Douanière et Economique d'Afrique centrale (UDEAC)[33] ; mais aussi comme un contre-exemple au regard de la lenteur avec laquelle le processus d'intégration est mené et des difficultés auxquelles il fait face. Les

---

[31] Le Financier d'Afrique, hebdomadaire du monde économique et financier, n° 352 du 14 janvier 2014, *« Le Cameroun viole les textes de la CEMAC ». « Depuis le 20 décembre 2013, le Cameroun est en porte à faux avec les textes de la Communauté Economique et Monétaire de l'Afrique centrale (CEMAC). Il s'agit précisément des directives relatives au code de transparence et de bonne gouvernance dans la gestion des finances publiques et aux lois de finances. Les deux textes communautaires adoptés le 19 décembre 2011 à Brazzaville font obligation aux États de se doter d'une Cour des Comptes ».* p.9.

[32] L'UDE existe depuis le 29 juin 1959 entre la Centrafrique, le Congo, le Gabon et le Tchad. C'est en 1962 que le Cameroun entre dans l'union, et la Guinée Équatoriale en 1983. Roger A. TSAFACK NANFOSSO et Isaac TAMBA, *op.cit.* p. 47.

[33] Elle naît le 8 décembre 1964 sur les décombres de l'UDE. *« La sous-région Afrique centrale doit plusieurs institutions à l'UDEAC. On peut citer par exemple l'OCEAC pour la lutte contre les endémies, l'ISSEA pour la formation en statistique, l'ISTA pour la formation et le recyclage dans les domaines technologiques, la BDEAC pour le financement et l'appui au développement, etc. ». Ibid., p.47.*

obstacles à l'intégration en Afrique centrale sont de plusieurs ordres[34]. Cette analyse peut ainsi être considérée comme une contribution pour ce qui est de l'intégration par l'harmonisation des règles et pratiques en matière de contrôle des finances publiques sous un angle juridictionnel, une analyse de la corrélation entre les normes communautaires en la matière, et la pratique au sein des États parties. Il est question de voir comment la réforme institutionnelle des juridictions des comptes peut contribuer à renforcer les mécanismes de contrôle des finances publiques au sein des États membres de la CEMAC.

Au plan social, du fait que les finances publiques sont le fruit du travail du contribuable, donc de l'effort des citoyens, le budget table sur les prévisions des dépenses de l'État, en fonction des ressources prélevées sur son sol et des investissements divers, mais surtout du patrimoine des citoyens[35]. En retour, ces derniers ont des attentes considérables vis-à-vis du budget de l'État ; et les dirigeants ont bien conscience de cela[36]. C'est donc la satisfaction des besoins des citoyens

---

[34] Les difficultés relatives au processus d'intégration en Afrique Centrale trouvent leur explication dans trois grands groupes de facteurs : d'abord les facteurs liés à l'histoire et à la politique où nous avons trois éléments historico-politiques à savoir la mise en place de l'UDEAC qui n'a pas été précédée par l'adoption d'un cadre conceptuel commun accepté par tous les États, les hésitations continues des États dans leur adhésion définitive à l'union, l'instabilité politique quasi permanente dans la sous-région ; ensuite il y a des facteurs liés au droit et aux institutions, où trois problèmes apparaissent : le premier étant les contradictions inhérentes à la réglementation fiscalo-douanière, le deuxième est lié au déséquilibre des structures d'intégration, le troisième problème a trait à la multiplicité des conflits ethniques ; enfin nous avons les facteurs liés à l'économie. On retrouve également trois éléments à ce niveau à savoir l'échec des différents programmes économiques de coopération, la faiblesse des échanges intra régionaux et la crise économique. Roger A. TSAFACK NANFOSSO et Isaac TAMBA, *op.cit.* pp.50-51 (Supra note n° 25), p. 7.

[35] Le décret français du 19 juin 1956 déterminant le mode de présentation du budget rappelle que celui-ci traduit *« les objectifs économiques et financiers du gouvernement. »* Il constitue en effet l'acte fondamental de la politique économique et sociale qui s'apprécie sous le double aspect des dépenses et des recettes. Toutes deux contribuent à préciser les contours d'un modèle économique et social.

[36] Circulaire N° 001/CAB/PR du 30 juillet 2013 relative à la préparation du budget de l'État pour l'exercice 2014. Dans le paragraphe 3 de ladite circulaire, le Président de la République du Cameroun mentionne qu'au plan social, des actions devront être entreprises pour accroître l'accès des populations à l'eau potable, à l'électricité et au logement décent ; consolider les acquis de l'éducation et de la santé ; favoriser la prise en compte de l'approche genre et des handicaps dans tous les secteurs socio-économiques en vue de capitaliser les potentialités que peuvent présenter les femmes et les jeunes ; poursuivre la réduction des inégalités, la lutte contre les violences

que l'action de l'État trouve tout son sens. Le budget et les objectifs qu'il vise n'échappent pas à cette logique.

L'harmonisation des politiques budgétaires nationales à une échelle sous régionale traduit ainsi la volonté des Etats de parvenir à une communautarisation qui leur serait bénéfique. Mais il faut préciser qu'au bout du compte, ces actions sont menées dans une perspective d'amélioration de la qualité de vie et du bien-être des citoyens. C'est l'intérêt social aussi bien de la loi de finances que du budget[37].

Le présent travail se donne pour objectif d'analyser la dynamique de la réforme des juridictions de comptes dans l'espace CEMAC. D'une part, la réforme impulsée par les normes communautaires et leur mise en œuvre au sein des États membres de la CEMAC. Il convient ici de recenser et d'analyser les fondements économiques, juridiques et politiques de cette réforme, comme le fait remarquer une étude de la Banque Mondiale, qu'il existe déjà au sein des États membres de la CEMAC, des juridictions chargées de certifier la régularité des comptes publics. Dans ce cas, la réforme vient soit élargir les compétences de ces institutions, soit les dissoudre au profit d'institutions nouvellement créées. Ces dernières devront, à côté des autres compétences qui leur sont reconnues par les directives communautaires, jouer le rôle de Cours et de Chambres des Comptes actuellement en place au sein des États membres.

Il s'agit d'autre part d'analyser les bouleversements institutionnels susceptibles de s'ensuivre avec la mise en œuvre des Cours des Comptes selon l'approche communautaire, également de présenter les enjeux et perspectives liés à la mise en place de ce modèle institutionnel au sein des États, ainsi que les écueils et schémas de solutions pour une implémentation réussie.

Aussi, cet ouvrage met-il en exergue la relation entre les normes communautaires et le droit national. Ce sera l'occasion d'évaluer le

---

basées sur le genre et toute forme de discrimination ; assurer la convergence vers les Objectifs du Millénaire pour le Développement (OMD).

[37] L'ordonnance française du 2 janvier 1959 marque la différence entre le budget et la loi de finances : « *Le budget est l'ensemble des comptes qui décrivent pour une année civile, toutes les ressources et charges permanentes de l'État.* » *Les opérations temporaires n'y figurent pas (article 16). Alors que* « *les lois de finances déterminent la nature, le montant et l'affectation des ressources et des charges de l'État compte tenu d'un équilibre économique et financier qu'elle détermine* » (Article 1). Par conséquent, la loi de finances est plus large que le budget.

degré de conformité des pratiques et institutions des pays membres de la CEMAC, aux prescriptions et normes communautaires, ainsi que les mécanismes à travers lesquels ils intègrent lesdites normes. La mise en exergue de la relation entre le droit national et les normes communautaires en matière de contrôle des finances publiques amène à s'intéresser à plusieurs autres aspects de l'intégration en Afrique Centrale, notamment l'harmonisation des politiques budgétaires et sa contribution à l'accélération du processus d'intégration en zone CEMAC, tout en tenant en compte les écueils à éviter pour la réalisation de cette entreprise.

Cela ne devrait cependant pas faire perdre de vue l'objectif majeur qui est d'analyser les enjeux et perspectives relatifs à l'implémentation du modèle de juridiction des comptes préconisé par les instances communautaires au sein des États membres de la CEMAC.

Comme le soulignent les professeurs Roger TSAFACK NANFOSSO et Isaac TAMBA[38], l'idée de l'harmonisation des politiques sectorielles pour l'accélération du processus d'intégration en Afrique Centrale n'est pas nouvelle. En effet, *« l'harmonisation des règles et l'établissement des critères de convergence ont toujours été pratiqués, depuis l'UDEAC avec l'union fiscalo-douanière qui trouve ses prémisses dès 1965 avec le Code des douanes de l'UDEAC (tarif douanier), l'harmonisation des fiscalités (taxe unique), le cadre commun de référence pour l'élaboration des codes nationaux d'investissement »*. Le ralentissement qu'a connu le processus d'intégration sous régional dans les années 1980[39] a naturellement eu un effet sur la dynamique de l'harmonisation des règles pouvant être considérée comme l'un des aspects majeurs du processus d'intégration. Le début des années 1990, qui marque la relance du processus d'intégration se manifeste notamment par la mise en œuvre d'institutions nouvelles, s'inscrivant dans la continuation des projets amorcés avant la période sombre des années 1980 ; ainsi que l'accélération dans le but de rattraper le retard accusé. C'est dans ce

---

[38] R. A. TSAFACK NANFOSSO et I. TAMBA, *op.cit.* (Supra, note n° 27), p. 8.

[39] *« Dès le début des années 1980, on assista à l'essoufflement de cette dynamique. L'euphorie de la modernisation nationaliste est venue buter sur la crise du modèle de croissance économique. Du coup, le processus d'intégration régionale est rentré lui aussi en léthargie avec la disparition de certaines institutions et la mise en veilleuse d'autres. »* H. Ben HAMMOUDA, B. BEKOLO-EBE et TOUNA MAMA, *L'intégration régionale en Afrique Centrale, Bilan et perspectives, Paris,* Karthala, 2003, avant-propos, p. 7.

contexte que la CEMAC voit le jour le 16 mars 1994 à Ndjamena. L'entreprise d'harmonisation des politiques en matière de finances publiques et plus spécifiquement de leur contrôle juridictionnel est amorcée en 2008[40].

Les directives adoptées à l'occasion par le Conseil des ministres contenaient plusieurs imperfections que les experts du FMI et de la CEMAC ont vite fait de corriger. Ce qui a donné lieu aux nouvelles directives du 19 décembre 2011. Bien que ces dernières soient de par leur nature d'application directe, les États parties selon un consensus disposaient d'un délai de deux ans, soit jusqu'à décembre 2013 pour les intégrer dans leurs ordres juridiques respectifs.

La CEMAC démarre ses activités en 1999 et la même année, la production des directives en faveur de l'harmonisation de certains secteurs d'activités débute. Pour ce qui est du cas spécifique des finances publiques, et des questions budgétaires plus particulièrement, le Conseil des ministres de l'UEAC adopte en juillet 2000, la directive N° 01/00/UEAC-064-CM-04 du 21 juillet 2000, relative à la surveillance multilatérale des politiques macroéconomiques. La transposition de cette directive pour ce qui est du Cameroun s'est faite cinq mois plus tard à travers l'arrêté N° 11/PM du 11 décembre 2000 portant création, organisation et fonctionnement d'une Cellule Nationale de Surveillance Multilatérale. Il est vrai que dans la surveillance multilatérale des politiques macroéconomiques, on peut intégrer les questions liées au contrôle de l'exécution des recettes et des dépenses publiques. Mais les pays membres de la zone CEMAC commencent à peine à s'investir dans le sens de l'harmonisation de la gestion de leurs finances publiques en général et des politiques budgétaires en particulier, ce depuis le 20 juin 2008. Depuis lors, les

[40] Le 20 juin 2008, le Conseil des ministres de l'UEAC a adopté cinq directives portant harmonisation du cadre sous régional des finances publiques. Il s'agit :

- de la directive N° 01/08-UEAC-190-CM-17 du 20 juin 2008 relative aux lois de finances ;
- de la directive N° 02/08-UEAC-190-CM-17 du 20 juin 2008 portant règlement général de la comptabilité publique ;
- de la directive N° 03/08-UEAC-190-CM-17 du 20 juin 2008 relative à la nomenclature budgétaire ;
- de la directive N° 04/08-UEAC-190-CM-17 du 20 juin 2008 relative au tableau des opérations financières de l'État ;
- de la directive N° 05/08-UEAC-195-CM-18 du 19 décembre 2008 relative au plan comptable de l'État/CEMAC.

réformes ont été engagées au niveau communautaire, notamment celles relatives à l'harmonisation du contrôle de la gestion des finances publiques.

On peut dans ce cadre prendre pour point de départ l'année 2008 avec l'adoption de la première génération de directives portant cadre harmonisé de la gestion des finances publiques en zone CEMAC. Trois ans après arrivent les directives de deuxième génération qui, depuis décembre 2013, devaient entrer en vigueur au sein des États membres dans certains de leurs aspects, notamment la mise en place des Cours des Comptes.

Notre étude est axée sur deux espaces. Il s'agit de l'espace communautaire CEMAC où les règles en faveur de l'harmonisation des domaines de compétence sont édictées.

L'un des moyens les plus usités par les institutions de la CEMAC à cet effet est la directive. C'est dans ce sens que Guy ISAAC affirme que *« les directives (sont l') instrument privilégié de l'harmonisation des législations »*[41]. Les directives sont édictées et doivent être mises en œuvre dans les États membres de la Communauté.

S'il est question d'analyser et évaluer le degré de conformité du droit national par rapport aux directives communautaires en matière de contrôle juridictionnel des finances publiques en zone CEMAC, rien n'exclut la référence aux autres espaces communautaires à l'instar de l'UEMOA ou de l'Union Européenne. Cela permet d'établir, au passage, des comparaisons sur l'élaboration et la mise en œuvre du droit communautaire entre ces espaces d'intégration et celui de la CEMAC.

Il est important de faire un tour d'horizon sur la question en faisant *« le point des connaissances sur le sujet choisi ou le domaine concerné »*[42], car, comme le souligne Jean Pierre FRANGNIERE, *« on est rarement le premier à aborder une question ou plus précisément le champ thématique que l'on entreprend est déjà balisé par les études voisines ou cousines, ou bien il se réfère à des thèmes fondamentaux sur lesquels des bibliothèques entières ont été écrites »*[43].

---

[41] G. ISAAC, *Op.cit.* p. 198.

[42] P. N'DA, *Méthodologie et guide du mémoire de recherche et de la thèse de doctorat*, Paris, L'Harmattan, 2007.P.109 Cité par JANGWA Alain Aurelien DIT MOUKOURI, IRIC/MAS/BMFI/2011/JAN p. 13.

[43] J. P. FRANGNIERE, *comment réussir un mémoire*, Dunod, Paris, 1986, p.75 Cité par D. U. NDONGO, *La coopération Sud-Sud : une analyse des relations*

C'est donc dire qu'il est quasi impossible d'aborder un champ d'études non encore exploré par des chercheurs à des niveaux divers. C'est pour cette raison que, « *lorsqu'un chercheur entame un travail, il est peu probable que le sujet traité n'ait jamais été abordé par quelqu'un d'autre auparavant au moins en partie ou indirectement* »[44].

Deux séries de travaux scientifiques retiennent notre attention. La première porte sur les Cours des comptes aussi bien dans l'espace CEMAC qu'ailleurs (1). La deuxième est constituée des travaux relatifs aux réformes institutionnelles (2).

1- Sur les juridictions des comptes

Le Professeur Célestin SIETCHOUA DJUITCHOKO, dans un article[45], précise que le contrôle juridictionnel des finances publiques au Cameroun n'est pas une nouveauté. Les articles 100 à 150 de l'Ordonnance n° 62/OF/04 du 7 février 1962[46] font déjà allusion à la Chambre des Comptes de la Cour Fédérale de Justice[47]. Cette toute première juridiction des comptes dont s'est doté le Cameroun a été supprimée en 1969. Il faudra attendre la loi n° 96/06 du 18 janvier 1996 portant révision de la Constitution du 2 juin 1972 pour voir surgir à nouveau une juridiction des Comptes[48]. Cette dernière est matérialisée

---

économiques et techniques entre le Cameroun et les pays du Maghreb, Thèse de doctorat troisième cycle en relations internationales, Yaoundé, IRIC, 1993, p. 8.

[44] R. QUIVY et L. V. CAMPENHOUDT, *Manuel de recherche en sciences sociales*, Paris, Dunod, deuxième édition, 1995, p. 42.

[45] C. SIETCHOUA DJUITCHOKO, « La réforme inachevée du contrôle juridictionnel des comptes au Cameroun (commentaire de la loi n° 2003/005 du 21 avril 2003 fixant les attributions, l'organisation et le fonctionnement de la Chambre des Comptes de la Cour Suprême) », Juris Périodique n° 56, octobre–novembre-décembre 2003, pp. 72-78.

[46] Cette Ordonnance règle le mode de préparation, les conditions d'exécution du budget de la République du Cameroun, de ses recettes, de ses dépenses et toutes les opérations s'y rapportant.

[47] Ladite Cour avait été supprimée par la loi de finances du 14 juin 1969 dans son article 121. Pour l'auteur, la création d'une Chambre des Comptes fédérale n'était qu'un projet de circonstance, celle de la réunification du Cameroun. Ce qui n'est pas le cas de la Chambre des Comptes de la Cour Suprême dont l'avènement s'inscrit, visiblement, dans la marche du Cameroun vers l'État de droit.

[48] Selon l'auteur, la création d'une Chambre des Comptes est l'émanation de l'une des revendications de la conférence tripartite (État- société civile- partis politiques) de 1991. La mouture du Cameroun Tribune (CT spécial du 18 mai 1993) émanant de la conférence tripartite prévoit plutôt une Cour des Comptes dans les articles 125 à 130 de l'avant-projet de Constitution. C'est dire que le pouvoir constituant n'a pas

par la loi n° 2003/005 du 21 avril 2003 portant organisation et fonctionnement de Chambre des Comptes de la Cour Suprême. La période qui s'était écoulée entre les deux juridictions des comptes était caractérisée par un contrôle administratif des gestionnaires et des comptables publics qui *« commençait à montrer les signes d'essoufflement »*[49].

Après avoir déroulé brièvement et dans une démarche historique, l'évolution des juridictions des comptes au Cameroun, l'auteur salue la réforme du contrôle juridictionnel des comptes publics qui *« s'imposait sans aucun doute, mais pour des raisons différentes de celles avancées officiellement, et qui tournent autour de la modernisation de l'appareil de l'État »*. En réalité, c'est *« l'accumulation des « affaires » depuis une décennie, le dérèglement des mécanismes de contrôle budgétaires en place et la tendance à la politisation des contrôles... »* qui *« ... a favorisé l'émergence progressive d'une conscience sociale sur l'utilité d'un contrôle juridictionnel objectif des comptes publics »*[50]. La juridiction des comptes apparaît ainsi comme *« une garantie de la transparence financière et l'assurance d'un contrôle rigoureux des comptes publics »*[51], du moins en théorie. D'un point de vue sociopolitique, la loi de 2003 est une réponse institutionnelle qui tente de désamorcer la contestation de la gestion des finances publiques qui s'amplifie depuis 1990.

Cependant, le Professeur célèbre l'avènement de cette institution avec beaucoup de réserve. Il est conscient de ce que *« toutes les irrégularités ne vont pas disparaître pratiquement, comme par enchantement, avec la chambre des comptes dont son prédécesseur, la Chambre des Comptes fédérale, connaît des limites sensibles en ce qui concerne l'efficacité des contrôles »*[52]. Au rang de ces limites sensibles,

---

exactement pris en compte la revendication de la Conférence tripartite, en créant une Chambre, au lieu d'une Cour des Comptes.

[49] C. SIETCHOUA DJUITCHOKO, *op.cit.* p.73. À l'origine de ces signes d'essoufflement se trouve notamment la centralisation à l'excès de l'Inspection Générale de l'État (IGE) hier, et jusqu'à la période précédant la mise en œuvre de la Chambre des Comptes, la centralisation des Services du Contrôle Supérieur de l'État.

[50] *Ibid.*, p.73.

[51] C. SIETCHOUA DJUITCHOKO, *op.cit.* p.74.

[52] S'agissant des faiblesses du contrôle juridictionnel des finances publiques, l'auteur se réfère à A. PAYANT, dans son ouvrage *finances publiques,* Paris, MASSON, 3° édition, 1993, notamment les pp. 350-351 où l'on trouve une présentation synthétique des limites du contrôle juridictionnel des finances publiques.

il apparaît que la Chambre des Comptes sera incapable de contrôler l'ensemble des comptes publics. *« Il ne faut (donc) pas espérer la sanction de toutes les irrégularités de gestion des administrateurs des crédits publics, mais seulement la sanction de quelques irrégularités de gestion dans les couches inférieures de la hiérarchie financière et comptable »*[53].

C'est fort de ces faiblesses de la Chambre des Comptes que l'auteur plaide pour une réforme de cette institution à travers l'élargissement de ses pouvoirs, pour plus d'efficacité dans le contrôle et la répression des atteintes à la fortune publique.

À travers ce travail scientifique, l'auteur apparaît comme l'un des précurseurs de la réforme des juridictions des comptes dans l'espace CEMAC. En effet, à cette époque, il avait déjà décelé les faiblesses de la juridiction des comptes camerounaise. La réalité dans les autres pays de la sous-région n'était pas loin de ce constat. Une réforme s'imposait désormais dans tous les États de la CEMAC. Aujourd'hui, ladite réforme est impulsée par cette dernière à travers les directives communautaires. Désormais, la Chambre des Comptes a des compétences plus élargies et des mécanismes garantissant un contrôle des finances publiques ainsi que des sanctions plus efficaces à même de garantir la protection de la fortune publique.

Cependant, notre objet d'étude s'en éloigne un peu de celui du Professeur dans la mesure où sa réflexion se confine au seul cas du Cameroun où la réforme de la juridiction des comptes s'impose, sans faire allusion aux autres États de la sous-région. Nous nous intéressons à l'espace CEMAC, avec une réforme déjà faite au niveau normatif à travers les directives communautaires portant cadre harmonisé de la gestion des finances publiques. Lesdites directives ne demandent qu'à être mises en œuvre par les États membres.

Pour Sylvestre Honoré NNANGA *in « La protection juridictionnelle des finances publiques africaines »*[54], la matière financière publique est

---

[53] En effet, la Chambre des Comptes n'a pas vocation à contrôler les gestionnaires des crédits publics qui sont à notre avis les plus impliqués dans la gestion des deniers publics de par leur niveau de responsabilités et d'attributions. L'institution se confine au contrôle des comptables publics. Ce qui est une limite significative dans l'analyse globale de l'efficacité du système de contrôle et de répressions aux atteintes à la fortune publique.

[54] S. H. NNANGA, « La protection juridictionnelle des finances publiques africaines », R.A.S.J., vol 8, n° 1, 2011, pp. 287-304.

au centre de grands enjeux[55]. C'est pour cette raison qu'elle mérite qu'il lui soit accordé une attention particulière. Cette attention doit d'autant plus être accrue, que l'on se trouve en Afrique, un continent faisant face à plusieurs défis notamment le développement socioéconomique. L'Afrique tente tant bien que mal, avec des schémas comme le NEPAD[56] ou l'initiative PPTE, de sortir de la pauvreté. Pour parvenir à la réalisation de cet objectif, *« le besoin de sécurisation des finances publiques va à ce point s'avérer le plus pressant »*[57], compte tenu également des manquements et malversations financières observés. Il n'y a que le juge pour assurer une telle mission, d'où la question centrale qui se dégage : *« Par quels moyens juridictionnels peut-on combattre efficacement les malversations financières perpétrées contre les deniers publics en Afrique ? »*

Pour répondre à cette question, l'auteur commence par faire une analyse des politiques juridictionnelles et jurisprudentielles financières. De cet exercice se dégage un bilan sombre. En effet, ces politiques sont marquées par le laxisme. La non-reconnaissance d'un véritable pouvoir au juge des comptes ces dernières années a favorisé l'éclosion des fléaux tels que la corruption. *« Si l'Afrique a mal à ses finances publiques aujourd'hui, c'est en grande partie à cause de la faible implication des institutions juridictionnelles dans le contrôle effectif de la gestion des deniers publics »*[58]. Cette faiblesse du juge des comptes est notamment due au fait que le judiciaire est un pouvoir mis sous tutelle[59] et muselé. Ainsi, *« le juge est embarrassé entre la comédie*

---

[55] L'auteur fait référence au Professeur P. AMSELEK *in* R.D.P. 1983 qui se demandait : *« peut-il y avoir un État sans finances ? »*

[56] Au regard des problèmes de développement auxquels ils sont confrontés, les États ont pour le nouveau millénaire mis sur pied le NEPAD *(New Partnership for African Development). « Ce programme prend appui sur le postulat suivant : pour réduire la pauvreté en Afrique, il faut aux pays africains une croissance supérieure à 7 % par an pendant 15 ans. Pour ce faire, l'Afrique a besoin de 64 milliards de dollars supplémentaires par an pendant 15 ans, soit 47 mille milliards de francs par an »* S. H. NNANGA, *op.cit.* p. 288.

[57] S. H. NNANGA, *op.cit.* p.289.

[58] *Ibid.*, p.289.

[59] Au regard de l'article 37 alinéa 3 de la loi n° 96/06 du 18 janvier 1996 portant révision de la Constitution de 1972, *« Le Président de la République est garant de l'indépendance du pouvoir judiciaire »*. On constate par-là la mise sous tutelle du pouvoir judiciaire par le pour voir exécutif. D'autres arguments pertinents permettent de démontrer comment le pouvoir exécutif phagocyte le pouvoir judiciaire. C'est le cas du Président de la République qui est par ailleurs président du Conseil Supérieur

sociopolitique et le jeu des règles de droit. Une telle situation mérite de changer dans l'intérêt de tous ».

Il s'ensuit donc un arsenal de propositions que l'auteur énonce en vue de l'amélioration, voire du perfectionnement des pouvoirs du juge, garant par excellence de la protection de la fortune publique. *« Il s'agit d'un appel à une vaste réforme de l'esprit et de la lettre des dispositions qui régissent la protection des finances publiques, notamment en cas de gestion non conforme à l'orthodoxie budgétaire et comptable »*[60].

Deux grands axes structurent ladite réforme à savoir d'une part, *« un big bang des mécanismes législatifs et processuels »* qui consiste notamment à libéraliser la justice nationale des comptes et des budgets[61] à travers la transmission systématique des dossiers de gestion des crédits publics au juge des comptes, et des cas de gestion malveillante des crédits alloués au juge correctionnel. À cela s'ajoute *« un droit de pétition ou d'initiative juridictionnelle reconnu à une certaine portion des populations contribuables vis-à-vis des élus locaux ».*

Le *« big bang des mécanismes législatifs et processuels »* c'est aussi le renforcement de la capacité d'action des instances internationales telles que l'AFROSAI, dont les prérogatives doivent être redynamisées à travers la migration des positions sommaires passe-partout, n'ayant aucune prise sur la réalité, à un engagement devant des cas flagrants de violation des règles fondamentales de finances publiques. Les missions de conseil doivent ainsi être doublées de celles de sanction. Dans le même ordre d'idées, il faut créer des organismes sous régionaux de justice financière et comptable, car, *« c'est une chose à laquelle de nombreuses réformes juridico-institutionnelles de l'heure ne font pas mention »*[62].

---

de la magistrature. Cette mise sous tutelle du pouvoir judiciaire l'assimile ainsi à un mineur incapable.

[60] S. H. NNANGA, *op.cit.* p. 298.

[61] À ce niveau, l'auteur déplore le fait que *« la justice en matière financière et comptable publique est semblable à un pouvoir ligoté qu'on libère de temps en temps. Et très souvent, cette libération épisodique se fait à contre temps ». Ibid., p.298.*

[62] Cette remarque est pertinente dans la mesure où la directive CEMAC n° 1 relative aux lois des finances ne s'attarde pas sur les rapports entre les juridictions nationales et la juridiction communautaire, à savoir la Chambre des Comptes qui devrait selon l'auteur un deuxième degré de juridiction. Cette institution à notre avis mérite elle aussi d'être réformée, en affirmant son indépendance vis-à-vis de la Cour de justice de la CEMAC. En ce sens, l'auteur propose la mise sur pied d'une Cour Judiciaire des

D'autre part, une fois la réforme des mécanismes législatifs et processuels achevée, le juge doit affirmer son autorité, d'où son appel au courage. C'est le deuxième grand axe de la réforme. Cette autorité du juge ne peut s'établir que sur les fondements d'indépendance du *« juge des finances publiques par rapport aux autres pouvoirs, à la société et à lui-même »*. À cela s'ajoutent des exigences d'ordre technique qui consistent à revaloriser les qualifications professionnelles et éthiques, notamment à travers la mise en œuvre d'une section de formation des magistrats de finances publiques. En fin de compte, *« le salut des finances publiques africaines passe par une bonne protection juridictionnelle »*[63].

Cette réflexion est d'autant plus pertinente, qu'elle se rapproche de notre thématique par la réforme institutionnelle des juridictions, et de la fonction judiciaire des comptes qu'elle préconise, dans une optique de perfectionnement des mécanismes de contrôle des finances publiques, pour le développement de l'Afrique. Elle s'en démarque cependant par l'espace auquel elle s'intéresse à savoir le continent africain. Or, notre étude porte sur l'espace CEMAC.

L'on observe un certain décalage entre le titre et le contenu de ce travail scientifique. Ce dernier semble se focaliser sur le cas du Cameroun et dans une moindre mesure, à l'espace UEMOA pris globalement. Il y a une quasi-absence des références et données sur les autres pays de l'Afrique. Ce qui toutefois ne remet pas en question la valeur et la pertinence des analyses et l'application de ces dernières à la situation de lutte pour le développement à laquelle l'Afrique est engagée en ce moment.

2- Sur le droit communautaire et les réformes

Dans *Droit communautaire général*[64] de Guy ISAAC, l'auteur fait une étude sur l'ensemble des normes produites au niveau communautaire. Il met en relation l'ordre juridique communautaire et l'ordre juridique national. Dans ce rapport, les États de la communauté doivent prendre toutes les mesures nécessaires[65] afin d'assurer

Comptes de l'Afrique centrale (CJCAC), et d'une Cour Judiciaire des Comptes de l'Afrique de l'Ouest (CJCAO).

[63] S. H. NNANGA, *op.cit.*p.303.

[64] G. ISAAC, *Droit communautaire général*, Paris Milan Barcelone, Masson droit sciences économiques, 1995, 328 p.

[65] Art. 86 C.E.C.A. *« Les États membres prennent toutes mesures générales ou particulières propres à assurer l'exécution des obligations découlant du présent traité*

l'exécution des obligations issues des traités résultant de celle-ci[66]. S'agissant de la directive qui est *« une formule fondée sur un partage des tâches et une collaboration entre le niveau communautaire et le niveau national »*[67], bien que le principe soit celui de la séparation de la compétence communautaire (qui élabore et qui adopte) de la compétence nationale (qui l'intègre dans son ordre juridique national et qui le met en œuvre), la pratique tend à montrer que les directives issues de la communauté sont de plus en plus claires et précises, laissant ainsi une marge de manœuvre assez réduite aux États qui doivent désormais se borner à l'intégrer sans toutes autres formes de procédure[68].

Par ailleurs, dans sa relation avec le droit interne des États membres, le droit communautaire contrairement au droit international[69], n'est pas indifférent au type de relations qui doivent s'établir. *« Il postule le monisme et en impose le respect par les États membres. »* Le système d'intégration ne peut être compatible qu'avec la conception moniste de la norme internationale dans la mesure où, les institutions communautaires comportent des attributions de pouvoirs normatifs qui ne peuvent s'accommoder que du monisme. Ainsi, *« en instituant une communauté de durée illimitée, dotée d'attributions propres, de la personnalité, de la capacité juridique... et plus précisément de pouvoirs réels issus d'une limitation de compétences ou d'un transfert ou d'un transfert d'attributions des États à la communauté, ceux-ci ont limité, bien que dans des domaines restreints, leurs droits souverains et crée*

---

ou résultant des actes des institutions. Ils facilitent à celle-ci l'accomplissement de sa mission ».

[66]*« À partir du moment où les institutions communautaires auraient ouvert la procédure tendant à l'exercice de leurs compétences et notamment pour se substituer aux États membres dans les conventions internationales auxquelles ils sont parties ou les organisations internationales dont ils sont membres, les États ont l'obligation d'utiliser tous les moyens juridiques et politiques dont ils disposent pour les y aider. »*C.J.C.E 1976, Kramer, aff. JCE 3, 4, 6/76, Rec. 1276.

[67] G. ISAAC *op.cit.* p. 127.

[68] On voit ainsi se réaliser le principe de l'applicabilité immédiate de la norme communautaire, principe selon lequel la norme communautaire acquiert automatiquement statut de droit positif dans l'ordre interne des États.

[69] Le droit international laisse la latitude aux États parties à un traité de prendre des mesures pour que celui-ci trouve son application dans l'ordre juridique interne. Ainsi, nous avons deux conceptions. La conception dualiste qui estime que les deux ordres juridiques sont séparés, et qu'il faut, pour appliquer la norme internationale à l'interne, prendre un acte qui transforme celle-ci en norme de droit interne. Or pour les dualistes, le traité internationalement parfait s'intègre de plein droit dans l'ordre juridique interne. Guy ISAAC, *op.cit.* p.161.

ainsi un corps de droit applicable à leurs ressortissants et à eux-mêmes »[70].

Si cet ouvrage a le mérite de faire une analyse juridique approfondie de la relation entre l'ordre juridique national et l'ordre juridique communautaire, il faut remarquer que cette étude se confine à l'Union Européenne. Il constitue cependant une source d'inspiration en termes d'analyse des relations entre l'ordre juridique communautaire CEMAC, et les ordres juridiques nationaux des États membres. Notre étude se démarque ainsi par son espace (la CEMAC) et son objet plus restreint à savoir la réforme des juridictions des comptes.

Joseph KANKEU[71] dans son ouvrage intitulé *La réforme de l'État par la performance* souligne que, avec l'adoption et la promulgation de la loi N° 2007/006 du 26 décembre 2007 portant régime financier de l'État[72], le Cameroun s'est engagé dans une réforme profonde de la gestion de ses finances publiques. L'auteur affirme de ce fait que *« les finances publiques apparaissent de plus en plus comme l'élément central de la réforme de l'État »*[73]. Cette affirmation confirme la pertinence et l'effectivité de l'entreprise amorcée par les instances communautaires, notamment l'UEAC, qui depuis 2008, s'attèle à réformer le cadre de gestion des finances publiques au sein des États membres de la CEMAC. Cette préoccupation s'inscrit sans doute dans la problématique de la bonne gouvernance, appliquée au cas spécifique des finances publiques[74]. Il apparaît clairement que le Cameroun est en

---

[70] C.J.C.E. 15.7.1967. Costa, aff. 6/64, Rec. 1141.

[71] J. KANKEU, *La réforme de l'État par la performance,* Bafoussam, Presses Universitaires de la Périphérie (PUP), 2012, 210. p.

[72] Cette loi qui remplace l'ordonnance N° 62/OF/45 du 7 février 1962, devait trouver pleine application à partir du premier janvier 2013. Et c'est à partir de cet exercice budgétaire que le Cameroun a commencé à mettre en œuvre le budget programme. L'article 79 de ladite loi dispose que : « La présente loi entre en vigueur dans son intégralité le premier janvier 2013, date à laquelle est abrogée l'Ordonnance n° 62/OF/45 du 7 février 1962 ».

[73] *Le Messager* n° 3728 du 27 novembre 2012, p.9. L'auteur à l'occasion de la sortie de cet ouvrage, a accordé une interview au quotidien. Cette dernière avait pour titre *« Le Cameroun passe de la logique de « dépenser plus », à celle de « dépenser mieux ».*

[74] C'est ce qui a motivé l'adjonction d'une sixième directive parmi les directives de 2011, la directive N° 06/11-UEAC-190-CM-22 relative au code de bonne gouvernance dans la gestion des finances publiques. Cette sixième et dernière directive de sa génération vient renforcer l'ensemble des mécanismes préconisés par les 05 directives qui la précèdent.

avance dans le processus de réforme de la gestion des finances publiques, ceci dans la mesure où, la loi de 2007 portant régime financier de l'État prévoit déjà des mécanismes de gestion axés sur les résultats (GAR), ou encore le budget programme[75]. Ce qui donne l'impression que sur plusieurs aspects, les directives CEMAC portant cadre harmonisé de gestion des finances publiques, particulièrement celle relative aux lois de finances, se sont certainement inspirées de la législation camerounaise en la matière.

Dans son ouvrage, l'auteur présente les fondements de la réforme de l'État. Celle-ci tire sa source de la vision qu'a le Cameroun de devenir un pays émergent en 2035[76]. Cette vision commence à être opérationnalisée avec le Document Stratégique pour la Croissance et l'Emploi (DSCE)[77]. Et au cœur de cette stratégie, il y a une réforme substantielle de la gestion des finances publiques. Car, à quoi serviraient toutes ces réformes si la garantie d'une gestion rigoureuse, efficiente et efficace des retombées du capital d'investissement, n'est pas assurée. La gestion de l'Etat en général, et en particulier de ses finances publiques par la performance est donc impulsée par le DSCE. Cette gestion par la performance se caractérise par des mécanismes d'élaboration, de gestion et de contrôle rigoureux qui à moyen terme visent l'émergence.

Pour parvenir à une réforme réussie, l'auteur pose un certain nombre de *« conditions essentielles »*[78], compte tenu du fait que, *« le terrain de la rationalisation de la gestion des finances publiques est encore plus parsemé d'obstacles lorsqu'il s'agit d'un pays comme le Cameroun confronté à la pauvreté et à la mal gouvernance »*[79]. Il faut donc mettre à contribution les citoyens, afin qu'ils comprennent la nécessité et les

---

[75] L'article 8 de la loi n° 2007/006 du 26 décembre 2007 portant régime financier de l'État définit le programme comme *« un ensemble d'actions à mettre en œuvre au sein d'une administration pour la réalisation d'un objectif déterminé dans le cadre d'une fonction »*. Dans l'article 17 de la directive N° 01/11-UEAC-190-CM-22 relative aux lois de finances, *« un programme regroupe des crédits destinés à mettre en œuvre une action, ou un ensemble cohérent d'actions relevant d'un même ministère et auquel sont associés des objectifs précis, définis en fonction des finalités d'intérêt général, ainsi que des résultats attendus. Les objectifs de chaque programme sont assortis d'indicateurs de résultats »*.

[76] « Cameroun Vision 2035 », juin 2009, 66 pp.

[77] Document de Stratégie pour la Croissance et l'Emploi, août 2009, 174 pages.

[78] J. KANKEU, *La réforme de l'État par la performance*, *op.cit.* p. 95.

[79] *Ibid., p.95.*

enjeux d'une telle réforme. D'où une *« réforme humanisée et surtout partagée »*.

Cet ouvrage a le mérite de traiter de la réforme de l'État sous l'angle la gestion des finances publiques par la performance. Il pose les conditions d'une réforme réussie. Ce qui pourra sans doute nous inspirer dans la formulation des stratégies et surtout des recommandations en ce qui concerne la réforme institutionnelle des juridictions des comptes dans l'espace CEMAC.

Cependant, l'ouvrage s'éloigne un peu de notre thématique par sa délimitation spatiale qui se confine au Cameroun et son objet concerne la réforme de la gestion des finances publiques en général, c'est-à-dire de l'élaboration au contrôle, en passant par la mise en œuvre de la loi de finances. Notre étude, elle porte sur environ quatre pays de la zone CEMAC et se focalise sur le contrôle juridictionnel des finances publiques dans ses pays membres.

Dans *« Le rôle des réformes institutionnelles »*[80] de SEYNI N'DIAYE[81], l'auteur, après avoir mentionné les facteurs qui ont permis à la mondialisation de connaître son essor à partir des années 1960[82], situe l'Afrique dans ce processus. Il apparaît qu'elle se trouve au bas de l'échelle, avec moins de 2 % au commerce international. L'Afrique doit donc chercher à se repositionner sur l'échiquier international en prenant à son compte la mondialisation. Pour y arriver, *« il est clair qu'une action rigoureuse, notamment des réformes structurelles et institutionnelles est nécessaire pour permettre à la région de tirer pleinement parti des avantages de la mondialisation »*[83], d'où l'exigence de redéfinir le rôle et les fonctions de l'État, de la société civile, du secteur privé, et des organisations régionales. Ces quatre secteurs doivent connaître des réformes importantes pour permettre à l'Afrique de s'insérer dans la mondialisation. Parmi les réformes à

---

[80] SEYNI N'DIAYE, « Le rôle des réformes institutionnelles », Fonds Monétaire International, *Revue Finances et Développement*, décembre 2001, pp.18-21.

[81] En 2001, au moment où cet article est publié, SEYNI N'DIAYE est Directeur National de la Banque Centrale des États de l'Afrique de l'Ouest (BCEAO) pour le Sénégal.

[82] Selon l'auteur, quatre facteurs importants ont défini et renforcé le processus de mondialisation. Il s'agit de : a) l'expansion de l'univers de l'activité économique au-delà de l'État-Nation ; b) la libéralisation des échanges mondiaux ; c) l'importance croissante des flux de capitaux internationaux

[83] SEYNI NDIAYE, *Op.cit.* p. 18.

entreprendre au niveau des États, nous avons la bonne gestion des affaires publiques où il doit y avoir une responsabilisation des agents de l'État. Ces derniers doivent être comptables de leurs actes et si nécessaire pénalisés en cas d'infraction. Il s'agit également de lutter contre la corruption. L'éradication de ce fléau est impérative pour promouvoir une concurrence saine, éliminer les commissions additionnelles et renforcer l'efficience de la gestion économique.

En ce qui concerne l'intégration régionale que l'auteur considère à juste titre comme non opposée à la mondialisation[84], la réforme consiste à *« créer de solides entités communautaires qui disposent des pouvoirs et des moyens nécessaires pour encourager tous les pays de la Communauté à respecter les normes établies »*. L'un des aspects de l'intégration à privilégier est l'harmonisation des règles et des procédures. Au regard de la taille réduite de ces États en termes de surface, de ressources voire de marché, il est urgent dans un monde de plus en plus organisé en régions de se mettre ensemble pour faire face à tous ces défis, notamment celui de l'économie de marché. D'où, *« pour faciliter son intégration dans l'économie mondiale, l'Afrique doit commencer à opérer des réformes institutionnelles substantielles »*. Ces dernières nécessitent certes des moyens financiers importants, largement supérieurs à ceux dont disposent les États africains à l'heure actuelle. Il faut donc compter sur l'appui de la communauté internationale.

Cette réflexion a le mérite de montrer l'importance des réformes institutionnelles pour l'Afrique. Ces dernières apparaissent comme un préalable incontournable qui mènera l'Afrique à mieux s'intégrer dans la mondialisation. Or, nous étudions certes les réformes, mais sous l'angle de l'harmonisation des règles en matière de contrôle juridictionnel des finances publiques. De plus, si l'auteur s'intéresse à

---

[84] République française, ministère des Affaires étrangères, Direction Générale de la Coopération Internationale et du Développement, étude réalisée par le *Cered/Forum* et la *Cernéa* Université de Paris X-Nanterre sous la direction de Philippe HUGON, *« Analyse comparative des processus d'intégration économique régionale »*, *« Le renouveau de l'intégration régionale est ainsi indissociable du processus de la globalisation même s'il y a débat quant aux liens entre les deux processus. Pour les uns, la régionalisation constitue une réaction à la tendance unificatrice et homogénéisante qui accompagne la dynamique de la mondialisation. Pour les autres, elle apparaît comme une condition nécessaire à l'intégration au mouvement de la mondialisation, un moyen pour harmoniser les normes et conduire à une libéralisation multilatérale et une garantie contre le risque de marginalisation »*. p.7.

l'Afrique tout entière, notre étude concerne l'Afrique centrale, précisément la zone CEMAC.

En fin de compte, si nous avons une abondante littérature en ce qui concerne la relation entre le droit communautaire et le droit national, on constate que les études doctrinales axées sur les relations entre États et Communautés, sur des questions de réformes des institutions du contrôle juridictionnel des finances publiques de finances publiques en particulier ne le sont pas.

La problématique selon Michel BEAUD est *« l'ensemble construit autour d'une question principale des hypothèses de recherche et des lignes d'analyse qui permettront de traiter le sujet choisi »*[85]. Cette question centrale qui va orienter la recherche permet *« d'organiser un plan de travail »*.

Les pays membres de la CEMAC ont clairement manifesté leur volonté de parvenir à un cadre harmonisé de gestion des finances publiques. Cette volonté s'est traduite par l'adoption des directives y relatives en 2008 et plus récemment en 2011 par le Conseil des ministres de l'UEAC. La mutation opérée par les directives de 2008 en faveur d'un cadre institutionnel plus efficace est une manifestation du besoin profond de voir l'intégration se réaliser. Il est donc indéniable que les pays membres de la CEMAC sont engagés à mettre en œuvre ce cadre harmonisé. Et l'observation de l'environnement national permet de le constater. Chacun d'entre eux est engagé à mettre en œuvre les prescriptions communautaires en matière budgétaire. Ce qui toutefois est loin d'être une entreprise aisée. En effet, l'harmonisation de la justice des comptes suppose, l'abandon de certaines pratiques et principes nationaux, pour se conformer à un corps de règles communautaire qui parfois s'inspire du droit national. Il y a donc une obligation qui naît à l'endroit des États membres, celle de mettre fidèlement en œuvre le droit communautaire au niveau national. Ce qui traduit la supériorité du droit communautaire par rapport au droit national.

Au regard du paysage institutionnel des États membres de la CEMAC, on note la présence d'une juridiction spécialement chargée de la certification des comptes de l'État. Le constat général qui se dégage

---

[85] M. BEAUD, *L'art de la thèse, comment préparer et rédiger un mémoire de master, une thèse de doctorat ou tout autre travail universitaire à l'ère du net*, Paris, La Découverte, 2011, p.55.

est que cette institution est rattachée au pouvoir judiciaire vis-à-vis duquel il n'est pas indépendant. Il existe aussi une ISC rattachée soit au pouvoir exécutif, soit au pouvoir judiciaire. Or, la Cour des Comptes préconisée par la CEMAC rompt avec cette pratique au niveau des États membres. Ces derniers doivent entreprendre des actions allant dans le sens de la réforme de ces juridictions des comptes, en vue de les conformer aux exigences communautaires. L'on observe cependant une certaine résistance quant à la mise en œuvre de ladite réforme. Ce qui nous amène, à nous poser la question suivante : ***comment la réforme des juridictions des Comptes est-elle menée dans l'espace CEMAC ?***

En effet, quels sont les fondements de la réforme et quels sont les acteurs impliqués aussi bien dans son élaboration que dans sa mise en œuvre ? en quoi consiste le modèle de Cour des Comptes préconisé par le conseil des ministres de l'UEAC et quels sont les grands axes de la réforme ? Cette réforme est-elle réaliste ? Comment les États membres l'accueillent-ils et quels sont les schémas possibles à mettre en œuvre par ces États membres pour une réforme réussie ?

Selon Madeleine GRAWITZ, *« l'hypothèse est une proposition de réponse à la question posée. Elle tend à formuler une relation entre les faits significatifs. Même plus ou moins précise, elle aide à sélectionner les faits observés »*[86]. Ainsi, l'hypothèse apparaît comme une réponse provisoire que l'on peut apporter à la question principale, et même à l'ensemble des questions secondaires. Ce caractère provisoire est doublé de l'imprécision. On lui reconnaît néanmoins le mérite de se baser sur les faits observés. C'est autour d'une ou de plusieurs hypothèses que tout travail scientifique est organisé. C'est à ce titre que Raymond QUIVY et Luc Van CAMPENHOUDT [87]affirment que *« l'organisation d'une recherche autour des hypothèses de travail constitue le meilleur moyen de la mener avec ordre et rigueur. »* D'ailleurs, *« un travail ne peut être considéré comme une véritable recherche s'il ne se structure autour d'une ou plusieurs hypothèses. »* Ces dernières sont des vérités premières, les premières affirmations que la suite de la réflexion devra s'atteler à vérifier. On peut dès lors aboutir, soit à la confirmation, soit à l'infirmation de l'hypothèse. Pour ce qui est de notre thème de recherche, nous pouvons dégager les hypothèses suivantes :

---

[86] M. GRAWITZ, *Méthodes des sciences sociales*, Paris, Dalloz, Précis, 11e édition, 2001, p. 398.
[87] R. QUIVY et L. V. CAMPENHOUDT, *op.cit.* p. 117.

- La CEMAC est depuis quelques années engagée dans la réforme du cadre de gestion des finances publiques au sein des États membres. Cette réforme inclut les aspects liés au contrôle, et plus spécifiquement le contrôle juridictionnel. L'implémentation de la réforme au sein des États membres est effective. On note au sein de chaque Etats, des aspects de contrôle juridictionnel des finances publiques conformes aux directives communautaires.

- Bien que la réforme soit effective, on constate des écarts aussi bien entre la pratique au sein des Etats et les normes communautaires d'une part, et d'autre part entre le niveau d'implication des États membres de la CEMAC dans l'implémentation de la réforme.

Trois théories retiennent notre attention dans le cadre de ce travail. Il s'agit du réalisme (1), du fonctionnalisme (2) et du néo-fonctionnalisme (3).

1- Le réalisme

La théorie réaliste, qui a notamment pour illustres chantres Raymond ARON et Hans MORGENTHAU, apparaît comme le *« paradigme dominant des relations internationales »*[88] après la Seconde Guerre mondiale. Pour les réalistes, l'Etat reste l'acteur dominant des relations internationales, malgré l'émergence au fil du temps d'autres acteurs dont le rôle et l'influence ne sont pas des moindres, mais pas au point d'égaler ceux de l'Etat sur la scène internationale. Tout État a vocation à s'y déployer. Il *« cherche à maximiser son intérêt national défini en termes de puissance »*[89]. L'intérêt et la puissance sont donc les concepts clés du réalisme. Si le premier se présente comme la motivation principale de toute politique étrangère des États, la seconde elle constitue un facteur leur permettant d'accroître leur rayonnement sur la scène internationale.

Parlant de la puissance en tant que concept clé du réalisme, nous allons aborder la *« puissance structurelle »*[90] de Susan STRANGE. La *« puissance structurelle » « s'analyse comme la capacité de déterminer la façon dont seront satisfaits les quatre besoins sociaux de base dans une économie moderne : sécurité, savoir, production, finances »*. Ainsi,

---

[88] D. BATTISTELA, *Théorie des relations internationales*, Paris, Presse de la fondation nationale des sciences politiques, 2006, p. 113.
[89] P. MARCHESIN, *Introduction aux relations internationales*, Paris, Karthala, 2008, p. 35.
[90] S. STRANGE, « Toward a theory of Transnational Empire », pp. 161-176, in E. O. C. ZEMPIEL, J. N. ROSENAU, Approaches to World Politics for 1990 s.

elle façonne le cadre de l'économie mondiale dans lequel, les Etats, les entreprises, les opérateurs économiques ont à mener leurs actions. C'est un ensemble d'usages, de comportements, de règles, de modes qui de manière inconsciente, sont adoptés par les acteurs de la scène internationale, sans parfois s'interroger sur leurs origines, leurs auteurs et leurs motivations parfois cachées.

Il se construit dès lors un vaste empire déterritorialisé, dont la capitale serait Washington. Les États-Unis influencent ainsi les modes de vie et comportements des États. Les modèles institutionnels y sont parfois importés et appliqués par ces derniers. Sur le plan multilatéral, les schémas et modèles sont parfois définis à l'avance par les Etats dominants, les États les moins puissants n'ont qu'à s'intégrer dans un système qui parfois, échappe à leur compréhension. La même réalité est observable, en ce qui concerne la relation entre les anciennes puissances coloniales et leurs anciennes colonies. Ces dernières se font importatrices des modèles institutionnels, des modes de vie et des comportements des anciennes métropoles.

Aussi, la réforme des juridictions de comptes dans l'espace CEMAC traduit certes, la volonté pour ses États membres de moderniser leur mode de gestion des finances publiques, mais elle est aussi le reflet de la volonté des institutions de Bretton Woods, qui veulent arrimer lesdits Etats aux nouveaux standards en matière de gestion des finances publiques. C'est pour cette raison que le FMI s'impose comme l'acteur externe le plus influent, dans la conduite de la réforme des juridictions de comptes dans l'espace CEMAC. On en veut pour preuve, la présence de ses experts dans toutes les phases de ladite réforme.

De plus, il aurait fallu attendre que la France réforme son cadre de gestion des finances publiques à travers la Loi Organique relative aux Lois de Finances (LOLF)[91], pour que les pays de l'UEMOA et de la

---

[91] M. PORTAL, La politique qualité de certification des comptes publics, le cas de la Cour des Comptes, thèse de doctorat es sciences de gestion soutenue à la Cour des Comptes le 4 décembre 2009, École doctorale sociétés des organisations, université de Poitiers, p. 399.
LOLF 2001 : loi organique discutée entre le 7 février et le 28 juin 2001, la LOLF a été validée par le Conseil constitutionnel le 25 juillet 2001 et promulguée le 1er août 2001 pour entrer pleinement en application le 1er janvier 2006. Il s'agit d'une loi organique qui détermine le cadre juridique des lois de finances et que l'on peut assimiler à une nouvelle constitution financière. Les principaux objectifs de la LOLF 2001 sont les suivants (source : http://www.performance-publique.gouv.fr) :

CEMAC s'engagent dans des réformes similaires, aussi bien au niveau des États, pris individuellement, qu'au niveau des ensembles sous régionaux.

Le réalisme par la *« puissance structurelle »* peut également se vérifier dans la relation entre les États membres de la CEMAC. En effet, le modèle de juridiction des comptes préconisé par le Conseil des ministres de l'UEAC semble se rapprocher du modèle gabonais qui lui s'inspire du modèle français. Le Gabon semble ainsi vouloir se positionner comme étant celui qui impulse la réforme, en amenant les autres États membres à adopter les schémas institutionnels de son choix. Ce qui est non sans impact sur le rythme de la mise en application de la réforme.

- mieux décider des crédits affectés à chaque politique publique. Auparavant les deux approches budgétaire et politique publique étaient largement dissociées. Aujourd'hui, l'État définit d'abord ses missions et ses objectifs, puis décide des crédits à y consacrer (dans le cadre de la LOLF, le budget n'est plus présenté par nature de dépenses mais par politiques publiques désormais appelées missions) ;
- la recherche des résultats et de la performance. L'action de l'État est suivie et évaluée, grâce à des indicateurs concrets et un rapport annuel de performance ;
- apporter plus de clarté et de transparence au débat (tous les crédits, quelle que soit la nature des dépenses concernées, sont votés, d'une part, en autorisations d'engagement (capacité d'engager juridiquement l'État) et, d'autre part, en crédits de paiement (volume de trésorerie nécessaire dans l'année, pour couvrir les engagements pris ou à prendre), Ce décalage entre autorisations d'engagement et crédits de paiement favorise une vision pluriannuelle de la dépense) ;
- offrir au Parlement des informations (les administrations expliquent désormais dans leur projet annuel de performances comment elles prévoient d'utiliser les crédits et les personnels mis à leur disposition, dès le premier euro, elles expliqueront la réalité de l'exécution dans leur rapport annuel de performances en fin d'exercice.et des pouvoirs étendus (contrôle, investigation…) et de nouveaux pouvoirs (avec la LOLF, les modalités de vote du budget par le Parlement ont profondément changé : les parlementaires se prononcent à présent sur l'intégralité des crédits, de plus, un parlementaire, grâce à l'article 47 de la LOLF, peut désormais prendre l'initiative de majorer les crédits d'un programme, à la condition de ne pas augmenter le total de ceux de la mission dont il relève, il peut également créer, supprimer ou modifier un programme) ;
- mieux responsabiliser les gestionnaires publics. Ces derniers doivent s'engager sur des objectifs. En contrepartie, la gestion quotidienne des crédits est simplifiée. L'article 27 de la LOLF introduit une comptabilité à trois dimensions pour l'État. « L'État tient une comptabilité des recettes et des dépenses budgétaires et une comptabilité générale de ses opérations. En outre, il met en œuvre une comptabilité destinée à analyser les coûts des différentes actions engagées dans le cadre des programmes ».

2- Le fonctionnalisme

Si aujourd'hui le processus d'intégration au sein de l'Union Européenne connaît un certain succès, cela est notamment dû au fait que cette intégration *« ne procède pas d'une logique institutionnelle répartissant les compétences de chacun à partir d'un cadre défini à l'avance, mais au contraire, d'une logique fonctionnelle entraînant des abandons de compétence toujours plus étendus, dont le terme pourrait être un jour une construction fédérale »*[92]. En ce sens, il se construit progressivement un pôle d'allégeance communautaire doté d'institutions, dont les États et leurs citoyens devront désormais s'accommoder. David MITRANY dans son approche fonctionnaliste des relations internationales, pense que, la répartition du pouvoir entre les entités étatiques et communautaires peut entraîner des blocages dans le processus d'intégration. D'où, il propose qu'il faille partir des besoins des hommes. Il s'agit donc d'identifier les problèmes à résoudre, pour assurer le bien-être économique et social, et la forme découlerait de la fonction. Ainsi *« David MITRANY proposait que l'on s'occupe des secteurs d'intérêt commun, santé, transport, énergie, en laissant se dérouler le jeu des interdépendances et des interactions, sans essayer de plaquer un modèle institutionnel préétabli ou une quelconque idéologie... Chaque fois, la nature et l'étendue du problème détermineront la forme adéquate de l'institution »*[93]. L'application d'une telle formule dans les secteurs peu politisés amènera progressivement les acteurs à intégrer les secteurs politisés.

La réforme des juridictions des comptes dans la zone CEMAC procède de cette logique. Le Conseil des ministres de l'UEAC tente d'harmoniser les règles et au sein des États, en ce qui concerne le contrôle juridictionnel des finances publiques. La réalisation de l'intégration dans ce domaine pourrait amener les États à intégrer d'autres aspects à l'instar de l'harmonisation de la jurisprudence en matière de contrôle juridictionnel des finances publiques.

---

[92] B. BADIE, M-C. SMOUTS, *Le retournement du monde, sociologie de la scène internationale*, Paris, Presses de Science PO et Dalloz, 1999, p. 181.

[93] D. MITRANY, *A Working Peace System* (London, Royal Institute of International Affairs, 1943), Chicago, Quadrangle Books, 1966, pp. 56-57. Cité par B. BADIE, M-C. SMOUTS *op. cit.* p. 182

3- Le néo-fonctionnalisme

Le néo-fonctionnalisme s'inscrit dans la suite logique des fondements posés par le fonctionnalisme en 1943 par David MITRANY. Cette théorie porte sur la supranationalité et l'intégration politique. Ainsi, le débordement une fois achevé dans la sphère économique doit se poursuivre dans la sphère politique. Aussi, pour Ernst HAAS *« étant donné l'interdépendance de tous les secteurs dans les économies industrielles, la création de la CECA, puis l'organisation des marchés agricoles devaient conduire inéluctablement à l'intégration dans d'autres secteurs et, de proche en proche, à l'adoption de politiques communes dans des domaines touchant de près la Souveraineté des États »*[94].

La réforme des juridictions de comptes dans l'espace CEMAC marque ainsi un pas décisif dans le processus d'intégration. L'harmonisation de la justice des comptes, qui s'inscrit dans le cadre harmonisé de la gestion des finances publiques. Ce dernier tirant sa source de l'harmonisation des politiques économiques dans l'espace CEMAC. Cette avancée produira certainement un engrenage dans d'autres secteurs techniques, et progressivement, un effet de débordement vers la sphère politique.

Selon Madeleine GRAWITZ, il existe quatre niveaux de méthodes[95].

Au sens philosophique du terme, la méthode désigne *« l'ensemble des opérations intellectuelles par lesquelles une discipline cherche à atteindre les vérités qu'elle poursuit, les démontre, les vérifie. »* Cette conception qui, du point de vue de l'auteure est inhérente à toute démarche scientifique, définit *« la position de l'esprit humain devant l'objet. »*

C'est fort de cela qu'elle conçoit par ailleurs la méthode comme une attitude concrète vis-à-vis de l'objet. Cela signifie concrètement que *« la méthode dicte surtout des façons concrètes d'envisager ou d'organiser la recherche. »*Et c'est à juste titre que Maurice KAMTO, situant l'importance de la méthode dans un travail scientifique a pu affirmer que *« la démarche méthodologique conditionne le travail*

---

[94] E. B. HAAS, *Beyond the Nation State*, Stanford, Stanford University Press, 1964. Cité par B. BADIE, M-C SMOUTS, *op.cit.* p. 183.
[95] M. GRAWITZ, *op.cit*, p. 351.

scientifique, car la méthode éclaire les hypothèses et détermine les conclusions »[96].

La méthode est aussi assimilable à une tentative d'explication, se rattachant ainsi à une position philosophique et pouvant influencer une étape de la recherche. Elle peut aussi être liée à un domaine particulier. C'est ainsi qu'on peut la rattacher à un domaine spécifique, comportant une manière de procéder qui lui est propre. C'est pourquoi, pendant que la théorie définit le *« quoi »*, la méthode quant à elle apporte une réponse à la question « comment ».

En fin de compte, la méthode apparaît comme *« un ensemble concerté d'opérations, mises en œuvre pour atteindre un ou plusieurs objectifs, un corps de principes présidant à toute recherche organisée, un ensemble de normes, permettant de sélectionner et de coordonner les techniques. Elles constituent de façon plus ou moins abstraite ou concrète, précise ou vague, un plan de travail en fonction d'un but. »*

Notre cadre méthodologique comporte deux aspects à savoir la collecte des données et la méthode d'analyse théorique.

Pour ce qui est des techniques utilisées pour la collecte des données, nous avons eu recours à l'examen et à l'exploitation des textes aussi bien nationaux, communautaires qu'internationaux traitant de manière directe ou non, des questions relatives aux normes internationales en matière de contrôle des finances publiques. Nous avons également eu recours aux entretiens avec des responsables des questions budgétaires et de coopération au sein des administrations publiques nationales.

Nous nous intéressons ici à la conformité d'un ordre juridique national (inférieur), à un ordre juridique communautaire (supérieur). Ce qui suppose une description sans complaisance des mécanismes internes de réception et d'application du droit communautaire au niveau national. Les États membres de la CEMAC étant astreints, au-delà de leurs particularités, de mettre en œuvre un modèle uniformisé de Cour des Comptes. Pour cela, notre analyse s'appuie sur la méthode juridique traditionnelle qu'est la **dogmatique juridique**. De plus, étant amenés à commenter les différents textes aussi bien communautaires que nationaux relatifs aux questions budgétaires, nous recourrons à

[96] M. KAMTO, *Pouvoir et droit en Afrique noire, essai sur le constitutionnalisme des États d'Afrique noire francophone*, Paris, LGDJ, 1987, p. 47. Cité par C.D. NDOUMOU BEKALE, *Les missions étrangères face à la question du paiement de la redevance liée à l'utilisation des fréquences au Cameroun*, Mémoire de DESS/relations internationales/option Contentieux International/IRIC, 2010, p. 18.

l'exégèse. Cette dernière consiste en l'interprétation et l'explication des règles de droit, tout particulièrement de celles contenues dans les lois. Cette méthode nous a permis de rechercher et d'examiner les différents textes nationaux, communautaires et internationaux en vigueur, en relation avec le contrôle juridictionnel des finances publiques. L'exégèse consiste donc en l'*« interprétation et explication des règles de droit, tout particulièrement de celles contenues dans les lois »*[97].

Puisque nous nous intéressons au cadre harmonisé CEMAC de la gestion des finances publiques, et que *« toute décision visant une unification oblige d'abord à une comparaison »*[98], nous avons choisi de recourir aussi à la **méthode comparative**, précisément à l'approche du droit comparé qui nous renseigne sur la pratique dans les autres espaces communautaires à l'instar de l'UEMOA ou de l'Union Européenne. Cette approche a l'avantage d'être opérationnelle à tous les stades[99] et à tous les niveaux [100]de la recherche. Notre thématique met aux prises, les législations et pratiques nationales ; et les normes communautaires en matière de contrôle juridictionnel des finances publiques.

La réforme des juridictions des comptes est motivée par le besoin des États membres de la CEMAC de parvenir à un modèle achevé d'intégration qui passe notamment par l'harmonisation des institutions. Cette réforme qui a des fondements juridiques internationaux et communautaires, traduit la volonté pour les États membres de l'espace, de s'arrimer aux standards internationaux en matière de contrôle des finances publiques. La naissance et l'élaboration de cette réforme sont la résultante d'une variété de facteurs, la contribution des acteurs étant non négligeable (première partie).

Puisqu'elle doit entraîner des changements notables dans les ordres juridiques nationaux, la réforme des juridictions de comptes fait l'objet d'une mise en œuvre à géométrie variable. Cet état de fait, motivé par des enjeux et des réalités politiques et institutionnelles. Il surgit alors des pesanteurs et des imperfections liées d'une part aux directives CEMAC, d'autre part au comportement des États membres. Remédier à ces imperfections s'impose pour la réussite de la réforme (seconde partie).

---

[97] S. GUINCHARD (dir.), *Lexique des termes juridiques,* Paris, Dalloz, 2010, p. 319.
[98] M. GRAWITZ, *op.cit*, p. 421.
[99] Observation, hypothèse, vérification, idem, p. 420.
[100] Description, clarification, explication, *Ibid.*, p.420.

PREMIÈRE PARTIE :

L'ÉLABORATION DE LA RÉFORME

L'adoption des premières directives portant cadre harmonisé de la gestion des finances publiques en zone CEMAC[101] est le point de départ de la matérialisation de la réforme des finances publiques en général, et plus spécifiquement de la réforme des juridictions de comptes dans l'espace CEMAC qui est déjà prévue dans le Traité révisé de la CEMAC et dans les Conventions qui régissent ses institutions en particulier. Il faut cependant préciser que l'adoption de ces directives communautaires par le Conseil des ministres de l'UEAC n'est que l'aboutissement d'un processus complexe qui implique plusieurs types d'acteurs. L'entreprise est également motivée par divers facteurs.

Cette première grande articulation de notre réflexion se donne ainsi pour objectif de faire une analyse des déterminants de la réforme, c'est-à-dire des facteurs qui ont motivé l'engagement de ce vaste chantier au sein de la CEMAC. Autrement, nous faisons allusion à la conception de la réforme (Chapitre I) et à son orientation (Chapitre II) qui expose et analyse le modèle de juridiction des comptes préconisé par la CEMAC.

[101] Ces premières directives, tout comme celles de la deuxième génération adoptées en 2011, ont été adoptées par le Conseil des ministres de l'UEAC le 28 juin 2008.

CHAPITRE I :

LA CONCEPTION DE LA RÉFORME

Il y a un certain nombre de motivations qui amènent les États membres de la CEMAC, à engager un vaste programme de réforme et d'harmonisation de la gestion des finances publiques des États. La première génération de directives en la matière apparaît en 2008, soit une décennie plus tard que les directives UEMOA[102]. La conception de la réforme comporte deux axes. Il s'agit d'une part des déterminants, c'est-à-dire des contextes, circonstances et buts ayant motivé cette réforme (section I). D'autre part, la conception de la réforme suppose l'analyse du rôle que chacun des acteurs joue dans le processus de la directive, depuis son élaboration qui s'est achevée en 2008, jusqu'à son implémentation[103] (section II).

SECTION I : LES DÉTERMINANTS

Traiter des déterminants renvoie à une analyse des origines de la réforme. Cette articulation répond à la question de savoir, qu'est-ce qui inspire la réforme des juridictions des comptes en zone CEMAC ? Quels sont les socles juridiques (paragraphe I) et extra juridiques (paragraphe II) sur lesquels se construit la réforme ?

Paragraphe 1 : Les déterminants juridiques

Les déterminants juridiques sont l'ensemble des normes et textes juridiques sur lesquels s'appuie la réforme. C'est un ensemble de règles de droit qui ont inspiré la réforme. Ces fondements juridiques sont de

---

[102] L'UEMOA adopte ses premières directives portant cadre harmonisé de gestion des finances publiques le 16 décembre 1997. La deuxième génération de directives quant à elle apparaît en 2009.

[103] Cette implémentation devait débuter en décembre 2013, au regard de l'article 82 de la directive n° 01/11-UEAC-190-CM-22 qui dispose que : *« Les législations et réglementations nationales devront être mises en conformité avec les dispositions de la présente directive dans les vingt-quatre mois de son adoption par la Communauté Economique et Monétaire de l'Afrique Centrale. À l'issue de ce délai, les prescriptions de la directive devront être effectivement appliquées par les Etats-Membres… »*

deux ordres. Il y a les déterminants juridiques internationaux (A) et les fondements juridiques communautaires (B).

A- À l'échelle internationale : Les normes de l'INTOSAI

Il existe un cadre normatif et institutionnel dans lequel les États échangent leurs expériences en matière de contrôle des finances publiques. Il s'agit de l'Organisation Internationale des Institutions Supérieures de Contrôle des finances publiques (INTOSAI)[104]. C'est au sein de cette institution que sont élaborées, les normes internationales pour un contrôle efficace des finances publiques au sein des États membres. Nous insistons particulièrement sur la Déclaration de Lima d'octobre 1977 sur les lignes directrices du contrôle des finances publiques (1) et sur les normes internationales en matière de contrôle des finances publiques (2).

1- La Déclaration de Lima d'octobre 1977

C'est à juste titre que le Docteur Franz FIEDLER qualifie cette Déclaration de *« grande charte du contrôle des finances publiques »*[105]. En effet, réunis au Pérou en Octobre 1977, les délégués du neuvième Congrès de l'Organisation Internationale des Institutions Supérieures de Contrôle des finances publiques[106], adoptent par acclamation, la toute première norme internationale en matière de contrôle des finances publiques. Celle-ci est appelée *« la Déclaration de Lima sur les lignes directrices du contrôle des finances publiques »*[107].

---

[104] Créée en 1953, elle assure un cadre institutionnel depuis plus de 60 ans aux Institutions Supérieures de Contrôle des finances publiques (ISC), pour le transfert des connaissances, l'amélioration des compétences professionnelles, l'image et l'influence des ISC dans les pays respectifs. L'INTOSAI fonctionne grâce à différents organes qui sont : un congrès, un comité directeur, un secrétariat général et les groupes de travail régionaux qui sont au nombre de 7. Il s'agit de : l'Organisation des ISC de l'Amérique latine et des Caraïbes (OLACEFS), fondée en 1965 ; l'Organisation Africaine des ISC (AFROSAI), fondée en 1976 ; l'Organisation arabe des ISC (ARABOSAI), fondée en 1976 ; l'Organisation asiatique des ISC (ASOSAI), fondée en 1978 ; l'Association des ISC du Pacifique (PASAI), fondée en 1987 ; l'Organisation des ISC des Caraïbes (CAROSAI), fondée en 1988 et l'Organisation des ISC de l'Europe (EUROSAI), fondée en 1990.

[105] INTOSAI, Déclaration de Lima d'octobre 1977, réédition, Préface du Docteur Franz FIEDLER, Secrétaire Général de l'INTOSAI, Vienne, 1998, p.4.

[106] INCOSAI.

[107] On l'appelle encore ISSAI 1 *« International Standard of Suprem Audit Institutions »*. L'ISSAI est une norme élaborée par l'INTOSAI sur un aspect particulier du contrôle des finances publiques. Nous avons notamment l'ISSAI 100

La Déclaration de Lima se présente ainsi comme le tout premier document de référence à l'échelle internationale qui définit les normes en matière de contrôle des finances publiques. C'est avec pertinence, précision, concision et clarté que ce document de référence expose les questions centrales relatives au contrôle des finances publiques. De manière globale, l'idée majeure, ou alors le postulat de la Déclaration de Lima est que l'indépendance est le principe majeur du contrôle des finances publiques. Toute institution de contrôle incapable de répondre à ce critère est dépourvue de crédibilité. Cependant, la consécration de ce principe par les législations nationales *« nécessite l'existence d'institutions opérationnelles de sécurité juridique, institutions que l'on ne peut trouver que dans les démocraties où prévaut l'État de droit. L'État de droit et la démocratie constituent donc les prémisses essentielles pour un contrôle indépendant des finances publiques et sont en même temps des piliers sur lesquels repose la Déclaration de Lima »*[108]. Au regard de cette dernière, l'indépendance dans le contrôle des finances publiques revêt une triple dimension.

La première dimension est relative aux ISC. L'objectivité et l'efficacité dans l'accomplissement des tâches d'une ISC ne peuvent être effectives que si cette dernière est indépendante[109] du service contrôlé et à l'abri des pressions externes. Il est vrai que toutes les ISC font partie d'un ensemble qui est l'État, d'où il est impossible d'envisager une indépendance absolue. Mais *« toutes les ISC doivent pouvoir jouir de l'indépendance fonctionnelle et organisationnelle nécessaire à l'accomplissement de leurs tâches »*[110]. Pour cela, l'indépendance des ISC doit être un principe constitutionnellement consacré, légalement détaillé et protégé par des juridictions.

La deuxième dimension de l'indépendance concerne les membres et cadres des ISC. Ceux-ci doivent être libres de toute pression. D'où la nécessité d'un traitement conséquent, à même de les mettre à l'abri des influences. Cette indépendance doit être garantie par la constitution, ainsi que la procédure de leur révocation.

---

sur les principes fondamentaux du contrôle des finances publiques ; l'ISSAI 200 sur les principes fondamentaux de l'audit financier ; ou encore l'ISSAI 300 sur les principes fondamentaux de l'audit de performance.

[108] INTOSAI, Déclaration de Lima. *Op.cit.* p. 4.

[109] Déclaration de Lima, Section V, Indépendance des ISC, p. 7.

[110] *Ibid.*, p.7.

La troisième dimension de l'indépendance au regard de la Déclaration de Lima a trait aux finances. La Déclaration parle de l'*« indépendance financière des ISC »*. L'ISC doit être dotée de moyens financiers nécessaires à l'accomplissement de ses missions. Elle doit avoir la capacité de demander directement les finances à l'organisme chargé du budget, et jouir d'une liberté dans l'utilisation des fonds qui lui sont alloués.

Outre la consécration du principe de l'indépendance, la Déclaration de Lima comporte d'autres prescriptions relatives au contrôle des finances publiques. Il s'agit notamment des rapports entre l'ISC, le parlement, le gouvernement et l'administration, où il doit exister une collaboration et non une influence. Le contrôle de l'activité gouvernementale par l'ISC ne mettant pas ce dernier en état de subordination. Nous avons également dans la Déclaration, les pouvoirs des ISC[111]. La réforme des juridictions de comptes dans l'espace CEMAC s'inspire largement de ce document et des autres normes internationales de contrôle des finances publiques élaborées par l'INTOSAI.

2- Les autres normes de l'INTOSAI relatives au contrôle des finances publiques

Le cadre normatif par excellence reconnu sur le plan international est celui mis en œuvre par l'INTOSAI depuis sa création en création 1953. Il y a donc une importante activité de production des normes de référence en matière de contrôle des finances publiques qu'on appelle encore les ISSAI *« International Standards of Suprem Audit Institution »*. Si la Déclaration de Lima a le mérite d'avoir posé les bases des normes internationales de contrôle des finances publiques, il reste que son contenu est un ensemble de normes génériques à côté desquelles ont été produites des normes plus spécifiques, dans les divers aspects du contrôle des finances publiques[112]. Ces *« normes professionnelles et (les) lignes directrices sont essentielles pour assurer*

[111] Dans les sections 10, 11 et 12 de la Déclaration de Lima, les ISC ont le pouvoir d'enquêter qui suppose l'accès à tous les registres et documents ; le pouvoir de décider du lieu de contrôle ; la garantie légale de la mise à disposition des documents et informations ; les modalités de réalisation des contrôles…

[112] Nous avons notamment l'ISSAI 100 sur les principes fondamentaux du contrôle des finances publiques ; l'ISSAI 200 sur les principes fondamentaux de l'audit financier ; l'ISSAI 300 sur les principes fondamentaux de l'audit de performance, l'ISSAI 400 sur les principes fondamentaux de l'audit de conformité.

la crédibilité et la qualité du contrôle des finances publiques, ainsi que le professionnalisme en la matière »[113]. Le but étant d'aider les ISC à mener un contrôle indépendant et efficace.

En général, le cadre des normes professionnelles de l'INTOSAI comporte quatre niveaux.

Le premier niveau est relatif aux principes fondateurs du cadre normatif du contrôle des finances publiques. Le deuxième niveau définit les conditions préalables tant sur le plan organisationnel que fonctionnel pour un meilleur contrôle des finances publiques. Cela inclut les principes d'indépendance, de transparence, de reddition des comptes, de déontologie et de contrôle de qualité. Le troisième niveau porte sur la réalisation d'audits et prévoit les principes professionnels à la base d'un contrôle efficace et indépendant des finances publiques. Ces principes fondamentaux de contrôle sont contenus dans la Déclaration de Lima. Le quatrième niveau quant à lui est une traduction opérationnelle des principes contenus dans les trois niveaux précédents. Il y a donc une simplification des normes et principes qui peuvent être utilisés quotidiennement dans le cadre d'un audit, ou servir de normes d'audit en cas d'inexistence de celles-ci dans un pays. On y retrouve les lignes directrices générales et les exigences concernant les audits financiers, de performance et de conformité.

L'ISSAI 100 relatif aux principes fondamentaux de contrôle des finances publiques *« énonce les principes fondamentaux applicables à toutes les missions de contrôle des finances publiques, quel qu'en soit la forme ou le contexte »*[114]. Pour ce qui est de notre thème de réflexion, il apparaît que *« dans certains pays, l'ISC est une instance juridictionnelle composée de juges et exerce une autorité sur les comptables de l'État et les autres fonctionnaires qui sont tenus de lui rendre compte. Il existe un lien étroit entre cette autorité juridictionnelle et les caractéristiques du contrôle des finances publiques. La fonction juridictionnelle oblige l'ISC à s'assurer que toute personne chargée d'utiliser les deniers publics soit tenue de rendre compte et qu'elle relève de son domaine de compétence »*[115]. Les contrôles effectués par les ISC visent aussi à informer tous les acteurs

---

[113] ISSAI 100, introduction, p. 1.

[114] ISSAI 100, p. 2.

[115] *Ibid., p.2.*

prenant part à la vie d'un État (les gouvernants et les gouvernés)[116]. Elles poursuivent cet objectif en tant que piliers essentiels du système démocratique national et des mécanismes de gouvernance. Elles jouent un rôle important dans le renforcement de l'administration publique, en mettant l'accent sur les principes de transparence, d'obligation de reddition des comptes, de gouvernance et de performance.

Les ISSAI définissent trois types de contrôle des finances publiques que nous retrouvons dans les directives communautaires CEMAC, et qui rentrent dans les missions de la Cour des Comptes. Il s'agit de l'audit financier, de l'audit de performance et de l'audit de conformité[117]. Elles prévoient également les principes de contrôle des finances publiques qui sont de deux ordres. Les principes généraux et ceux relatifs au processus d'audit[118].

---

[116]Cameroon Tribune du 30 mars 2016, Colloque international de Yaoundé sur « *La communication et la gestion des relations entre les Institutions Supérieures de Contrôle des finances publiques (ISC) et les parties prenantes* ». Le quotidien reprend également les mots du ministre Délégué à la Présidence de la République Chargé du Contrôle supérieur de l'État, Rose ACHA MBAH FOMUNDAM qui déclare lors de l'ouverture de ladite Conférence que « *l'efficacité d'une institution de contrôle des finances publiques dans la promotion d'une responsabilisation accrue dans le fonctionnement des entités du secteur public repose, dans une large mesure, sur les relations qu'elle établit avec les parties prenantes externes* ».

[117] Ministère des Finances, *Réforme des finances publiques au Cameroun, Manuel de pilotage et d'exécution du budget programme*, janvier 2013, p. 136. L'audit se définit comme la *« revue et (l') examen indépendants des comptes et des activités d'une organisation pour évaluer la conformité aux politiques et aux procédures établies, l'adéquation entre les dépenses et les objectifs et pour recommander les changements nécessaires ».* Selon l'ISSAI 100, l'audit financier consiste à déterminer si les informations financières d'une entité sont présentées conformément au référentiel d'information financière et au cadre réglementaire applicable. L'audit de performance quant à lui détermine si les interventions, les programmes et les institutions fonctionnent conformément aux principes d'économie, d'efficience et d'efficacité tout en recommandant des améliorations. L'audit de conformité détermine si un sujet donné est conforme aux textes législatifs et réglementaires qui servent de critères et régissent l'entité auditée.

[118] Ces principes généraux concernent notamment la déontologie qui au regard de l'ISSAI 100 relatif au code de déontologie, est un ensemble d'orientations et de grands principes éthiques que sont : l'intégrité, l'objectivité, la compétence professionnelle, la conscience professionnelle, la confidentialité, la conduite professionnelle. Les autres principes sont : le jugement professionnel, l'esprit critique, le contrôle de qualité, etc. Les principes relatifs au processus d'audit concernent la planification stratégique et opérationnelle, la réalisation et l'établissement des rapports, ainsi que le suivi.

Aux vues de ce qui précède, il apparaît que la réforme des juridictions de comptes dans l'espace CEMAC s'est largement inspirée des normes internationales en matière de contrôle des finances publiques. Les normes de l'INTOSAI peuvent ainsi être considérées comme le fondement juridique international de référence sur lequel se bâtit la réforme. Cette dernière se fonde également sur les normes juridiques communautaires.

B- À l'échelle communautaire

Il y a un certain nombre de textes au niveau communautaire CEMAC qui constituent le fondement de la réforme des juridictions de comptes. Il existe des dispositions dans les textes constitutifs de la Communauté qui peuvent renvoyer de manière indirecte à cette réforme, d'où l'on parle de fondements juridiques généraux (1). Nous avons également une catégorie de normes qui traite spécifiquement de la réforme à savoir les directives CEMAC portant cadre harmonisé de la gestion des finances publiques (2).

1- Les fondements juridiques généraux

Depuis sa création à travers le Traité de Ndjamena le 16 mars 1994, la CEMAC a connu deux grandes mutations. La première intervient le 5 juillet 1996, avec l'additif au Traité relatif au système institutionnel et juridique de la Communauté. La seconde mutation vient avec le Traité et les Conventions révisés de 2008[119].

S'agissant du Traité révisé de la CEMAC, les Etats manifestent clairement leur volonté au préambule, en affirmant qu'ils sont *« résolus à donner une impulsion nouvelle et décisive au processus d'intégration en Afrique Centrale par une harmonisation accrue des politiques et des législations de leurs Etats »*. Par ailleurs, ils réaffirment *« leur attachement au respect des principes de démocratie, des droits de l'homme, de l'État de droit, de la bonne gouvernance »*. L'harmonisation des juridictions de contrôle des finances publiques au

[119] CEMAC, site officiel de la Commission, consulté le 11 mai 2014 à 19 h 40 min, « Les défis de la gouvernance et de l'amélioration de l'environnement des affaires ». Le Traité et les Conventions révisés de 2008 sont l'aboutissement d'un vaste programme de réforme institutionnel engagé en 2006 par la CEMAC. Ces textes ont été adoptés par la Conférence des Chefs d'État à Yaoundé le 25 juin 2008. Voir aussi P. LIBONG BADJAN, *Les réformes institutionnelles de la CEMAC, jeu des acteurs, intérêts des États*, Paris, l'Harmattan, 162 pages.

plan institutionnel et matériel traduit cette volonté d'intégrer la bonne gouvernance[120] dans la gestion des finances publiques. Il s'agit aussi de leur attachement aux principes de l'État de droit[121]. La réforme des juridictions de comptes dans l'espace CEMAC au regard du Traité révisé CEMAC traduit également la volonté pour ces États de *« passer d'une situation de coopération à une situation d'union, dans le but de parachever le processus d'intégration économique et monétaire »*[122].

La convention de Yaoundé du 25 juin 2008 régissant l'UEAC est la deuxième référence communautaire qui constitue un fondement la réforme. Dès le préambule, on remarque déjà que les parties sont *« convaincu (e)s que l'intégration des États membres en une Communauté Economique et Monétaire exige la mise en commun partielle et progressive de leur souveraineté nationale au profit de la Communauté, dans le cadre d'une volonté politique collective ».* Aussi, *« affirmant la nécessité de favoriser le développement économique des États membres grâce à l'harmonisation de leurs législations, à l'unification de leurs marchés intérieurs et à la mise en œuvre des politiques communes dans les secteurs essentiels de leurs économies ».* La réforme des juridictions de comptes s'inscrit sans doute dans cette volonté d'harmoniser les règles et les institutions. Harmonisation qui constitue une étape importante et incontournable dans le processus d'intégration régionale.

Au regard de l'article 2 de ladite Convention, parmi les objectifs que l'Union compte réaliser, figure l'institution d'*« une coordination des politiques sectorielles nationales, mettre en œuvre des actions communes et adopter des politiques communes notamment dans les*

---

120 M. HUFTY, A. DORMEIER FREIRE, P. PLAGNAT et V. NEUMANN, *Jeux de Gouvernance, regards et réflexions sur un concept*, Paris Karthala, 2007, p. 79. *« Dans la gouvernance économique en particulier, les arrangements institutionnels issus de l'interaction entre les partenaires (nationaux et internationaux, privés ou publics) ont des impacts directs sur les orientations économiques nationales ou internationales ».*

121 J. CHEVALLIER, *L'État de droit*, Paris, Montchrestien, 1999, p. 150. Pour l'auteur, *l'État de droit « traduit une certaine vision du pouvoir lentement forgé au fil de l'histoire de l'occident et qui apparaît comme inhérente à la conception libérale de l'organisation politique, donnant à voir un pouvoir limité, parce qu'assujetti à des règles, il implique que les gouvernants ne sont pas au-dessus des lois, mais exercent une fonction encadrée et régie par le droit ».*

122 Traité révisé de la CEMAC du 25 juin 2008, article 2. Voir aussi B. BIAO, « Intégration régionale en Afrique Centrale, bilan et perspectives », in B. BEKOLO EBE, TOUNA MAMA, H. BEN HAMMOUDA (dir.), *op.cit.* pp29-41.

domaines suivants :... la bonne gouvernance ». Une bonne gestion des finances publiques est indissociable de la bonne gouvernance. La bonne gouvernance des finances publiques[123] n'est qu'un aspect de la bonne gouvernance qui revêt des aspects multiples, notamment administratif.

2- Les fondements juridiques spécifiques

Il s'agit des normes communautaires qui renvoient directement à la réforme des juridictions de comptes en zone CEMAC. L'entreprise de la réforme du cadre harmonisé de la gestion des finances publiques dans l'espace CEMAC, amorcée depuis 2008 avec l'adoption des premières directives, s'est vue perfectionner au fil du temps[124]. En effet, ayant constaté un certain nombre d'insuffisances dans les directives de première génération, il fallait apporter les éléments nécessaires, pour que ces directives soient à la hauteur du contexte et des ambitions des États membres. D'où, l'on passe de cinq à six directives[125]. Parmi ces six directives, deux traitent concrètement de la juridiction des comptes. Cela se justifie notamment par le fait que, la directive N° 01/11-UEAC-190-CM-22 relative aux lois de finances et la directive N° 02/11-UEAC-190-CM-22 relative au règlement général de la comptabilité publique, concernent l'aspect juridique de la réforme, tandis que les

[123] Le Conseil des ministres le confirme à travers la Directive N° 06/11-UEAC-190-CM-22 relative au code de transparence et de bonne gouvernance dans la gestion des finances publiques.

[124] Il convient de rappeler que l'article 76 de la Convention du 25 juin 2008 régissant l'UEAC mentionne déjà clairement l'idée des Cours des comptes nationales dont la Chambre des comptes communautaire constituerait un second degré de juridiction. « *... instituer une Cour des comptes nationale qui pourra, le cas échéant, faire appel à un système d'audit interne. Cette Cour transmettra ses observations à la Chambre des comptes de la Communauté* ». Le même article souligne que « ... *les États membres tiennent le Conseil des ministres et le Secrétariat Exécutif informés des dispositions qu'ils ont prises pour se conformer sans délai à cette obligation...* ». Il apparaît donc clairement au regard de cette disposition que l'obligation de créer une Cour des comptes est antérieure aux directives communautaires, même les plus anciennes de 2008.

[125] La sixième directive, la Directive N° 06/11-UEAC-190-CM-22 du 19 décembre 2011 est relative au code de transparence et de bonne gouvernance dans la gestion des finances publiques. L'adjonction de ce sixième élément dans le groupe des 5 directives préalablement élaborées en 2008, traduit le souci pour les États membres de la CEMAC, non seulement de parvenir à un cadre harmonisé, incluant un maximum de compétences possibles. Il traduit également la volonté de dégager le maximum de moyens et mécanismes possibles pouvant permettre une protection optimale des finances publiques.

autres concernent son aspect comptable comme le montre la figure (1) ci-dessous.

Figure 1 : Architecture du dispositif de gestion des finances publiques

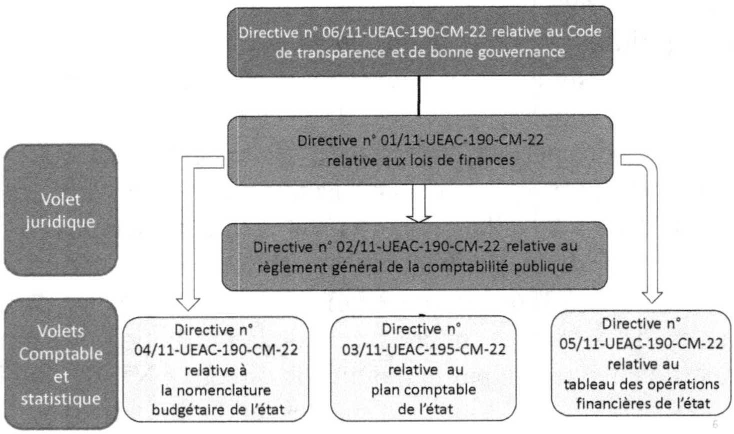

Source : CEMAC, tournée de sensibilisation et de dissémination des directives du cadre harmonisé de gestion des finances publiques, Yaoundé, du 25 au 28 mars 2013.

La Directive n° 06 relative au code de transparence et de bonne gouvernance, qui encadre l'ensemble des directives[126], comporte des aspects relatifs à la Cour des Comptes. Pour ce qui est de la directive n° 01 relative aux lois de finances, on y retrouve les questions majeures tournant autour de la loi de finances à savoir, sa préparation, son exécution et son contrôle. S'agissant de ce dernier aspect, l'article 69 de ladite directive consacre trois types de contrôles[127]. Le contrôle qui nous intéresse le mieux dans le cadre de notre thème de réflexion est le contrôle juridictionnel. De l'article 72 à l'article 78 de la directive n° 01, on y retrouve le rôle prépondérant que joue la Cour des Comptes dans le dispositif institutionnel et matériel de contrôle des finances

[126] L'article 3 de ladite directive dispose que *« Toutes les directives de la CEMAC et toutes les législations et réglementations nationales des États membres postérieures à la présente directive et touchant, directement ou indirectement, à la gestion des finances publiques devront être préparées dans le respect des principes et règles définies par ce code »*.
[127] Article 69 D.LF *« Les opérations relatives à l'exécution des lois de finances sont soumises à un triple contrôle, parlementaire, administratif et juridictionnel »*.

publiques au sein des États membres[128]. De façon claire et détaillée, la directive définit la nature de cette nouvelle institution qui doit être mise en œuvre au sein de chaque État membre de la CEMAC. Elle contient également les missions, le fonctionnement et les sanctions pouvant être prononcés par la juridiction, à l'endroit de la variété de justiciables dont elle a le pouvoir de connaître les affaires.

Il apparaît donc que la directive n° 01 constitue le cœur même de la réforme. Compte tenu du rôle non négligeable que doit jouer la Cour des Comptes dans la nouvelle gestion des finances publiques au sein des États membres de la CEMAC, celle-ci a un rôle à jouer dans tous les aspects relatifs à la gestion des finances publiques, au sein des États membres. Le constat est clair, à chaque fois que les directives font allusion au contrôle des finances publiques, la part réservée au contrôle juridictionnel est assez importante par rapport à celle réservée aux contrôles parlementaire et administratif[129].

La réforme des juridictions de comptes dans l'espace CEMAC se construit sur deux grandes catégories de fondements juridiques à savoir, les fondements juridiques internationaux avec les normes internationales en matière de contrôle des finances publiques, et les fondements juridiques communautaires provenant de la CEMAC et de ses institutions spécialisées.

Paragraphe 2 : Les déterminants extra juridiques

Les déterminants extra juridiques renvoient à l'ensemble de facteurs explicatifs de nature non juridique qui soutendent la réforme des juridictions de comptes dans l'espace CEMAC. Ces déterminants sont de deux ordres. D'une part il y a les déterminants d'ordre politique (A) et d'autre part les déterminants d'ordre économique (B).

---

[128]S. H. NNANGA *op.cit.* p. 290. Pour l'auteur, la persistance jusque-là d'une mauvaise gestion des finances publiques en Afrique est imputable à *« la faible implication des institutions juridictionnelles dans le contrôle effectif de la gestion des finances publiques ».*

[129] Directive n° 01 LF, article 72 à 78 ; D.RGCP articles 14, 29, 33, 68, 78, 91, 92, 93, 109, 110, 111 ; D.PCE, article 7 ; D.CT, Section VI, paragraphes 1,2 et 3. On retrouve dans ces dispositions l'organisation, le fonctionnement et les missions des de la Cour de Comptes.

A- Les déterminants d'ordre politique

Il s'agit du renforcement de l'État de droit (1) et de la recherche d'une certaine légitimité sur la scène internationale (2).

1- Le renforcement de l'État de droit

Michel TROPER, reprenant la définition de Raymond CARRE DE MALBERG, définit l'État de droit comme *« un État qui, dans ses rapports avec ses sujets et pour la garantie de leur statut individuel, se soumet lui-même à un régime de droit, et cela en tant qu'il entraîne son action sur eux, par des règles dont les unes déterminent les droits réservés aux citoyens, dont les autres fixent par avance, les voies et moyens qui pourront être employés en vue de réaliser les buts étatiques »*[130]. La gestion des finances publiques est une lourde responsabilité qui pèse sur l'administration. Cette gestion doit se faire dans le sens de l'amélioration des conditions de vie des populations, contribuables à qui les gestionnaires de la fortune publique doivent rendre compte[131] et répondre de leurs actes devant le juge. Il s'établit ou se renforce dès lors l'idée selon laquelle, quelle que soit l'importance de la fonction que peut occuper un individu au sein de l'appareil étatique, celui-ci ne peut prétendre se mettre au-dessus des lois. L'État de droit apparaît ainsi comme un système institutionnel dans lequel la puissance publique est soumise au droit, *« un État dans lequel les normes juridiques sont hiérarchisées de telle sorte que la puissance s'en trouve limitée »*[132].

Lorsqu'en 1991 se tient au Cameroun la conférence tripartite (État-société civile-partis politiques), la réforme des institutions figure en bonne place dans le projet de Constitution émanant de cette Conférence. Les parties prenantes soulignent l'importance d'avoir une Cour des Comptes dans le paysage institutionnel. En jetant un regard rétrospectif sur la vie du contrôle juridictionnel des finances publiques au Cameroun, on s'aperçoit qu'au sein de la Cour Fédérale de Justice, il y avait une Chambre des Comptes. Cependant, si *« la Chambre des Comptes de la Cour Fédérale de Justice était un projet de circonstance (l'avènement de) la Chambre des Comptes de la Cour Suprême s'inscrit*

[130] R. CARRE DE MALBERG, *Contradiction à la théorie générale de l'État*, Paris, 1922, Vol.2. Cité par (M.) TROPER in *Le Concept d'État de droit*, p. 53.
[131] Article 15 de la Déclaration de Droits de l'Homme et du Citoyen de 1789 : *« La société a le droit de demander compte à tout agent public de son administration ».*
[132]H. KELSEN, *Théorie générale du droit et de l'État*, Paris, LGDJ, 1997, p. 518.

visiblement, dans la marche du Cameroun vers l'État de droit »[133]. Il est vrai que l'ambition de la Conférence tripartite avait été revue à la baisse par le pouvoir constituant qui a jugé opportun de créer une chambre, au lieu d'une cour des comptes. Mais compte tenu de *« la contestation de la gestion des finances publiques qui s'amplifie depuis 1990 »*[134], la restauration de la crédibilité de l'administration et de la fiabilité du système institutionnel passait entre autres par la mise sur pied d'une juridiction chargée de juger les fautes commises dans la gestion des fonds publics.[135] Pour Sylvestre Honoré NNANGA, une protection efficace des finances publiques passe inévitablement par l'institution du contrôle juridictionnel comme contrôle de référence. Dans la mesure où, le juge est celui qui peut le mieux garantir le respect du droit[136].

La réforme des juridictions de comptes dans l'espace CEMAC traduit ainsi l'ambition pour ses membres de parvenir à l'État de droit, en mettant au centre de l'encadrement de la gestion des finances publiques, la Cour des Comptes, non seulement en tant que juge de tous les acteurs intervenant dans la chaîne de dépense publique, mais aussi en tant que coordonnateur du système institutionnel national de contrôle des finances publiques, dans son rôle d'ISC.

L'absence de l'État de droit dans la gestion des deniers publics ouvre la voie à des détournements et à l'irresponsabilité de ceux qui sont chargés de gérer les affaires publiques. Aussi, pour Ahmed Mohamed GHADHI, *« les différentes crises économiques, politiques et sociales ont montré l'échec du projet de l'État-Nation en Afrique. Il fallait donc commencer par le refonder. C'est là que devrait commencer l'apprentissage : l'édification d'un État de droit fondé sur les lois, une citoyenneté égale pour toutes les composantes de la Nation, bref, un pacte républicain et démocratique »*[137]. La gestion programmatique du

---

[133] C. SIETCHOUA DJUITCHOKO, *op.cit.* p. 74.

[134] Ibid.

[135] S. KOTT, « Les prescriptions budgétaires et comptables dans les textes financiers », R.F.F.P. n° 86, Paris, LGDJ, 2004, pp 57-73, cité par S. H. NNANGA, *op.cit.* p. 289.

[136] S. H. NNANGA, *op.cit.* pp. 295-296. Pour l'auteur, l'Afrique a mal à ses finances publiques parce que *« le pouvoir judiciaire fait face à d'énormes blocages qui obstruent son action par rapport à ses missions classiques... Le juridictionnel est un pouvoir muselé et sous tutelle »*.

[137] A. M. GHADHI, *La longue marche de l'Afrique vers l'intégration, le développement et la modernité politique,* Paris, L'Harmattan, 2009, p. 195.

budget et le renforcement des systèmes de contrôle qui sont au cœur de la réforme du cadre harmonisé de gestion des finances publiques en zone CEMAC participent sans doute de cette refondation de l'État[138].

2- La recherche d'une certaine crédibilité sur la scène internationale

La réforme des juridictions de comptes procède également de la recherche de la légitimité des États de la CEMAC sur la scène internationale. En effet, compte tenu du rôle important que joue l'aide extérieure dans la quête du développement de ces États, ces derniers sont soumis à une double contrainte. La première étant de se soumettre aux conditionnalités[139] des partenaires techniques et financiers. La seconde contrainte, corollaire de la première est le renforcement à l'interne, des mécanismes de contrôle des finances publiques dans le but de renforcer la crédibilité de la gestion des emprunts.

En 1999, ALASSANE OUATTARA alors Directeur Adjoint du FMI définissait les trois piliers du développement, conséquence d'un plan d'ajustement réussi. *« Tous ces entretiens (avec les Chefs d'État, des ONG, des Experts...) m'amènent à la conclusion que le développement repose sur trois piliers : une bonne politique économique ; un environnement juridique et politique approprié et un développement social équitable »*[140]. La réforme du cadre de gestion des finances publiques en zone CEMAC bénéficie de l'appui des Institutions financières internationales, au premier rang desquelles le FMI. Ce dernier est considéré comme l'un des initiateurs de la réforme. L'on

---

[138] J. KANKEU, *La réforme de l'État par la Performance, op.cit. p. 27. « ... Il s'agit de la mutation de toute la gestion publique. Le rendez-vous est absolument historique, une occasion unique de moderniser en profondeur l'administration... L'évaluation des politiques publiques était basée sur les moyens budgétaires. Or, avec les nouvelles exigences à satisfaire aux plans national, régional et international, le Cameroun avait un seul choix à opérer : passer du budget de moyens au budget programme ».*

[139] D. CARREAU, P. JUILLARD, *Droit international économique*, Paris, Dalloz, 2010, p. 33. *« À la vérité, le particularisme de l'organisation internationale économique se reflète davantage dans deux principes d'action que l'on retrouve fréquemment dans leur mode opératoire : la séparation du politique et de l'économique ; la liaison entre conditionnalité et concessionnalité ».*

[140] Conditionnalité (aide internationale), *« La conditionnalité dans l'aide internationale est l'ensemble des conditions exigées par les grandes organisations économiques internationales en échange de prêts aux pays en développement. »* Disponible sur fr.wikipédia.org/WIKI/conditionnalité (aide-internationale), consulté le 14 mai 2014 à 11 h 54 min

observe que les Institutions financières internationales sont, la plupart du temps engagées à financer des projets et réformes initiés par elles-mêmes. Aussi, *« l'imposition de la conditionnalité à l'intégration régionale... se présente comme le soutien des bailleurs de fonds à cette transmutation »*[141]. C'est notamment le cas de la *« réforme fiscalo-douanière de l'UDEAC de 1994 qui fait suite aux pressions des institutions de Bretton Woods contre l'avis du Cameroun et du Gabon et les hésitations de la France »*[142].

Il apparaît donc que la réforme des juridictions de comptes dans la zone CEMAC est la résultante d'une certaine pression exercée par les institutions économiques internationales, sous forme de conditionnalité de l'aide au développement. Le non-respect de ces conditionnalités pouvant compromettre l'obtention des aides internationales. L'autre risque lié à cette non-adhésion étant la compromission des relations avec les bailleurs de fonds internationaux. Ce qui peut entraîner la détérioration de l'image et de la place dont jouissent ces États sur la scène internationale. L'imposition de ces conditionnalités se fait le plus souvent en direction du respect des normes internationales, notamment en matière de gestion des finances publiques, avec les normes de l'INTOSAI. À côté de ces déterminants d'ordre politique, qui sont extra juridiques, il y a les déterminants d'ordre économique.

B- Les déterminants d'ordre économique

La réforme des juridictions des comptes dans l'espace CEMAC, élément contribuant à l'intégration des États membres ne peut échapper à des visées économiques de la part de ceux-ci. On peut dès lors envisager des gains aussi bien au niveau communautaire, qu'au niveau des États. Il s'agit ainsi d'un coup d'accélérateur donné au processus d'intégration, avec l'harmonisation des règles et des pratiques (1). Cette harmonisation participe également du renforcement des mécanismes de protection de la fortune publique au sein des États (2).

---

[141] J. V. NTUDA EBODE, « La redistribution de la puissance en Afrique Médiane CEMAC : nouvelle configuration des alliances sous régionales », *in Enjeux géopolitiques en Afrique Centrale,* Paris, l'Harmattan, 2009, pp. 45-76.
[142] *Ibid., pp.45-76.*

1- L'accélération du processus d'intégration régionale

Si l'on s'en tient aux différentes formes d'intégration consacrées[143], notre thème peut être situé dans l'intégration par les règles d'harmonisation. C'est *« l'élaboration d'un cadre juridico-économique favorable à la relance des investissements et de la coordination des politiques économiques »*[144]. En plus d'être une forme d'intégration, l'harmonisation des règles et politiques est également un repère, un indicateur du processus d'intégration. L'harmonisation des règles comme dans le cadre de la gestion des finances publiques dans l'espace CEMAC se situe dans l'étape de l'union économique qui se caractérise entre autres par le marché commun et l'harmonisation des politiques économiques. Ce vaste chantier dans lequel sont engagés les États de la CEMAC traduit sans doute leur volonté de parvenir à un espace plus intégré.

L'une des nouvelles solidarités qui s'imposent aux États membres de la zone CEMAC est l'harmonisation des politiques, notamment en matière de contrôle des finances publiques. Entreprise au terme de laquelle l'on pourra aboutir à une véritable union économique, voire à une intégration complète. Cette dernière caractérisée par une union économique[145], et l'unification des politiques économiques sectorielles. Les incertitudes et les difficultés sont d'autant plus perceptibles que la coopération et l'intégration régionale, qui sont une idée ancienne, remontant à l'aube des indépendances, peine à réaliser des avancées

---

[143] B. BIAO, « Intégration régionale en Afrique Centrale, bilan et perspectives ». *op.cit.*pp.31-32. L'auteur distingue quatre formes d'intégration à savoir :

a) L'intégration par les échanges qui implique l'abolition des barrières nationales dans les transactions économiques entre les États membres afin que les facteurs de production puissent circuler librement au sein d'une aire régionale donnée ;
b) la thèse du « protectionnisme minimum » qui consiste à rechercher un niveau de libéralisation des échanges le plus passé dans la région tout en s'assurant d'un niveau de protection élevé à l'intérieur de la zone par rapport à l'extérieur ;
c) l'intégration par la production qui passe par les projets d'investissement intégrateurs ;
d) l'intégration par les règles d'harmonisation qui s'intéresse à l'ensemble de normes que doivent suivre les pays désirant s'intégrer afin de faire bénéficier à leur groupement de tous les gains découlant de l'extension d'un marché.

[144] *Ibid., pp.31-32.*

[145] Centre de Développement sous régional Afrique centrale, Commission Economique des Nations-Unies pour l'Afrique (CDSR-AC), « Cadre stratégique pour l'intégration et la coopération régionale en Afrique Centrale », *in* H. BEN HAMMOUDA, B. BEKOLO EBE, TOUNA MAMA, *op.cit.* p. 59.

pertinentes, contrairement à l'Union Européenne avec qui la CEMAC a amorcé le processus d'intégration il y a plus d'un demi-siècle.

Face à l'accroissement des inégalités et des crises financières à répétition dues au côté sombre de la mondialisation[146], les nouveaux regroupements régionaux ont été impulsés en vue de faire face à ces menaces. La CEMAC obéit à la même logique au regard des micro-États qui la constituent. En effet, l'Afrique Centrale est composée de pays dont la surface et la population équivalent à un seul pays voire une seule ville de l'occident. Or, les exigences actuelles de la mondialisation et la compétition rude qui caractérise les échanges internationaux exigent une certaine dimension spatiale, économique et démographique de la part des acteurs. La constitution d'un marché interne est indispensable, avant d'envisager tout déploiement sur la scène internationale. Ce qui suppose l'existence d'une superficie et d'une population consistantes, tout cela accompagné de réformes institutionnelles allant dans le sens de la convergence des politiques[147]. La réforme du cadre de gestion des finances publiques et précisément des juridictions de comptes traduit la dynamique d'intégration dans laquelle la CEMAC s'est engagée depuis sa création le 16 mars 1994, et surtout, avec les réformes institutionnelles engagées en son sein depuis 2006.

2- Le renforcement de la protection des ressources financières de l'État

En parcourant le préambule de chacune des six directives communautaires CEMAC, portant cadre harmonisé de la gestion des

---

[146] Pour E. COHEN, *« la globalisation est le terme qui a été forgé pour rendre compte d'une double réalité à savoir d'une part, l'internationalisation des marchés des biens et des facteurs de production ; et d'autre part, l'apparition des firmes industrielles capables de penser d'emblée leur développement à l'échelle du monde, et de déployer à cet effet des stratégies globales de production, de commercialisation qui serait alors le stade ultime, c'est-à-dire planétaire »*. E. COHEN, « Les États sont-ils encore souverains dans l'ordre économique ? », cité par R. TSAFACK NANFOSSO et I. TAMBA, *op.cit.* p. 43.

[147] L'on note dans l'avant-propos de l'ouvrage dirigé par H. BEN HAMMOUDA, B. BEKOLO EBE, TOUNA MAMA, que *« la CEMAC a été créée en mars 1994 pour approfondir et renforcer l'effort d'intégration déjà entamé par l'UDEAC. Depuis, des pas importants ont été franchis. Le projet de réforme fiscalo-douanière a connu d'importantes avancées. Par ailleurs, les pays de la CEMAC ont entamé un processus de convergence de leurs politiques économiques, étape nécessaire à la construction d'un marché commun »*. p. 7.

finances publiques, il apparaît que le Conseil des ministres de l'UEAC qui adopte lesdites directives, est *« persuadé de la nécessité d'améliorer toujours davantage la transparence dans la gestion des finances publiques dans les États membres »* et *« désireux d'adapter les directives communautaires aux standards internationaux et aux bonnes pratiques en matière de gestion des finances publiques »*. Il est évident que le renforcement ou le perfectionnement des mécanismes de gestion et de contrôle des finances publiques visent prioritairement une saine gestion des finances publiques. Celle-ci s'impose, au regard des défis auxquels sont confrontés les États de l'Afrique en général, et ceux de l'espace CEMAC en particulier[148]. La tendance actuelle est à la poursuite de l'objectif d'émergence[149]. Cette dernière suppose l'engagement des investissements importants de la part de ces États. Ce qui requiert également la mobilisation d'importants financements tant sur le plan interne, que sur le plan externe[150]. Les investissements devant être réalisés sont pour la plupart productifs. Ils devront eux-mêmes générer des fonds pour le paiement des dettes contractées par l'État pour leur réalisation. La productivité de ces investissements est notamment conditionnée par une bonne gestion des fonds publics. En effet, une mauvaise gestion de ces fonds peut compromettre la qualité des investissements. Ce qui peut avoir un impact sur leur rendement et par ricochet sur la capacité de paiement des dettes contractées qui devient ainsi hypothétique, plongeant les États dans une situation d'endettement quasi irréversible.

Une bonne gestion[151] des deniers publics s'impose donc dans la quête du développement des États de la CEMAC. Ces derniers, au-delà du seul cadre de la gestion harmonisée des finances publiques, se sont

---

[148]Cameroon Tribune du 9 mai 2014 n° 10586/6785. Le Chef de la Mission du FMI en visite au Cameroun, rappelle en termes de recommandations que le Cameroun est engagé dans de grands projets qui nécessitent des financements importants. Or, le budget est confronté à un problème, celui du déséquilibre entre les recettes (inférieures) et les dépenses (supérieures).

[149] Gabon 2020 ; Cameroun 2035.

[150] Avec notamment le recours à l'emprunt obligataire, aux bailleurs de fonds internationaux et partenaires techniques et financiers.

[151] SEYNI N'DIAYE, *op.cit.* p.18. Pour l'auteur, la réforme institutionnelle et structurelle qui doit permettre aux États d'Afrique de tirer pleinement parti des avantages de la mondialisation, passe notamment par la bonne gestion des affaires publiques. Celle-ci suppose, la transparence de l'État ; la simplicité des procédures ; la responsabilisation des agents de l'État qui doivent être comptables de leurs actions et si nécessaire les pénaliser en cas d'infraction et la lutte contre la corruption.

engagés dans plusieurs autres fronts tels que l'agriculture, les infrastructures ou encore la sécurité. Cependant, pour SEYNI NDIAYE, *« toutes ces réformes ont des coûts financiers et sociaux extrêmement élevés, qui dépassent de loin les ressources actuelles du continent. Il faut espérer que la Communauté internationale appuiera les efforts de développement économique de l'Afrique. Une attention particulière doit être accordée à la gestion de la dette extérieure, qui pèse lourdement sur les finances publiques et réduit considérablement la marge de manœuvre dont les autorités nationales ont besoin pour financer le développement des infrastructures et la lutte contre la pauvreté »*[152]. Il est évident qu'une telle situation ne s'accommoderait pas d'une gestion chaotique des fonds publics, caractérisée par des détournements massifs et la fébrilité des mécanismes de contrôle.

La réforme des juridictions des comptes s'appuie donc sur des fondements divers. Ceux-ci sont d'ordre juridique, politique, voire économique. Cet ensemble de considérants et de déterminants impulse la réforme. Cette dernière quant à elle implique plusieurs catégories d'acteurs aussi bien dans sa phase d'élaboration que dans sa mise en œuvre.

SECTION II : LES ACTEURS

Aussi bien dans sa phase d'élaboration que celle de sa mise en œuvre, la réforme des juridictions des comptes en zone CEMAC engage une gamme variée d'acteurs. Chacun de ces derniers joue un rôle pertinent dans le processus de la réforme. Sont concernés au premier chef, les acteurs destinataires de la réforme, ceux au sein desquels sera implémentée la réforme. On les considère ainsi comme les acteurs principaux, ou encore les destinataires de la réforme (paragraphe I). Il y a une autre catégorie d'acteurs dits secondaires qui n'est pas destinataire de la réforme, mais qui vient en appui à ces derniers (paragraphe II).

Paragraphe I : Les acteurs principaux

Deux catégories d'acteurs se dégagent à ce niveau. Il s'agit des Etats, membres de la Communauté qui participent à la vie communautaire (A) et des instances communautaires dont le rôle est déterminant dans le

---

[152] SEYNI N'DIAYE, *op.cit.* p.21.

processus de la réforme. Cette deuxième catégorie se situe au cœur de la réforme (B).

A- Les États membres de la Communauté

Les États membres de la Communauté jouent un double rôle dans le cadre de cette réforme. Ils peuvent être considérés à certains égards, non seulement comme une source d'inspiration de la réforme (1), mais aussi comme ceux qui en sont les principaux destinataires (2).

1- Les États membres comme initiateurs et sources d'inspiration de la réforme

Il est indéniable que les États membres de la CEMAC sont au centre de la réforme du cadre harmonisé de la gestion des finances publiques en général, et des juridictions des comptes en particulier. À côté du fait que la réforme soit pilotée par les instances communautaires, les États membres ont joué et continuent de jouer un rôle non négligeable dans le processus de la réforme.

Tout d'abord, il convient de développer l'idée selon laquelle, les États membres de la Communauté sont les initiateurs de la réforme. En effet, c'est le souci de perfectionner leurs mécanismes internes de gestion et de contrôle des finances publiques, qui amène les États à engager déjà des réformes au plan interne. On a par exemple le vaste chantier de réforme des finances publiques au Cameroun [153]engagé depuis 2001. En parcourant la loi n° 2007/006 du 26 décembre 2007 portant régime financier de l'État du Cameroun, l'on s'aperçoit que certaines notions ou certains mécanismes modernes de gestion des finances publiques apparaissent déjà[154]. Or, les premières directives

[153] C'est à l'issue du colloque International sur la refondation du cadre juridique de gestion des finances publiques tenu à Yaoundé en 2001, que le Cameroun sa réforme. *« Divers travaux ont ensuite eu lieu. Portés par une équipe technique nationale au sein du Ministère en charge du budget. Les autorités camerounaises ont réalisé en octobre 2007, un diagnostic de la gestion des finances publiques selon la méthodologie PEFA (un mode internationalement reconnu pour apprécier les systèmes nationaux de gestion des finances publiques). C'est sur la base de tous ces travaux qu'a été adoptée la loi n° 2007/006 du 26 décembre 2007 portant régime financier de l'État ».* Ministère des Finances, La réforme des finances publiques, Tout savoir sur la réforme.

[154] Il s'agit des concepts comme le *« programme »*, le *« chapitre »*, la *« gestion axée sur la performance »…* articles 8, 9 et 10 de la loi de 2007 portant régime financier de l'État du Cameroun.

communautaires sont adoptées en 2008. On remarque à partir de là que certains Etats sont en avance sur la réforme. La réforme des finances publiques au niveau communautaire aurait donc été inspirée par ces réformes déjà engagées au niveau des États. Ces derniers influencent par là la réforme communautaire. L'élaboration des normes au niveau communautaire implique inévitablement les acteurs nationaux à travers leurs représentants qui doivent rendre compte de la pratique au niveau des Etats, et participer de manière active à l'émergence d'un droit communautaire dans lequel ils se reconnaissent. Pour ce qui est du Cameroun, le Ministère des Finances a joué un rôle majeur dans l'élaboration de la réforme, et aujourd'hui dans sa mise en œuvre. Le Secrétariat Général dudit ministère comporte une Division du Suivi[155] qui au niveau national peut être considérée comme le point focal des directives communautaires portant cadre harmonisé de la gestion des finances publiques. Il y a donc des experts nationaux, qui participent aux réunions d'élaboration et de validation des normes communautaires. Ces derniers peuvent influencer la conduite des travaux, en imprimant la marque de ce qui se fait au niveau national.

2- Les États membres comme principaux destinataires de la réforme

À côté des normes communautaires qui ont pour but de régir le fonctionnement des institutions et des organes communautaires, il y a une autre catégorie de normes dont les États membres sont destinataires, et qui ont pour finalité, l'harmonisation des pratiques et des règles. Reconnaître l'État comme destinataire de la réforme, c'est aussi l'impliquer dans le processus et reconnaître explicitement son domaine de compétence. D'où le principe de subsidiarité[156] qui veut que les institutions communautaires n'interviennent pas là où les États

[155] Au regard de l'article 24 alinéa 1 du décret n° 2014/066 du 28 février 2013 portant organisation et fonctionnement du Ministère des Finances, cette Division est entre autres chargée du *« suivi des recommandations issues des réunions de niveau stratégique »* à l'instar des rencontres au niveau communautaire ou dans des réunions internationales.

[156] Le principe d'intervention *« limitée »* de la Communauté contenu dans l'article 59 du Traité de la Communauté Economique du Charbon et de l'Acier (C.E.C.A) est la première apparition au niveau communautaire du principe de subsidiarité contenu dans l'article 308 du Traité de Rome de 1957 créant la Communauté Economique Européenne.

membres peuvent mieux remplir les fonctions qui leur sont attribuées par les textes communautaires.

Ainsi, dans l'article 8 de la Convention régissant l'UEAC, *« l'Union Économique agit dans la limite des objectifs que le Traité de la CEMAC et la présente Convention lui assignent. Elle respecte l'identité nationale des États membres ».* Plus spécifiquement, les directives communautaires reconnaissent une part de compétence aux États membres dans le processus de la réforme[157].

Au niveau du préambule de chaque directive, on peut lire que les États sont *« persuadés de la nécessité d'améliorer toujours davantage la transparence dans la gestion des finances publiques dans les États membres ».* C'est dire que la réforme menée au niveau communautaire l'est à destination des États membres de la Communauté. Cette réforme n'est donc pas entreprise pour le bénéfice des acteurs quelconques, mais des États. Par exemple, la réforme ne s'adresse pas aux finances publiques communautaires dont les mécanismes de contrôle sont prévus par d'autres textes communautaires[158].

La reconnaissance de l'État en tant que destinataire de cette réforme, met ce dernier au cœur du processus. L'État se positionne ainsi comme la raison d'être de la réforme. C'est à partir de lui que la réforme est conçue et c'est à lui qu'elle est destinée. Il se retrouve ainsi au début et à la fin du processus, devenant ainsi l'acteur majeur. À côté des États membres, au rang des acteurs principaux figurent également les instances communautaires qui jouent un rôle central dans le pilotage de la réforme.

B- Les instances communautaires

Deux catégories d'acteurs sont à distinguer parmi les institutions communautaires. Il s'agit des instances politiques (1) et les instances techniques (2).

---

[157] Article 83 D.LF ; article 112 D.RGCP ; article 50 D.PCE ; article 20 D.NBE ; articles 36 et 37 D.TOFE ; articles 3 et 4 D.CTBG.

[158] L'article 64 du Traité Révisé dispose que *« le contrôle des activités de la Communauté est assuré respectivement par le Parlement Communautaire, la Cour de Justice et la Cour des Comptes ».* Plus précisément pour ce qui est du contrôle des finances publiques, l'article 48 dispose que *« la Cour des Comptes est chargée du contrôle des Finances publiques de la Communauté, notamment le contrôle juridictionnel des comptes des comptables ».*

1- Les instances politiques

On entend par institutions politiques, les institutions de la Communauté qui élaborent la politique générale, en donnant les grandes orientations à travers la prise des actes formels[159] tels que les actes additionnels. Ils déterminent la politique de la Communauté et orientent son action. Dans le Traité Révisé de la CEMAC, on les qualifie encore, au sens du chapitre deux d'*« organe de décision »*. Deux organes de décision retiennent notre attention. Il s'agit de la Conférence des Chefs d'État et de la Commission. Il est vrai que le Conseil des ministres de l'UEAC fait partie de ces organes de décision au même titre que le Comité Ministériel de l'UMAC. Mais, compte tenu aussi de son caractère spécifique et technique, ainsi que le rôle qu'il a joué dans l'élaboration des directives, nous le rangeons dans le groupe des instances techniques.

En ce qui concerne la Conférence des Chefs d'État, on relève, au regard de l'article 12 du Traité Révisé, que celle-ci *« détermine la politique de la Communauté et oriente l'action du Conseil des ministres de l'UEAC et du Comité Ministériel de l'UMA »*. En tant qu'Institution faîtière de la CEMAC, la Conférence des Chefs d'État joue un rôle primordial dans l'initiation de la politique générale de la Communauté. Cela suppose la prise de grandes décisions engageant la vie de la Communauté, telle que la mise en œuvre d'un cadre harmonisé de gestion des finances publiques.

Réunis à Yaoundé le 25 juin 2008, les Chefs d'État de la Communauté ont signé le Traité Révisé de la Communauté ainsi que les Conventions révisées des Institutions. Cet acte symbolisait ainsi le parachèvement des réformes institutionnelles communautaires engagées depuis 2006. Il apparaît que les textes organisant les

---

[159] L'article 40 du Traité Révisé précise le type d'actes que chacun des organes est habilité à prendre. Ainsi *« Pour l'application du présent Traité et sauf dérogations prévues par celui-ci ou par des dispositions particulières contenues dans les Conventions de l'UEAC et de l'UMAC :*

- *la Conférence des Chefs d'État adopte des actes additionnels au Traité et prend des décisions ;*
- *le Conseil des ministres et le Comité Ministériel adoptent des règlements, règlements-cadres, des directives, prennent des décisions et formulent des recommandations ou des avis ;*
- *les premiers responsables des Institutions, Organes et Institutions Spécialisées de la Communauté arrêtent des règlements d'application, prennent des décisions et formulent des recommandations ou des avis ».*

Institutions[160] de la Communauté sont signés par la Conférence des Chefs d'État. Parmi ces Institutions figure l'UEAC qui est le cadre, ou l'Institution au sein de laquelle la réforme est menée. Il y a donc comme un mécanisme de délégation des pouvoirs ou des compétences au Conseil des ministres de l'UEAC, par la Conférence des Chefs d'État. Selon l'article premier de la Convention Révisée régissant l'UEAC, *« les Hautes parties Contractantes créent entre elles l'Union Économique de l'Afrique Centrale, ci-après dénommée l'Union Économique, afin d'établir en commun les conditions d'un développement économique et social harmonieux dans le cadre d'un marché ouvert et d'un environnement juridique approprié »*. C'est donc dans ce cadre élaboré par la Conférence des Chefs d'État que va s'opérer la réforme.

La Commission de la CEMAC est le deuxième organe politique qui joue un rôle important dans le processus de la réforme. Il suffit d'observer le calendrier de la mise en œuvre du cadre harmonisé de gestion des finances publiques (schéma 2), pour comprendre la place que cet organe occupe dans le dispositif institutionnel chargé de mener la réforme.

160 Le Traité Révisé fait la différence entre les Institutions et les Organes de la Communauté. Au regard de l'article 10 (premier paragraphe), *« la Communauté est constituée de cinq Institutions »* à savoir : l'UEAC, l'UMAC, le Parlement Communautaire, la Cour de Justice et la Cour des Comptes. Le second paragraphe du même article dispose que les Organes de la Communauté sont : la Conférence des Chefs d'État, le Conseil des ministres, le Comité Ministériel, la Commission de la CEMAC, la BEAC, la BDEAC et la COBAC.

Figure 2 : Le calendrier de mise en œuvre des directives

PROGRAMMES	ACTIVITES	Avant 2011	2011				2012				2013				Après 2013	RESPONSABLE
			T1	T2	T3	T4	T1	T2	T3	T4	T1	T2	T3	T4		
P 1: Relecture	**Réécriture**															FMI/AFRITAC/CEMAC
	Adoption - Validation technique - Adoption officielle															Comité d' experts et CdM
P 2: Dissémination	- Elaboration et dissémination des supports de communication et des guides d'application, - Affichage sur le site web de la CEMAC															C/ CEMAC
P 3: Renforcement des capacités	- Préparation des modules de formation sur les directives et formation des formateurs - Elaboration des plans nationaux de formation et formation des acteurs															C/ CEMAC et Etats membres
P 4: Traduction dans les droits nationaux	- Elaboration d'un chronogramme des activités - Mise en œuvre des actions selon le chronogramme arrêté															Etats membres/PTF
P5 : Suivi/Evaluation de la relecture et de la mise en œuvre des Directives	- Mise en place d'un comité d'experts en gestion des FP composé de trois experts par pays - Mise en place d'une équipe de suivi/évaluation au niveau de la Commission CEMAC ; - Organisation d'ateliers d'évaluation de la mise en œuvre des réformes															C/ CEMAC, Etats membres et PTF
P6 : Mise à niveau des systèmes d'information	- Etude diagnostic des SI des EM ; - Validation de l'étude ; - Appui à la mise en œuvre des recommandations de l'étude															C/ CEMAC, Etats membres et PTF
P7 : Appui à la mise en œuvre des réformes dans les Etats membres	- Evaluation des systèmes de gestion des FP dans les EM ; - Appui à la définition des stratégies nationales des réformes ; - Appui à la conduite des réformes ; - Assistance technique et financière															C/ CEMAC, Etats et PTF

Sources : Département des finances publiques AFRITAC Centre, mission circulaire de sensibilisation et de dissémination des directives du cadre harmonisé de la gestion des finances publiques en zone CEMAC, « Présentation de la réforme globale, des principales innovations apportées par les nouvelles directives, des différentes phases et du calendrier de mise en œuvre », Yaoundé, du 25 au 28 mars 2013, p.28.

Sur les sept phases qui constituent le calendrier, la Commission intervient dans cinq d'entre elles[161]. La Commission est le seul organe de la Communauté qui est chargé de la mise en œuvre de la réforme dans sa deuxième phase à savoir, la dissémination qui consiste en *« l'élaboration et la dissémination des supports de communication et des guides d'application* (ainsi) *qu'à l'affichage des directives sur le*

[161] Il s'agit de la phase 2 dissémination ; de la phase 3 renforcement des capacités ; de la phase 5 suivi évaluation de la relecture et de la mise en œuvre des directives ; de la phase 6 mise à niveau des systèmes d'information et de la phase 7 appui à la mise en œuvre des réformes dans les États membres.

site web de la CEMAC »[162]. Pour les quatre autres phases, les compétences sont partagées, soit avec les États membres (EM), soit avec les Partenaires Techniques et Financiers (PTF). La quasi-totalité des phases implique tous les acteurs.

2- Les instances techniques

Les instances techniques sont celles qui participent de manière directe au processus de la réforme. La création d'une Union Économique dont l'un des objectifs est d'harmoniser, *« dans la mesure nécessaire au fonctionnement du marché commun, les règles qui régissent les activités économiques et financières et (élaborer) à cet effet des réglementations communes »* [163]est fort révélatrice du rôle que peut jouer cette institution dans le processus de la réforme. C'est en effet l'organe chargé de son fonctionnement à savoir le Conseil des ministres de l'UEAC[164], qui est au centre du pilotage de la réforme. On voit à partir de l'article 18 de la Convention régissant l'UEAC que le *« Conseil est composé des représentants des États membres.* (Il comprend) *les ministres en charge des finances, de l'intégration et des affaires économiques ».* Une précision et une spécialisation qui confirment l'objectif de promotion du développement économique des EM, ainsi que le parachèvement du processus d'intégration à travers notamment l'harmonisation des règles.

Le Conseil des ministres de l'UEAC est l'organe technique par excellence de la Communauté[165]. C'est lui qui mène toutes les grandes réformes d'ordre économique engageant l'ensemble de la Communauté. Ses membres à savoir les ministres des Finances, de l'Économie et de l'Intégration sont chargés au niveau national du suivi de l'implémentation des normes communautaires. La simple lecture des directives communautaires portant cadre harmonisé de la gestion des finances publiques, nous renseigne déjà sur le rôle qu'a pu jouer le

---

[162]*Ibid., p.161.*

[163] Article 4 (a) de la Convention régissant l'UEAC.

[164] Au regard de l'article 17 du Traité Révisé, *« le Conseil des ministres assure la direction de l'Union Économique par l'exercice des pouvoirs que la Convention de l'UEAC lui accorde ».*

[165] En observant la hiérarchie des Organes de la Communauté selon l'article 10 du Traité Révisé, le Conseil des ministres vient en deuxième position, juste après la Conférence des Chefs d'État. Cet Organe apparaît donc comme le deuxième le plus important. Cela se justifie notamment par le fait que les objectifs de l'intégration sont prioritairement d'ordre économique.

Conseil des ministres dans l'élaboration de la réforme. C'est en effet cet Organe qui a procédé à l'adoption desdites directives. Il est vrai que les groupes de travail techniques ont travaillé avec les représentants des EM à savoir les experts et les ministres concernés. Mais il revenait en dernier ressort au Conseil des ministres de valider ces directives et de les adopter. Vu la spécialisation des ministres membres du Conseil, il est possible d'affirmer avec certitude que le contrôle de qualité de ces normes et le suivi des travaux des experts se sont faits avec rigueur et par des personnes compétentes.

Le deuxième organe technique communautaire qui joue un rôle déterminant dans le processus de la réforme est le Comité Sous régional des Experts en gestion des finances publiques[166]. C'est à la suite de nombreuses incohérences constatées dans la première génération de directives adoptées en 2008 par le Conseil des ministres de l'UEAC, que s'est imposée la mise en place d'une institution constituée d'experts en gestion des finances publiques. Avant la date de création de ce Comité, la CEMAC ne disposait pas d'experts en gestion des finances publiques. C'est avec l'appui technique du FMI que des incohérences seront répertoriées dans les premières directives. Aux côtés des Partenaires Techniques et Financiers (PTF), le Comité d'Experts de la CEMAC a activement participé à la réforme des premières directives à travers des ateliers tenus lors des différentes sessions de travail.

En somme, les acteurs majeurs de la réforme des finances publiques en général et des juridictions des comptes en particulier dans la zone CEMAC, à savoir les États membres et les organes communautaires sont au centre de la réforme. Ces acteurs sont appuyés par les acteurs externes à la réforme à savoir les PTF.

Paragraphe 2 : Les acteurs secondaires

On entend par acteurs secondaires, ceux qui, bien que prenant part à la réforme, n'en sont pas directement bénéficiaires. Le Conseil des ministres et le Comité d'Experts en gestion des finances publiques ont, dans l'élaboration des directives CEMAC, bénéficié de l'appui technique et financier de quelques institutions internationales. Ces dernières se sont également engagées à accompagner les institutions communautaires et les États membres dans l'implémentation desdites

[166] Ledit Comité est créé par la directive n° 05/10-UEAC-190-CM-21 du 28 octobre 2010 qui fixe également ses attributions.

directives[167]. Il y a deux groupes d'acteurs secondaires à savoir : les partenaires techniques et financiers (PTF) (A) et les banques multilatérales (B). La contribution de ces acteurs dans le processus de la réforme est grande, voire incontournable. Si pour certains, l'appui est exclusivement technique ou financier, d'autres, à l'instar du FMI, combinent les deux formes d'apport.

A- Les organes du FMI

La réforme du cadre harmonisé de gestion des finances publiques en zone CEMAC bénéficie de l'appui des PTF. Ces derniers sont des institutions qui apportent à la fois un appui technique et financier aussi bien à la CEMAC qu'à ses EM, dans le but de les amener vers une réforme réussie. Nous allons nous appesantir sur Département des Finances publiques et des Statistiques du FMI (1), et sur le Centre Régional d'Assistance Technique du FMI pour l'Afrique centrale (AFRITAC- Centre) (2).

1- Le Département des Finances publiques et des Statistiques

Deux temps forts marquent la contribution du FMI dans le processus des directives CEMAC portant cadre harmonisé de la gestion des finances publiques. Il s'agit de l'élaboration et de la vulgarisation de la réforme.

C'est suite aux lacunes décelées dans les premières directives adoptées le 25 juin 2008 par le Conseil des ministres que le FMI fait son entrée dans le processus de la réforme. Il intervient à travers son groupe d'Experts dont la contribution a été déterminante dans la réforme de la première génération de directives. Cette réforme a débouché sur les six directives du 19 décembre 2011. Le rôle du FMI a été non négligeable dans la correction des premières directives. Les instances de la CEMAC ont ainsi eu recours à l'expertise du Fonds Monétaire Internationale. Celui-ci dispose en son sein, d'une direction en charge des finances publiques, direction au sein de laquelle se

[167] Après la phase de correction des directives de 2008, les PTF à l'instar du FMI (avec son Département des finances publiques) et la Banque Mondiale ont résolu d'accompagner le Commission de la CEMAC dans la dissémination des nouvelles directives communautaires. Cette résolution est concrétisée par les différents apports techniques et financiers que ces institutions ont consacrés dans les tournées de sensibilisation et de dissémination des directives du cadre harmonisé de gestion des finances publiques, organisées par la Commission de la CEMAC.

trouvent des experts en la matière. Ces derniers ont apporté leur assistance technique au Comité d'Experts de la CEMAC dans la correction, la relecture et l'alignement des directives aux standards internationaux, en matière de gestion et de contrôle des finances publiques. L'innovation majeure qui consiste à passer de 5 à 6 directives avec l'élaboration et l'adoption de la directive n° 06/11-UEAC-190-22 relative au Code de transparence et de bonne gouvernance dans la gestion des finances publiques est l'une des contributions les plus importantes du FMI. Ledit code définit un certain nombre de principes que les destinataires des 5 premières directives devront appliquer dans toutes les opérations relatives aux finances publiques[168]. Il se dégage également une mission de formation des experts de la CEMAC. En effet, au moment où les premières directives sont adoptées, la CEMAC ne disposait pas encore d'un groupe d'experts en la matière. C'est le constat des insuffisances de ces directives, combiné à la pratique au sein du FMI qui ont inspiré l'idée de mettre en œuvre un Comité d'Experts en gestion des finances publiques au sein de la CEMAC. Dans cette entreprise de correction et de relecture des directives, le travail devait être fait par des personnes expérimentées, d'où le recours aux experts du FMI. Ces derniers devaient apporter leur expertise dans la rédaction et le recadrage des normes de gestion et de contrôle des finances publiques conformément aux normes internationales. Le FMI a de ce fait rempli une mission de formation dans le processus de la réforme en général, mais surtout dans la phase de son élaboration.

En ce qui concerne la phase de vulgarisation de la réforme, le FMI a également apporté son appui, en accompagnant la Commission de la CEMAC dans ses différentes missions. Il s'agissait d'apporter une aide technique et financière dans les mécanismes à travers lesquels la Commission devait procéder à la ventilation des directives au sein des EM. Les experts du FMI et ceux de la CEMAC se sont mis ensemble dans les *« missions circulaires de sensibilisation et de dissémination des directives du cadre harmonisé de gestion des finances publiques en zone CEMAC »*. Ces missions ont parcouru toute la zone, en vue

[168] Au regard de l'article 3 de la directive n° 06/11-UEAC-190-CM-22 relative au code de transparence et de bonne gouvernance dans la gestion, *« Toutes les directives de la CEMAC et toutes les législations et réglementations nationales des États membres postérieures à la présente directive et touchant, directement ou indirectement, la gestion des finances publiques devront être préparées et adoptées dans le respect des principes et règles définis par ce code »*.

d'imprégner les gouvernements, les administrations et les différentes parties prenantes à la vie des EM. Cette imprégnation s'est faite sur des aspects et thématiques variés[169].

2- L'AFRITAC-Centre

Le Centre Régional d'Assistance Technique du FMI pour l'Afrique centrale (AFRITAC-Centre) est le deuxième organe à travers lequel le FMI s'est déployé dans le processus de la réforme des juridictions de comptes dans l'espace CEMAC. Si les experts du Département des finances publiques et des Statistiques interviennent pour des missions précises à l'instar de la réforme des directives de 2008, il existe un organe permanent à travers lequel le FMI apporte son soutien technique aux États Membres (EM) de la CEMAC dans l'élaboration, la vulgarisation et la mise en œuvre de la nouvelle gouvernance des finances publiques.

L'AFRITAC-Centre a, aux côtés des experts du FMI et de la CEMAC, contribué techniquement dans la correction et la relecture desdites directives. L'atelier tenu à Bangui, consacré à l'adoption définitive des projets de directives corrigés, a vu la participation active de cet organe du FMI qui s'est d'ailleurs engagé à accompagner la Commission de la CEMAC dans la vulgarisation de ces directives[170]. Cet accompagnement a été effectif. En effet, l'AFRITAC-Centre est présent dans toutes les missions circulaires de sensibilisation et de dissémination des directives du cadre harmonisé de gestion des finances publiques en zone CEMAC. Au cours des dernières missions conjointes qui incluaient en plus de l'AFRITAC, le FMI et la Banque Mondiale, l'institution a contribué à la préparation de plusieurs exposés. Plus

---

[169] Nous avons notamment

- la *« présentation de la réforme globale, des principales innovations apportées par les nouvelles directives des différentes phases du calendrier de la mise en œuvre » ;*
- *L'« état de mise en œuvre de nouvelles directives sur les finances publiques de la CEMAC : progrès réalisés, difficultés rencontrées et perspectives »*. Yaoundé du 25 au 28 mars 2013 ;
- *« Le rôle de la Cour des Comptes dans la nouvelle gestion des finances publiques »*.

[170] Selon le compte rendu des travaux de cet atelier de validation, le Commissaire de la CEMAC en charge des politiques économiques, monétaires et financières de la Commission, M. HASSAN ADOUM BAKHIT *« s'est félicité du soutien confirmé des partenaires techniques et financiers au plan d'action de mise en œuvre de ces directives »*.

spécifiquement pour ce qui est du contrôle juridictionnel des finances publiques, AFRITAC-Centre a organisé à Douala, du 18 au 22 février 2013, un séminaire sur la reddition des comptes dont le thème était *« La reddition des comptes de gestion : de l'élaboration au jugement »*. Compte tenu de l'obligation qui pesait sur les EM de mettre en application certaines dispositions de ces directives, notamment celles relatives à la création des cours des comptes, AFRITAC-Centre s'est engagé dès le début de l'année 2013 à former les EM sur le contrôle juridictionnel des finances publiques. D'où, la tenue de ce séminaire qui réunissait en plus des représentants des six EM, deux autres représentants dont celui du Burundi et de la République Démocratique du Congo. Pour Luc LERUTH, coordonnateur d'AFRITAC-Centre, ce *« premier séminaire sur la reddition des comptes organisé par le Centre (traduit) la nécessité à rendre des comptes et aussi à rendre compte, selon la traduction du mot anglais accountability »*[171].

Il est donc indéniable que l'AFRITAC-Centre a fortement contribué au processus de la réforme, depuis son élaboration, jusqu'à son opérationnalisation, en passant par sa dissémination et sa vulgarisation. Le Centre apparaît ainsi au rang des partenaires, comme acteur majeur de l'éclosion des directives de deuxième génération.

B- Les autres Partenaires Techniques et Financiers

Les acteurs mineurs sont ceux qui contribuent au processus de la réforme, à travers les apports multiformes. Mais cet apport bien qu'étant considérable, se situe en deçà de celui des PTFs à l'instar du FMI. Il s'agit donc de montrer l'apport non négligeable des autres partenaires tels que la Banque Mondiale (1) et l'Union Européenne (2).

1- La Banque Mondiale

La Banque Mondiale est l'une des Institutions de Bretton Woods. Elle a suivi le déroulement des travaux liés à l'élaboration des directives communautaires portant cadre harmonisé de la gestion des finances publiques en zone CEMAC[172]. Dans cette phase, la Banque Mondiale a assisté le Comité sous régional des Experts en gestion des finances

---

171 AFRITAC-Centre, Synthèse du séminaire sur la reddition des comptes, la *« reddition des comptes de gestion : de l'élaboration au jugement »*, Douala, du 18 au 22 févier 2013, p. 1.
172 Vision CEMAC, *op.cit.* p. 4.

publiques dans les sessions consacrées à l'étude, à l'analyse, et à l'adoption technique définitive des projets de directives corrigées. Cette institution a également apporté des soutiens financiers qui ont aidé à financer les activités des différentes Commissions et des experts chargés de l'élaboration de ce nouveau cadre harmonisé. C'est l'une des institutions qui ont fortement contribué à l'élaboration d'une sixième directive relative au code de bonne gouvernance dans la gestion des finances publiques.

Le soutien de la Banque Mondiale à la réforme des juridictions de comptes dans l'espace CEMAC intervient au moment où les États membres de la CEMAC sont engagés dans la quête de l'émergence. Il est plus qu'important d'instaurer la bonne gouvernance comme conduite incontournable, pour une gestion optimale des finances publiques, surtout celles consacrées aux investissements. La Banque Mondiale étant l'un des plus grands pourvoyeurs de fonds d'investissement[173], il est de bon ton que son apport soit significatif dans des initiatives comme celle prise par les EMs de la CEMAC. À l'inverse, on peut penser que c'est l'une des institutions se trouvant à l'origine de la réforme. Compte tenu des masses financières importantes à gérer par ces pays dans l'atteinte de leur objectif de développement, l'urgence se trouve dans la modernisation des mécanismes de gestion et de contrôle de ces finances. Modernisation sans laquelle l'investissement sera fortement compromis.

La Banque Mondiale a également accompagné la Commission de CEMAC et le FMI, dans les différentes missions circulaires de sensibilisation et de dissémination des directives du cadre harmonisé de gestion des finances publiques. L'une des contributions majeures de la Banque Mondiale est la mise en exergue du rôle du Parlement dans le cadre de la nouvelle gouvernance des finances publiques[174]. Pour les experts de la Banque Mondiale, il y a une « nécessité de renforcer le parlement en moyens humains, matériels et financiers pour que le

---

[173] D. CARREAUX, P. JUILLARD, *op.cit.* p. 587. La Banque Mondiale ou encore la Banque Internationale pour la Reconstruction et le Développement (BIRD) est l'une des institutions créées à Bretton Woods le premier juillet 1944. Celle-ci a pour vocation de financer les projets de développement avec la réalisation des routes, ponts et autres infrastructures de base.

[174] À l'occasion de la mission circulaire de sensibilisation et de dissémination des directives du cadre harmonisé de gestion des finances publiques en zone CEMAC, du 25 au 28 mars 2013 à Yaoundé, les Experts de la Banque Mondiale ont fait un exposé sur *« le rôle du Parlement dans le cadre de la NGFP »*.

contrôle soit efficace »[175]. L'implication du Parlement doit se faire aussi bien dans la préparation[176] que dans le contrôle[177] de l'exécution de la loi de finances. Le contrôle se fait avec notamment l'assistance de la Cour des Comptes. La Banque Mondiale a ainsi contribué à l'élaboration et à la dissémination de la réforme des juridictions de comptes dans l'espace CEMAC.

2- L'Union Européenne

À côté du FMI qui apparaît comme le PTF majeur de la CEMAC dans la mise en œuvre du nouveau cadre harmonisé de gestion des finances publiques, nous avons l'Union Européenne (UE) qui aussi a apporté sa contribution au processus de la réforme. La présence de l'UE s'est fait remarquer dans plusieurs rencontres ayant trait au cadre harmonisé de gestion des finances publiques en zone CEMAC. L'UE a toujours pris part aux travaux relatifs à ce cadre harmonisé[178]. D'ailleurs, l'un des objectifs de l'UE en Afrique et particulièrement au Cameroun est d'aider le pays dans le renforcement des mécanismes de protection et de gestion de la fortune publique.

---

[175] Banque mondiale, Mission circulaire de dissémination et de vulgarisation des directives du cadre harmonisé de gestion des finances publiques, du 25 au 28 mars 2013 à Yaoundé. *« Le rôle du Parlement dans la NGFP »*, p. 17.

[176] Le Parlement contribue à la préparation de la loi de finances à travers les DOB (débats d'orientation budgétaire) dont les bases juridiques se trouvent dans la directive n° 06/11-UEAC-190-22 relative au code de transparence et de bonne gouvernance dans la gestion des finances publiques des EM de la CEMAC. *« ... Prévoit notamment, dans un délai raisonnable précédant le dépôt des projets de lois de finances, la publication par le gouvernement d'un rapport sur les hypothèses économiques, ses grandes orientations et priorités budgétaires, sur le moyen terme ainsi que les principaux droits fiscaux et les principaux risques budgétaires de l'année à venir. Ce rapport fait l'objet d'un débat au Parlement »*.

Dans l'article 9 de la D.LF, *« chaque année, avant le premier août, le Gouvernement transmet au Parlement les documents de cadrage à moyen terme (...) accompagnés d'un rapport sur la situation macroéconomique et d'un rapport sur l'exécution du budget de l'exercice en cours. Sur la base de ces documents et rapports, le Parlement organise un débat d'orientation budgétaire, en séance publique, mais sans vote »*.

[177] Articles 70 et 73 D.LF et article 93 D.RGCP.

[178] Vision CEMAC, *op.cit.* p.4. Projet de directives de gestion des finances publiques, *« Ces textes ont été corrigés avec l'assistance technique du FMI (Département des finances publiques et des statistiques) et d'AFRITAC-Centre dont la délégation était conduite par BACARI KONE. L'Union Européenne a également pris part aux travaux »*.

Cette participation de l'UE n'est guère surprenante. En effet, cette institution s'est positionnée comme un partenaire de poids depuis que les EMs de la CEMAC ont engagé sur le plan interne, des réformes sur la gestion de leurs finances publiques. Depuis que le Cameroun s'est engagé dans la réforme de ses finances publiques en 2001, l'UE a mené des actions concrètes notamment en faveur du système judiciaire[179]. Cet appui est perceptible dans divers aspects des finances publiques de l'État. Après avoir soutenu l'élaboration de la réforme, il s'agit maintenant d'accompagner le Cameroun dans sa mise en œuvre. D'où le *« Manuel de pilotage et d'exécution du budget programme 2013 »*, conçu et élaboré avec l'appui de l'UE. La réforme est ainsi soutenue sur un plan sous régional, mais également au sein des Etats pris individuellement. À côté des PTFs, comme acteurs secondaires nous avons également les Banques multilatérales.

Il apparaît donc, au regard de ce qui précède que, l'émergence d'une réforme des juridictions de comptes dans l'espace CEMAC est tributaire de plusieurs facteurs. Celle-ci se base également sur un certain nombre d'instruments, aussi bien internationaux que communautaires. Les acteurs impliqués dans cette réforme sont variés. Chacun d'entre eux joue un rôle non négligeable dans le processus. Il s'agit à présent de présenter et d'analyser le modèle de juridiction des comptes adopté par le Conseil des ministres de l'UEAC.

---

[179] On a par exemple l'attribution des véhicules aux responsables de la Chambre des Comptes de la Cour Suprême.

CHAPITRE II :

L'ORIENTATION DE LA RÉFORME

L'élaboration des directives relatives au cadre harmonisé de gestion des finances publiques s'est fait grâce aux apports divers d'une variété d'acteurs. Il s'agit là de la réforme, prise dans un sens plus large. À présent, il convient de se focaliser sur ce qui a été fait, concernant le contrôle juridictionnel des finances publiques. L'orientation de la réforme renvoie à la manière dont le Conseil des ministres a pensé la réforme des juridictions de comptes dans l'espace CEMAC. Il s'agit d'analyser ce que signifie une Cour des Comptes pour les institutions de la Communauté, qui ont pris une part active à la conception de la réforme. L'orientation de cette dernière revêt un double aspect. D'une part, un aspect institutionnel, qui est relatif à la forme (modèle institutionnel, fonctionnement) (section I). D'autre part, l'orientation de la réforme renvoie aux missions, de la Cour des Comptes telle que préconisée par le législateur communautaire (section II).

SECTION I : LES ASPECTS INSTITUTIONNELS

Parler des aspects institutionnels de la réforme, revient à traiter de la réforme dans son aspect formel. Au regard des directives communautaires, il y a une ferme volonté de la part des EMs de parvenir à un modèle institutionnel unique à savoir, la mise en œuvre d'une Cour des comptes dans chacun des EMs[180]. Il s'agit de l'organisation (paragraphe 1) et du fonctionnement (paragraphe 2) de la Cour des comptes.

Paragraphe 1 : L'organisation de la Cour des comptes

Traiter de la réforme des juridictions des comptes dans la zone CEMAC revient entre autres, à présenter un modèle institutionnel tel que conçu par les institutions de la CEMAC et les PTF. L'aspect

---

[180] En dehors de l'article 72 de la D.LF, nous retrouvons d'autres dispositions contenues dans d'autres directives, qui rappellent l'obligation pour les EM de la CEMAC, de créer une cour des comptes. C'est notamment le cas de la section VI du code de transparence et de bonne gouvernance dans la gestion des finances publiques.

organique de la réforme renvoie donc au caractère ambivalent de cette nouvelle institution (A), ainsi qu'aux ressources humaines qui la font fonctionner (B).

A- Le caractère ambivalent de la Cour des Comptes

L'ambivalence de l'institution consacrée pour le contrôle juridictionnel des finances publiques procède du fait que, cette institution doit jouer un double rôle. Ce qui lui confère une double nature à savoir une Institution Supérieure de Contrôle des finances publiques (ISC) (1) de type juridictionnel (2). L'institution tient cette double nature de l'article 72 D.LF qui dispose que *« le contrôle juridictionnel des opérations budgétaires et comptables des administrations publiques est assuré par une cour des comptes (...) Elle est l'Institution Supérieure de contrôle de chaque État »*[181].

1- Une Institution Supérieure de Contrôle des finances publiques

Il y a deux traits remarquables qui permettent d'identifier une ISC. Le premier c'est la coordination du dispositif institutionnel et matériel de contrôle des finances publiques au sein de l'État et le second c'est la représentation de ce dernier dans les rencontres internationales consacrées au contrôle des finances publiques[182]. La formule d'ISC est consacrée par l'INTOSAI depuis sa création en 1953. C'est eu égard de la mission de collaboration et d'échange[183] sur les mécanismes de contrôle des finances publiques, que cette organisation internationale s'assigne, missions doublées de la formation et du perfectionnement des cadres consacrés au contrôle des finances publiques, que les ISC ont été mises sur pied. L'ISC au niveau international est chargée de représenter l'État dans toutes les conférences internationales tournant autour du

---

[181] La consécration de ce modèle institutionnel n'est que la consolidation de ce qui existe déjà. En dehors du Cameroun, de la République Centrafricaine et de la Guinée Équatoriale, les trois autres États fusionnent l'ISC et la juridiction de comptes. Ce modèle est inspiré du modèle français où la Cour des comptes est l'ISC.

[182] D. Y. EFANGON, *Le Cameroun dans la coopération internationale en matière de contrôle des finances publiques : le cas du contrôle supérieur de l'État*, Rapport de stage en vue de l'obtention du master en relations internationales, option diplomatie, RS/IRIC/DIP 2013. p. 48.

[183] Le *leitmotiv* de l'INTOSAI est *« Experientia mutua omnibus prodest »* c'est-à-dire l'expérience mutuelle profite à tous. Les ISC se réunissent tout au long de l'année sous l'égide de l'INTOSAI ou de ses démembrements régionaux, pour échanger sur les mesures de renforcement du contrôle des finances publiques.

contrôle des finances publiques. C'est l'instance la plus avisée et la plus expérimentée au sein d'un État en matière de contrôle des finances publiques. Cela se justifie notamment par l'intense activité internationale que mènent les ISCs. Le contact permanent avec les experts internationaux, et les échanges entre ISC, permettent d'accroître leurs capacités. Cet accroissement se traduit au niveau national par la formation continue de tous les acteurs impliqués dans le contrôle des finances publiques, ainsi que la coordination du dispositif institutionnel national de contrôle des finances publiques[184]. C'est aussi l'institution la plus avisée et la plus crédible chargée de l'audit externe[185] de l'ensemble des institutions étatiques.

La Déclaration de LIMA[186] qui est considérée à juste titre comme l'acte fondateur des ISCs, précise un ensemble de critères à travers lesquels on reconnaît une ISC. Cette dernière doit être inscrite dans la Constitution de l'État qui organise sa relation avec les autres pouvoirs à savoir le pouvoir exécutif et le pouvoir judiciaire. L'ISC doit également jouir d'une indépendance qui est garantie par des textes tels que la constitution et les lois. L'indépendance de l'ISC est une condition indispensable à la bonne réalisation de ses missions. Pour Marine PORTAL, *« les Institutions Supérieures de Contrôle jouent un rôle très important dans les systèmes démocratiques. Elles sont partie prenante du système de gouvernance des États qui (...) concerne toutes les structures et processus permettant la prise de décisions, le fait de rendre compte et le contrôle des organisations »*[187]. Le statut d'ISC

---

[184] Présidence de la République, Services du Contrôle Supérieur de l'État, réunion de concertation avec les partenaires institutionnels nationaux impliqués dans la mise en œuvre de la stratégie nationale de lutte contre les atteintes à la fortune publique et au patrimoine national. Yaoundé, le 25 janvier 2012.

Au Cameroun, ces réunions de concertation organisées par l'ISC (le CONSUPE) rassemblent souvent le Programme National de Gouvernance (PNG) ; l'Agence National d'Investigation Financière (ANIF) ; la Chambre des Comptes de la Cour Suprême et la Commission Nationale Anti Corruption (CONAC).

[185] Article 2 alinéa 1 du décret n° 2013/287 du 4 septembre 2013 portant organisation des Services du Contrôle Supérieur de l'État. *« Les Services du Contrôle Supérieur de l'État constituent l'Institution Supérieur de Contrôle des finances publiques du Cameroun, ils sont chargés de l'audit externe »*. L'article 154 de la Constitution tchadienne spécifie le rôle particulier que la Cour des comptes (ISC) joue dans la protection de la fortune publique au Tchad.

[186] Déclaration adoptée en octobre 1977 lors du neuvième sommet de l'INTOSAI tenu à LIMA.

[187] M. PORTAL, *La politique qualité de certification des comptes publics, le cas de la Cour des Comptes*, thèse de doctorat *es* sciences de gestion soutenue à la Cour des

conféré à l'institution de contrôle juridictionnel des finances publiques, par le législateur communautaire, semble traduire un besoin de renforcement des pouvoirs de ladite institution. Ce renforcement passe notamment par la consécration du principe d'indépendance [188]vis-à-vis du pouvoir exécutif et législatif, et du principe d'autonomie à l'égard du pouvoir judiciaire[189]. Cette autonomie semble aller en contradiction avec le principe d'équidistance, qui voudrait que l'ISC soit tenue à l'écart des trois pouvoirs, pour lui permettre de mieux assurer ses missions de contrôle. Les compétences de l'ISC sont renforcées par son statut de juridiction.

2- Une juridiction

La CEMAC a opté pour une ISC de type juridictionnel, comme cadre de référence du contrôle de la mise en œuvre de la loi de finances au sein de ses EMs[190]. Au-delà du fait que c'était déjà une réalité au sein de la quasi-totalité des EM, la consécration d'une institution de l'ordre juridictionnel comme principal organe de contrôle des finances publiques se justifie par plusieurs facteurs. À l'initiative et à la mise en œuvre de la loi de finances, nous avons le pouvoir exécutif qui, de par sa centralité dans la conduite des affaires de l'État, a une grande maîtrise de tous les rouages institutionnels[191]. Le Parlement le plus souvent est majoritairement acquis au pouvoir en place. Ce qui fait de lui, à plusieurs égards, une chambre d'enregistrement. Cette réalité dans le fonctionnement des institutions de l'État fait que, le pouvoir qui a la présomption de neutralité est le pouvoir judiciaire. Cette neutralité, combinée à l'indépendance, est incontournable pour un contrôle efficace et crédible des finances publiques. Le choix du législateur communautaire est donc clair et rationnel. Pour Célestin SIETCHOUA DJUITCHOKO, il n'y a pas mieux qu'une juridiction de comptes pour permettre *« une garantie de transparence financière et l'assurance*

Comptes le 4 décembre 2009, École doctorale sociétés des organisations, université de Poitiers, p.35.

[188] La section V de la Déclaration de Lima intitulée *« indépendance des ISC »* dispose que *« l'ISC ne peut accomplir ses tâches de manière objective et efficace que si elles sont soustraites aux influences extérieures »*.

[189] Article 72 paragraphe 2 D.LF.

[190] *Idem.*

[191] L'élaboration et la mise en œuvre d'une loi de finances requièrent une technicité qui généralement n'est maîtrisée que par les auxiliaires de l'administration, au service du pouvoir exécutif. Ce dernier apparaît ainsi comme le véritable maître du jeu de la gestion financière de l'État.

d'un contrôle rigoureux des comptes publics »[192]. C'est cette neutralité du pouvoir juridiciaire qui le crédite de la présomption de rigueur, d'équité et du respect de la loi dans sa mission délicate de protection de la fortune publique. Certes, le pouvoir judiciaire se trouve souvent affaibli sous la pression d'un pouvoir exécutif et d'un pouvoir législatif coalisés[193]. Mais il apparaît aussi, dans cette faiblesse, plus crédible de par sa neutralité. Pour Sylvestre Honoré NNANGA[194], l'accroissement des irrégularités dans la gestion des finances publiques est, un obstacle majeur au développement de l'Afrique. La cause fondamentale de cette situation étant la faible implication des institutions de contrôle juridictionnel des finances publiques. Or pour l'auteur, le contrôle juridictionnel des finances publiques s'avère être le contrôle par excellence, à même de mieux assurer la sécurité des finances publiques à travers des mécanismes rigoureux de contrôle et l'accentuation de la reddition des comptes.

C'est donc à dessein que le Conseil des ministres de l'UEAC a opté pour la Cour des Comptes. Celle-ci au regard des directives communautaires, a une position stratégique dans le dispositif de contrôle de la gestion des finances publiques au sein de l'État. C'est la traduction du souci de rendre cette gestion plus transparente, en la soumettant au contrôle d'une juridiction doublée d'un statut d'ISC.

B- Les membres de la Cour des Comptes

Les membres de la Cour des Comptes ont le statut de magistrats (1). Ce dernier est doublé de la compétence d'auditeurs (2).

1- Le statut de magistrat

La Cour des comptes étant un organe juridictionnel, selon l'orientation que le jurislateur communautaire a voulu lui donner, *« ses*

---

[192] C. SIETCHOUA DJUITCHOKO, *op.cit.* p.74.

[193] O. TOGOLO, « Le juge camerounais et le juge de la CEMAC : un regard prospectif », *jurispériodique n° 63*, édition spéciale, juillet-août-septembre 2005, pp.76-87. L'auteure, en citant (M.) CAPPELLETTI (reprenant le discours de Théodore ROOSEVELT au Congrès des États-Unis le 8 décembre 1908, *in le pouvoir des juges*, traduit de l'anglais par René DAVID, Paris, Economica, 1990, p.23.) et MONTESQUIEU (l'esprit des lois, livre XI, chapitre VI), rappelle le concept de *« revanche ou d'émergence du juge »* face au pouvoir exécutif et au pouvoir législatif, *« sa position est si effacée qu'elle conforte le caractère nul de l'autorité judiciaire ».*

[194] S. H. NNANGA, *op.cit.* p.298.

membres ont le statut de magistrat »[195]. Cette précision n'est pas anodine. Elle traduit le renforcement du critère d'indépendance qui doit réguler le déploiement de l'ISC. La garantie de l'indépendance des membres de la Cour des comptes est assurée par le statut de magistrat qui leur est conféré. Ceci implique en principe, l'inamovibilité et l'absence de lien hiérarchique susceptible de les mettre à l'abri des pressions. La nomination des membres des juridictions des comptes par le pouvoir exécutif, et l'éventualité de la prorogation de mandats, comme c'est le cas dans certains EMs actuellement [196]pourrait porter atteinte au principe d'indépendance. D'ailleurs, l'espérance en la prorogation de son mandat peut amener le magistrat nommé, à manquer d'impartialité. La directive indique juste le statut des membres de la Cour des comptes. Il revient aux EMs d'adopter leur mode de désignation. Ce qui importe, c'est que le mode de désignation ne porte pas atteinte à l'indépendance des membres de la Cour des comptes.

La Déclaration de Lima dans sa section VI, qui traite de l'indépendance des ISCs, dispose que leur indépendance doit être constitutionnellement garantie et la procédure de révocation de ses membres doit également être inscrite dans la constitution. Le juge des comptes acquiert ainsi une place de choix, celle de rendre justice en ce qui concerne les comptes de l'Etat et la gestion de la fortune publique. Le choix porté sur le statut de magistrat, reconnu aux membres de la Cour des Comptes peut également être fondé sur la présomption de neutralité, comparativement aux autres corps de fonctionnaires que l'on retrouve dans les EMs, et qui ont souvent du mal à affirmer leur indépendance. *« Le juge étant l'autorité qui fixe en dernier ressort les droits des uns et des autres par son contrôle et sa médiation »*[197], il est le mieux à même d'interpréter et d'appliquer le droit en faveur de l'intérêt général qui réside dans la protection de la fortune publique. Ce qui infirme quelque peu l'idée selon laquelle *« des trois puissances dont*

---

[195] Article 72 paragraphe 2 D.LF.
La simple appellation cour des comptes ne signifie pas forcément que l'institution appartient à l'ordre judiciaire. En France par exemple, *« en vertu du code des juridictions financières, la Cour des Comptes est une juridiction administrative »* (Cons.Const.n° 2001-448 DC, 25 juillet 2001, Décision sur la loi organique relative aux lois de finances, *« La place de la Cour des comptes dans les institutions de l'État »).*

[196] L'article 154 de la Constitution du Tchad dispose que les membres de la Cour des comptes sont nommés par le Président de la République pour un mandat de 5 ans renouvelable.

[197] O. TOGOLO, *op.cit,* p.76.

nous avons parlé, celle de juger est en quelque sorte nulle »[198]. Le magistrat jouit de ce fait d'une autorité morale, qui lui permet d'avoir la confiance du jurislateur communautaire, pour veiller à la bonne application des directives communautaires en matière de gestion des finances publiques. C'est l'autorité qui peut le mieux garantir le progrès des EMs vers l'État de droit, car, *« le progrès sied difficilement là où le juge ne fait pas autorité, c'est-à-dire, là où il ne parvient pas à sanctionner suffisamment les comportements répréhensibles et incompatibles avec le développement tels que la corruption, le gaspillage des biens et fonds publics, l'escroquerie »*[199]. Le jurislateur communautaire semble donc placer le magistrat au rang des acteurs majeurs de la réforme des juridictions de comptes en particulier et de la gestion des finances publiques en général. Celui-ci a un rôle important à jouer à savoir, assurer le contrôle des finances publiques conformément aux normes internationales.

2- Le statut d'auditeur

Si le statut de magistrat, conféré aux membres de la Cour des Comptes entraîne un certain nombre de conséquences, force est de constater que ce statut est doublé de celui de vérificateur[200] et d'auditeur[201]. Cela provient du fait qu'en plus d'être une juridiction, la Cour des Comptes est aussi une ISC. Il est donc indéniable que la complexité de l'institution influe sur le statut de ses membres. Il ne s'agit plus seulement du jugement des comptes des comptables publics, mais de l'audit et de la certification du compte général de l'État[202]. La

---

[198] MONTESQUIEU, L'esprit des lois livre XI, ch.VI, cité par O. TOGOLO, *op.cit*, p. 76.

[199] *Ibid., p.76.*

[200] M. DURAND (dir.), *Le Robert pour tous,* dictionnaire de langue française, op.cit. p.1167. Le vérificateur est un *« professionnel chargé de vérifier les comptes ».*

[201] M. DURAND, op.cit. p.75. L'audit c'est la *« procédure de contrôle de la comptabilité et de gestion d'une entreprise ».* En France, l'auditeur peut renvoyer à la personne qui effectue un audit, mais aussi au premier grade des membres du Conseil d'État et de la Cour des comptes. Le lexique des termes juridiques définit l'audit comme une « mission de vérification de la conformité d'une opération ou de la situation d'une entreprise aux règles de *droit en vigueur, confiée à un professionnel indépendant (l'auditeur), par une personne (le prescripteur), souhaitant s'informer sur l'intérêt de cette opération ou de cette situation ; il peut aller jusqu'à évaluer les risques de l'initiative ou de l'activité vérifiée, ainsi que son degré d'efficacité. On parle ainsi d'audit juridique, fiscal... »*

[202] Article 73 alinéa 2 D.LF.

Déclaration de Lima, dans sa section VI qui traite de l'indépendance des membres et des cadres de l'ISC, dispose que cette indépendance doit être constitutionnellement garantie. La procédure de révocation doit être prévue par la constitution. Envisager la Cour des Comptes sous l'aspect d'ISC suppose la reconnaissance de la qualité d'auditeur, ou de vérificateur à ses membres. En tant qu'auditeurs, les membres de la Cour des Comptes sont amenés à effectuer trois types d'audit[203] définis par l'ISSAI 100. Ce dernier prévoit également dans son paragraphe 10, les principes de contrôle des finances publiques[204] qui s'imposent à l'auditeur.

En tant que vérificateur ou auditeur, il y a un certain nombre d'obligations qui pèsent sur le membre de la Cour des Comptes. C'est notamment le cas de l'indépendance telle que prévu par l'ISSAI 10 (la Déclaration de Mexico sur l'indépendance des ISCs). C'est aussi le cas de l'ISSAI 30 relatif au code de déontologie qui définit les orientations et les grands principes éthiques que sont : l'intégrité, l'objectivité, la compétence professionnelle, la conscience professionnelle, la confidentialité et la conduite professionnelle. Les missions d'une ISC vont largement au-delà d'une simple juridiction des comptes. On peut l'observer au paragraphe 3 de l'ISSAI 100 qui dispose que *« les ISCs peuvent être mandatées pour réaliser plusieurs types de missions sur tout sujet pertinent relatif aux responsabilités de la direction et des personnes responsables de la gouvernance, ainsi qu'à l'utilisation appropriée des deniers et des biens publics »*. Il apparaît au regard de ce qui précède que, le volume de travail qui attend les membres de la cour des comptes est grand, surtout en ce qui concerne leur mission d'audit qui englobe le jugement des comptes[205].

---

203 ISSAI 100 sur *« Les principes fondamentaux du contrôle des finances publiques »* dans son paragraphe 5 définit trois types de contrôle des finances publiques à savoir : l'audit financier, l'audit de performance et l'audit de conformité.

204 L'ISSAI 100 prévoit deux grandes catégories de principes du contrôle des finances publiques. Il y a d'une part les principes généraux à savoir : la déontologie et l'indépendance, le jugement professionnel, la conscience professionnelle… et d'autre part les principes liés à l'ISC elle-même tels que l'indépendance et l'équidistance.

205 Entretien du 16 mai 2014 avec M. Eric OMENGUE MESSANGA, Administrateur civil principal, Inspecteur d'État, Chef de la Division du Contrôle des Administrations Publiques (DIAP) des Services du Contrôle Supérieur de l'État. Pour l'expert, si le jugement des comptes relève de la responsabilité personnelle, la certification elle est plus large en ce sens qu'elle contrôle et évalue l'ensemble du dispositif, du système de gestion des finances publiques de l'État, afin d'en dégager les problèmes et

Il apparaît donc que la Cour des comptes, telle que préconisée par le jurislateur communautaire, est une institution *sui generis*. Ce caractère particulier provient du fait qu'elle est en même temps une cour des comptes et une ISC. À partir de là, la nature ambivalente de ce modèle institutionnel va rejaillir sur le statut de ses membres, ainsi que sur les missions que celle-ci est appelée à remplir dans son fonctionnement.

Paragraphe 2 : Le fonctionnement de la Cour des comptes

Nous nous intéressons dans cette articulation, au fonctionnement du modèle institutionnel préconisé par le Conseil des ministres de la CEMAC. Deux aspects majeurs seront développés. Il s'agit des principes qui régissent le fonctionnement de la cour des comptes (A) et de la procédure devant celle-ci (B).

A- Les principes régissant le fonctionnement de la Cour des comptes

L'article 72 D.LF pose deux principes majeurs qui doivent réguler le fonctionnement de la Cour des Comptes. Cette dernière au regard de paragraphe 2 de l'article 72 *« est indépendante par rapport au Gouvernement et au Parlement et autonome par rapport à toute autre juridiction »*. Il s'agit du principe d'indépendance (1) et du principe d'autonomie (2).

1- L'indépendance par rapport aux pouvoirs exécutif et législatif

Les experts de la CEMAC et du FMI[206] soulignent que la pratique des juridictions de comptes actuellement en Afrique Centrale est toujours difficile. Non seulement y a des *« problèmes de compétence avec les autres institutions de contrôles »*[207], il se pose le problème

---

proposer des solutions. La certification confirme la signature de l'État et donne de la crédibilité à ses comptes.

[206] Lors des missions circulaires de sensibilisation et de dissémination des directives du cadre harmonisé de gestion des finances publiques en zone CEMAC, Yaoundé du 25 au 28 mars 2013.

[207] Exposé sur le rôle de la Cour des Comptes dans la nouvelle gouvernance des finances publiques, p.4.
Il existe certes des cadres de concertation entre les différents acteurs institutionnels engagés dans le contrôle des finances publiques, mais cela n'empêche pas souvent la survenance de conflits de compétence. Au-delà, d'autres difficultés se dégagent à savoir, *« le défaut de reddition des comptes sur chiffres ; la balance générale des*

d'indépendance. En effet, le constat est clair dans la quasi-totalité des EMs de la CEMAC, on assiste à la *« mise sous tutelle du pouvoir judiciaire »*[208]. Au regard de l'article 37 alinéa 3 de la loi constitutionnelle camerounaise du 18 janvier 1996, *« le Président de la République est garant de l'indépendance du pouvoir judiciaire ».* Il apparaît donc clairement, pour Sylvestre Honoré NNANGA que le pouvoir judiciaire *« est un pouvoir constitué dont l'indépendance est assurée par un autre pouvoir constitué, ce qui laisse entendre que le pouvoir judiciaire serait un autre pouvoir faible ou mineur, protégé par un pouvoir majeur ou plus fort : le Chef du pouvoir exécutif »*[209].

Il est donc évident que, si du point de vue de la forme, le pouvoir ou l'autorité judiciaire est égale aux deux autres, dans le fond, il apparaît comme le pouvoir le plus faible d'entre les trois. Et le législateur communautaire a bien conscience de cela, d'où il rappelle dans l'article 72 D.LF que, la Cour des comptes *« est indépendante par rapport au Gouvernement et au Parlement ».* À première vue, cette formule déjà consacrée dans les constitutions des EMs n'a rien d'innovant. Mais à bien y regarder, l'affirmation du principe d'indépendance ici ne se fait pas sur la seule base de la nécessité d'un pouvoir judiciaire indépendant, elle se fait surtout sur la base d'une institution investie d'une mission délicate, celle de la protection des finances publiques de l'État et d'évaluation des politiques publiques.

La Cour des comptes telle que pensée par le législateur communautaire est, une institution d'un type particulier. On ne peut la ranger complètement dans le pouvoir juridictionnel, compte tenu de ses missions non juridictionnelles et de son statut d'ISC. L'indépendance apparaît donc comme un critère incontournable dans l'accomplissement de ses missions. Cette indépendance suppose que, cette institution n'apparaisse pas comme mise sous tutelle du pouvoir exécutif, encore mois du pouvoir législatif. Car, de quelle crédibilité pourrait jouir un organe sous tutelle des institutions qu'il doit contrôler. C'est le pouvoir

---

comptes incomplète et très tardive ; les lacunes du réseau comptable ; le défaut de reddition des comptes sur pièces ; les pièces justificatives manquantes ou incomplètes ; les manquements dans la conservation et l'archivage des pièces ».

208 Pour S. H. NNANGA, si la consécration d'un pouvoir ou d'une autorité judiciaire est une tradition propre au système juridique francophone, autorité judiciaire qualifiée *« d'indépendant du pouvoir exécutif et du pouvoir législatif »* dans la forme, *« mais au fond, dans les attributions et garanties fonctionnelles, des réserves méritent d'être émises ».* S. H. NNANGA, *op.cit.* p. 296.

209 *Ibid., p.296.*

exécutif à travers son Gouvernement qui est au premier chef concerné par la mise en œuvre de la politique du Chef de l'État. Cette dernière reflétant les aspirations du peuple qui l'a choisi. La mise en œuvre de cette politique suppose, l'usage des moyens financiers importants provenant en majeure partie du contribuable. Il est donc clair que, ne pouvant être juge et partie, l'institution chargée du contrôle de la gestion de ces deniers publics soit indépendante et extérieure au pouvoir exécutif, pour assurer un contrôle impartial et efficace.

2- L'autonomie par rapport au pouvoir judiciaire

L'autonomie est le deuxième grand principe qui régit le fonctionnement de la Cour des Comptes. Pour le législateur communautaire, la Cour des comptes est *« autonome par rapport à toute autre juridiction »*[210]. L'autonomie signifie, le droit de s'administrer soi-même, ne dépendre de personne, se gouverner par ses propres lois à l'intérieur d'un État[211]. Guy ISAAC distingue deux types d'autonomie dans la relation entre la Communauté et les EMs. Il s'agit de l'autonomie institutionnelle et de l'autonomie procédurale[212]. Pour l'auteur, *« le principe de l'autonomie institutionnelle et procédurale signifie que, lorsque des mesures de mise en œuvre du droit communautaire doivent être arrêtées par les États membres, ceux-ci se conformeront aux règles qui découlent de leur droit interne et notamment de leur droit constitutionnel, pour ce qui est de la détermination des organes compétents et des procédures à utiliser »*[213]. Il y a donc un partage des compétences entre les institutions communautaires qui édictent des normes et les EMs qui doivent prendre des mesures nécessaires pour leur mise en œuvre. Il y a donc autonomie et non indépendance. Ce lien d'autonomie suppose la collaboration et la subordination des EMs vis-à-vis de la Communauté.

La juridiction des comptes que les EMs de la CEMAC doivent mettre en œuvre, conformément aux directives communautaires, est indépendante à l'égard du pouvoir exécutif et du pouvoir législatif, mais pas à l'égard du pouvoir juridictionnel. La Cour des Comptes est *« autonome par rapport à toute autre juridiction »*. L'affirmation de cette autonomie suppose que, la cour fait partie intégrante du pouvoir

---

[210] Article 72 paragraphe 2 D.LF.

[211] M. DURAND, *op.cit.* p. 78.

[212] G. ISAAC, *Droit communautaire Général*, *op.cit.* p. 196.

[213] *Ibid.p.196.*

juridictionnel[214]. Il pourrait de ce fait exister, un lien hiérarchique entre l'autorité suprême du pouvoir juridictionnel et les membres de la Cour des comptes. Cet état de fait éveille déjà un certain doute sur la pertinence de l'indépendance de la juridiction. En effet, le principe de l'équidistance qui est un corollaire du principe d'indépendance se trouve écorché. On assiste là encore à une tentative de mise sous tutelle d'une institution qui se veut indépendante vis-à-vis des trois pouvoirs. Ce qui lui permettre de mieux remplir d'auditeur externe de l'État.

Il devient dès lors impossible de parler d'indépendance ou d'équidistance dans un contexte où, la Cour des Comptes est autonome par rapport au pouvoir juridictionnel. Si dans l'esprit du législateur communautaire, cette autonomie pose les jalons d'une certaine collaboration entre la Cour des Comptes et les autres juridictions, on pourrait dire que cet argument à lui seul ne justifie pas la mise sous tutelle de l'institution. A contrario, l'affirmation du principe d'indépendance par rapport aux pouvoirs exécutif et législatif, ne signifie pas cloisonnement. Il y a une franche collaboration entre la Cour des Comptes et ces deux pouvoirs[215].

Le jurislateur communautaire ne précise cependant pas les juridictions vis-à-vis desquelles la Cour des comptes est autonome. S'agit-il de Cour Suprême, des juridictions de l'ordre administratif, judiciaire ou les juridictions inférieures des comptes[216] ? L'indépendance et l'autonomie sont donc les principes majeurs qui vont régir l'activité de la Cour des comptes. Au-delà, le législateur communautaire prévoit des règles devant orienter la procédure devant ladite institution.

---

[214] Cette perception est renforcée par le statut de magistrat reconnu aux membres de la Cour des Comptes, au regard de l'article 72 paragraphe 2 D.LF.

[215] Au regard de l'article 73 alinéa 1 D.LF, la première mission assignée à la Cour des Comptes est celle d'*« assister le Parlement dans le contrôle de l'exécution des lois de finances »*. À la fin dudit article, la Cour des Comptes *« peut, en outre, à la demande du Gouvernement ou du Parlement, procéder à des enquêtes et des analyses sur toute question budgétaire, comptable et financière »*. Tout cela démontre que la Cour des comptes, bien qu'étant indépendante, doit collaborer avec les autres pouvoirs.

[216] L'article 9 de la loi n° 2003/005 du 21 avril 2003 fixant les attributions, l'organisation et le fonctionnement de la Chambre des comptes de la Cour Suprême au Cameroun, prévoit déjà la création des juridictions inférieures des comptes. Ledit article dispose que, *« ... la Chambre des comptes connaît des recours en cassation des jugements définitifs rendus par les juridictions inférieures des comptes »*. Ce qui suppose qu'en cas de création d'une cour des comptes, celle-ci devra collaborer avec les juridictions inférieures des comptes.

B- La procédure devant la Cour des comptes

Il y a un certain nombre de règles et principes qui président à la procédure devant être appliquée aux activités de cour des comptes. Certaines de ces règles concernent la Cour des Comptes (1), tandis que d'autres sont édictées en direction des justiciables devant ladite cour (2).

1- Les règles de procédure applicables à la Cour des comptes

La Cour des Comptes est au centre de la procédure de contrôle des finances publiques. De ce fait, les exigences qui entourent la procédure concernant cette institution sont plus nombreuses que celles des justiciables. Il convient tout d'abord de relever le caractère secret que revêt cette procédure. En effet, selon l'article 91 de la directive n° 02/11-UEAC-190-CM-22 relative au Règlement Général de la Comptabilité publique, *« ... La Cour des Comptes prend toutes dispositions pour garantir le secret des investigations ».* Il n'est pas possible, de rendre publique, une enquête qui n'est pas arrivée à son terme. Cela pourrait contribuer à porter atteinte à l'image des innocents. L'absence de secret dans la procédure peut aussi contribuer à alerter des potentiels justiciables qui peuvent prendre la fuite. Le principe du secret de la procédure n'est cependant pas absolu. La directive n° 06 relative au code de transparence et de bonne gouvernance dans la gestion des finances publiques[217], pose le principe de la publicité des décisions de la Cour des Comptes. En même temps que les rapports sont transmis au Président de la République, au Parlement et au Gouvernement, ceux-ci doivent faire l'objet d'une publication dans au moins deux grands journaux de grande diffusion. Le paragraphe 4 de la section VI mentionne explicitement que, le suivi de ces décisions est porté à la connaissance du public. Cette disposition vient rompre avec le secret et la rareté qui a toujours caractérisé les décisions et enquêtes des ISC[218]

---

[217] Section VI paragraphe 4, *« La Cour des Comptes rend publics tous les rapports qu'elle transmet au Président de la République, au parlement et au gouvernement. Elle publie également ses décisions particulières dans au moins deux grands journaux nationaux de grande diffusion. Un suivi des recommandations est organisé et les résultats de ce suivi sont régulièrement portés à la connaissance du public ».*

[218] L'article 1 alinéa 2 du décret n° 2013 du 4 septembre 2013 portant organisation des Services du Contrôle Supérieur de l'État dispose que *« les services du Contrôle Supérieur de l'État relèvent de l'autorité directe du Président de la République, dont ils reçoivent des instructions et à qui ils rendent compte ».*

Voir aussi stage effectué aux Services du Contrôle Supérieur de l'État du 24 juin au 23 août 2013, entretien avec M. Évariste ONANA, magistrat, Inspecteur d'État, Chef

et des juridictions de comptes[219]. La directive rejoint ainsi la pratique en France avec la Cour des comptes qui annuellement doit rendre un rapport en direction des autorités, de la société civile et du public.

Par ailleurs, la cour est tenue de respecter le principe du contradictoire[220]. La D.RGCP mentionne explicitement ce principe concernant l'ordonnateur et le comptable public. La Cour des Comptes ne doit prononcer des sanctions qu'après avoir entendu les personnes accusées. Concernant les ordonnateurs, l'article 13 D.LF dispose que *« ... en cas de faute de gestion, tous les ordonnateurs encourent en raison de l'exercice de leurs attributions... des sanctions prononcées par la Cour des Comptes, après les avoir entendus ».* L'article 29 s'agissant des comptables publics réitère : *« la Cour des Comptes, après avoir entendu le comptable intéressé, prend un arrêt qui fixe le montant que le comptable devra verser à l'État, en tenant compte du montant du préjudice, ainsi que des circonstances de l'infraction ».*

Le principe du contradictoire permet ainsi de garantir les *« droits de la défense »*[221], en évitant de rendre des décisions arbitraires. En outre, les décisions rendues par la Cour des Comptes ne prennent effet qu'après épuisement de toutes les voies de recours[222]. C'est encore ici, la manifestation du souci qu'a le législateur communautaire, de protéger les droits des mis en cause. La cour ne se limite pas uniquement au contrôle des pièces comptables. Elle doit, pour établir la lumière sur les affaires dont elle est saisie, mener des enquêtes et des investigations[223].

---

de la Division des Études juridiques. *« Nos rapports sont exclusivement destinés au Président de la République ».*

[219] S. H. NNANGA, « Le juge des comptes au Cameroun : institution nouvelle pour une mission nouvelle ? », *Revue Penant* n° 842, janvier-mars 2003, pp. 21-45. L'auteur met en exergue le doute que suscite l'installation d'une nouvelle juridiction des comptes qui a pourtant suscité beaucoup d'espoir.

[220] Articles 13, 29 et 77 D.RGCP.

[221] Article 76 D.LF *« Toutes les sanctions infligées par la Cour des Comptes... dans le respect des droits de la défense ».* Dans le même article, obligation est faite à la Cour des Comptes de motiver ses décisions.

[222] Article 78 D.LF *« Les décisions juridictionnelles de la Cour des Comptes prises en application des articles 74 à 77 de la présente directive sont, sous réserve de l'épuisement des voies de recours, exécutoires de plein droit ».*

[223] Articles 69 et 91 D.RGCP.

2- Les règles de procédure applicables aux justiciables

Contrairement à la Cour des Comptes, les exigences de la procédure qui s'imposent aux justiciables ne sont pas nombreuses. Mais elles ne sont pas moins pertinentes et contraignantes. Il y a tout d'abord un devoir de collaboration des personnes accusées[224]. Si dans l'exercice de ses missions d'enquête et d'investigation, la cour est tenue de garder le secret, pour les justiciables au contraire, le secret est interdit. *« Toute personne dans l'exercice de ses fonctions est tenue de communiquer à la cour des comptes, tout document et toute information qu'elle demande »*[225]. Le devoir de collaboration implique, la transparence complète des personnes interrogées vis-à-vis de cour des comptes. Ici, le secret professionnel est inopérant, *« en aucun cas, le secret ne peut être évoqué, pour refuser de lui communiquer tout document ou toute information qu'elle demande. Toute personne entendue par la Cour des Comptes est déliée du secret professionnel ».* Cette exigence est d'autant plus contraignante que, les sanctions[226] sont prévues à l'égard de toute personne qui se constituerait en obstacle de quelque façon que ce soit à l'exercice des pouvoirs de la Cour des Comptes. Ce qui s'impose en obligation pour les personnes contrôlées apparaît comme un droit, voire un droit absolu pour la Cour des Comptes, d'avoir toutes les informations nécessaires à l'accomplissement de ses missions de jugement et certification des comptes de l'État.

Ensuite, le justiciable ou la personne requise est tenu d'être présent, lorsqu'elle est convoquée par la Cour des Comptes. Elle doit *« se rendre aux convocations* (que la cour) *juge nécessaire ».* Il est donc clair que, la cour n'admet pas des jugements en l'absence des personnes concernées. L'obligation pour le justiciable d'être présent, lorsque la Cour des Comptes le requiert apparaît comme un corollaire de l'obligation de coopération qui pèse sur lui. A contrario, cette obligation vise à renforcer les droits de la défense, en rendant des jugements en présence des justiciables, pour que ces derniers puissent se défendre.

---

[224] Article 91 D.RGCP.

[225] *Idem.*

[226] Article 91 paragraphe 3 *« Le fait de faire obstacle, de quelque façon que ce soit, à l'exercice de ces pouvoirs est puni d'amende, dans les conditions fixées par les législations nationales ».*

Enfin, la production des arguments par la défense se fait par deux voies, la voie écrite et celle des débats oraux[227]. La procédure écrite se traduit par la production des mémoires, avec la production des pièces justificatives. Alors que les débats se font soit en plénière, soit à huis clos.

Au regard de ce qui précède, il apparaît que les aspects institutionnels de la Cour des Comptes se présentent en deux grands aspects à savoir, l'aspect organique d'une part et l'aspect fonctionnel d'autre part. Le premier est relatif à l'organisation de la Cour des Comptes qui apparaît comme une institution *sui generis*. Ce caractère se justifiant par le fait que c'est en même temps une juridiction et une ISC. Ses membres ont le statut de magistrat, doublé de celui de vérificateur. La cour est encadrée aussi bien dans son fonctionnement, que dans la procédure devant elle. Certaines imprécisions planent cependant sur le mode de saisine de la cour, le nombre de ses membres et ses sessions de travail. Sans doute, ces questions trouveront des réponses exhaustives dans les droits nationaux. Il convient à présent d'analyser les missions de la Cour des Comptes.

SECTION II : LES ASPECTS MATÉRIELS

La réforme des juridictions de comptes en zone CEMAC, notamment impulsée par les directives communautaires, relatives au cadre harmonisé de la gestion des finances publiques, a deux volets. Il y a un volet institutionnel et un volet matériel qui fait l'objet de la présente section. Les aspects matériels de la réforme renvoient aux compétences de la Cour des Comptes. Il apparaît au regard des directives communautaires, que cette institution est à la fois, une juridiction et une ISC. Ce qui suppose un double, voire un triple rôle, avec deux types de missions à remplir. Nous examinons les missions juridictionnelles (paragraphe 1) et non juridictionnelles (paragraphe 2) de la Cour des Comptes.

---

[227] FMI, AFRITAC-Centre, Missions circulaires de vulgarisation et de dissémination des directives du cadre harmonisé de gestion des finances publiques en zone CEMAC, *« Le rôle de la Cour des Comptes dans la NGFP », op.cit. p. 4*.

Paragraphe 1 : Les missions juridictionnelles de la Cour des comptes

Au regard des missions dont est investie la Cour des Comptes, celle-ci apparaît comme n'étant pas exclusivement une juridiction.[228] Sa mission en tant que juridiction n'est donc qu'une partie de ce qu'elle est appelée à faire, concernant le contrôle juridictionnel des finances publiques. En tant que juridiction, la Cour des Comptes a des missions répressives (B) et non répressives (A).

A- Les missions non répressives

Deux types de missions se dégagent ici. Nous avons la certification des comptes de l'État (1) et le contrôle de l'activité des acteurs de la chaîne de dépense de l'État (2).

1- La certification et le jugement des comptes de l'État

La Fédération Internationale des Experts Comptables[229] définit la mission de certification comme *« une mission d'audit des états financiers (qui) a pour objectif de permettre à l'auditeur d'exprimer une opinion selon laquelle, les états financiers ont été établis dans tous les aspects significatifs, conformément au référentiel comptable identifié ».*[230] Martine PORTAL, reprenant la définition d'ALVENTOZA estime que la certification des comptes est *« une assurance qualifiée d'opinion, fondée sur une démarche de contrôle externe que les opérations en cause retracées dans des états financiers déterminés (bilan, compte de résultat et annexe) sont régulières, sincères et fidèles ».*[231] La certification des comptes est donc un rapport, formulé sous forme d'opinion motivée. Ce rapport est dressé par un organisme indépendant, donc externe à l'organisme contrôlé. Il évalue

---

[228] Article 72 D.LF, *op.cit.*

[229] IFA: International Federation of Accountants.

[230] ISA 200.

[231] M. PORTAL, *op.cit.* p.18. *« La comptabilité publique doit désormais faire référence aux principes de sincérité, de régularité et d'image fidèle.*

a- le principe de régularité implique que les comptes doivent être conformes aux règles et procédures en vigueur, qui eux-mêmes doivent traduire avec...

b-... sincérité, la connaissance que les responsables de l'établissement des comptes ont de la réalité ;

c- l'image fidèle est respectée, si les états financiers contiennent les informations qu'ils sont censés donner et que l'on peut raisonnablement attendre qu'ils donnent ».

la conformité des états financiers de l'organisme contrôlé, par rapport aux règles comptables des opérations comptables en vigueur.

Au regard de l'article 73 alinéa 2 D.LF, la Cour des comptes a notamment pour mission de *« certifier la régularité, la sincérité et la fidélité du compte général de l'État »*. Cette disposition est presque une reprise de l'article 27 de la Loi française d'Orientation des Lois de Finances (LOLF), qui dispose que *« les comptes de l'État doivent être réguliers, sincères et donner une image fidèle de son patrimoine et de sa situation financière »*.

La certification des comptes de l'État rentre dans les missions traditionnelles d'une Cour des comptes. Dans les législations nationales, on parle plus de jugement des comptes[232]. L'article 109 D.RGCP mentionne cette hypothèse en ce qui concerne les Établissements Publics Administratifs dont les comptes administratifs et de gestion du comptable doivent, après leur approbation par le conseil d'administration, être *« transmis à la Cour des comptes pour jugement »*. Le jurislateur communautaire semble donc avoir consacré l'expression certification pour les services publics administratifs et celle de jugement des comptes, pour les établissements publics administratifs. Mais la certification du compte général de l'État est une mission qui dépasse largement le seul jugement des comptes.

La première mission que la Cour des comptes est appelée à remplir, en sa qualité de juridiction, est de se prononcer sur les comptes publics, sur leur fiabilité, leur crédibilité et leur sincérité. *« L'enjeu de la certification est de garantir la fiabilité de l'information financière, issue de la comptabilité générale et également des charges futures pesant sur l'État ».*[233] La nouvelle mission de certification des comptes semble être plus large et beaucoup plus lourde que celle du jugement des comptes à laquelle les juridictions de comptes nationales étaient jusque-là confinées. À côté du jugement et de la certification des comptes, la Cour des Comptes doit contrôler l'activité des acteurs intervenant dans la gestion des finances publiques.

[232] Article 2 alinéa 1 de la loi n° 2003/005 du 21 avril 2003 fixant les attributions, l'organisation et le fonctionnement de la chambre des comptes de la Cour Suprême du Cameroun, article 17 loi n°96.001 du 3 janvier 1996 portant organisation et fonctionnement de la Cour des comptes de la République Centrafricaine.
[233] M. PORTAL, *op.cit*, p.14.

2- Le Contrôle des acteurs de la gestion financière de l'État

Le contrôle de l'activité des acteurs intervenant dans la gestion financière de l'État, consiste à *« contrôler la légalité financière et la conformité budgétaire de toutes les opérations de dépense et de recette de l'État »*[234]. Ce contrôle débouche sur le constat des irrégularités et fautes de gestion commises par les agents publics. Pour y arriver, la Cour procède par des enquêtes et des analyses sur toutes les questions budgétaires, comptables et financières.[235] Au regard de l'article 91 (paragraphe 2) D.RGCP ; la Cour des comptes procède aux enquêtes sur pièces et sur place vis-à-vis de toute personne publique ou privée.

Dans la phase d'exécution du budget de l'État, deux pouvoirs sont les plus impliqués. Il s'agit du pouvoir exécutif qui à travers son administration assure un contrôle qualifié d'interne.[236] Ce dernier est efficace dans la mesure où il responsabilise les acteurs dont la gestion est désormais fondée sur une logique de résultat et non de moyens. Le but du contrôle externe est de *« s'assurer qu'une organisation exerce ses activités dans le cadre juridique de sa compétence et qu'elle atteint les objectifs de sa mission »*[237]. Cependant, l'administration ne pouvant être juge et partie, son contrôle doit être complété par un contrôle externe. Ce dernier se veut neutre, donc plus objectif. Il est vrai que le contrôle externe désigne le Parlement et la juridiction de comptes.[238] Mais puisque nous nous situons dans la phase de mise en œuvre de la loi de finances, et conformément à notre réflexion, nous mettrons l'accent sur le contrôle juridictionnel.

La vocation première d'une Cour des comptes est le contrôle et le jugement des comptes publics. *« Les comptables publics qui sont*

---

[234] Article 73 alinéa 4 D.LF

[235] *Idem*

[236] Ministère des Finances, *Réforme des Finances publiques au Cameroun,* Manuel de pilotage et d'exécution du budget programme, janvier 2013, p.101. *« Le contrôle interne à l'exécutif est constitué par l'ensemble des processus de contrôle et de vérification qui ont pour finalité de s'assurer que l'appareil étatique exerce ses activités dans le cadre juridique et normatif, qu'elle atteint les objectifs de sa mission. Ces processus de contrôle s'organisent autour de trois principales missions à savoir : le contrôle interne, l'audit interne et l'inspection qui sont dévolus à un certain nombre d'entités et d'organes, qu'il s'avère nécessaire d'en préciser à ce niveau, le contenu de leurs attributions ».*

[237] OCDE, 2005, p.1.

[238] Article 69 D.LF *« les opérations relatives à l'exécution des lois de finances sont soumises à un triple contrôle, parlementaire, administratif et juridictionnel ».*

responsables sur leur patrimoine personnel de la gestion des fonds et valeurs dont ils ont la garde »[239] rendent compte chaque année à la Cour des comptes *« de la bonne tenue de leurs écritures et de la bonne conservation des fonds et valeurs »*. Ces rapports annuels, adressés à la Cour des comptes par les comptables publics permettent d'établir un contrôle sur la gestion du patrimoine matériel et financier de l'Etat au cours d'une année. Cette exigence s'adresse à tous les agents comptables[240], ainsi qu'aux ordonnateurs et aux contrôleurs financiers. La Cour rend des rapports sur la gestion financière de l'État. C'est le cas du rapport qu'il transmet au Parlement sur le projet de loi de règlement qui au regard de l'article 93 D.RGCP *« comporte notamment une appréciation sur la conformité du budget exécuté au budget voté »*. Le contrôle débouche souvent sur l'évaluation de *« la gestion et des résultats budgétaires d'ensemble, ainsi que les comptes-rendus d'exécution des programmes »*. C'est suite à cette évaluation que la Cour des comptes peut émettre des avis et des recommandations sur la gestion des fonds publics de la structure contrôlée.

À côté de ces missions de certification et de contrôle, que l'on pourrait qualifier de non répressives, la Cour des comptes en tant que juridiction, est appelée à juger les comptes et leurs gestionnaires et à prononcer des sanctions.

B- Les missions répressives de la Cour des comptes

On note que les missions répressives de la Cour des Comptes sont un aspect que le législateur communautaire a privilégié dans la réforme. Deux traits caractéristiques majeurs sont à relever parmi les missions répressives. L'élargissement des catégories de justiciables pouvant être jugés par la Cour des Comptes (1) et une variété de sanctions pouvant être prononcées à l'endroit des fautes constatées dans la gestion des finances publiques (2).

1- Le jugement de plusieurs catégories de justiciables

Le caractère particulier du modèle de juridiction des comptes préconisé par le Conseil des ministres de l'UEAC s'observe aussi par l'élargissement des catégories de personnes que cette institution est appelée à juger. Classiquement, il est établi qu'une juridiction de

---

[239] Article 77 D.LF

[240] Article 110 D.RGCP.

comptes *« contrôle et juge les comptes ou les documents en tenant lieu des comptables publics patents ou de fait »*[241]. En vertu du principe de la séparation des ordonnateurs et des comptables publics, la juridiction des comptes doit se confiner au contrôle exclusif des comptables. Ces derniers existent en deux variantes à savoir, les comptables publics patents et les comptables de fait. Le premier renvoie à *« toute personne régulièrement préposée aux comptes et chargée du maniement des deniers ou valeurs, ou de la comptabilité matière »*[242]. Le second quant à lui désigne *« toute personne qui, n'ayant pas la qualité de comptable ou n'agissant pas en cette qualité, s'ingère dans les opérations de recettes et de dépenses, de maniement des valeurs, de deniers publics, ceux réglementés ou non réglementés, ainsi que ceux des établissements publics et des entreprises du secteur public et parapublic ».*[243] La nouvelle juridiction des comptes devant être mise en œuvre dans les EMs de la zone CEMAC, va largement au-delà du seul jugement des comptables publics.

L'article 73 alinéa 3 D.LF dispose que la Cour des Comptes a notamment pour mission de *« juger les ordonnateurs, les contrôleurs financiers et les comptables publics »*. Cet ensemble de personnes est parfois désigné sous le terme d'*« agents publics ».*[244] Cette situation relève presque de l'inédit. Une seule et même institution est une juridiction et une ISC. Cette juridiction juge à la fois les ordonnateurs, les comptables publics et les contrôleurs financiers. Même la France qui semble être la source d'inspiration de cette réforme a certes une juridiction des comptes qui est en même temps son ISC, mais cette Cour ne connaît pas en principe des faits relatifs à la gestion des fonds publics, imputables aux ordonnateurs. Cela relève de la compétence de

---

[241] Article 2 de la loi n° 2003/005 du 21 avril 2003, fixant les attributions, l'organisation et le fonctionnement de la Chambre des comptes de la Cour Suprême du Cameroun.

[242] Loi n° 2003/005, *op.cit,* article 5 alinéa 1. L'alinéa 2 du même article dispose que *« sont comptables publics : les comptables du trésor ; les comptables des domaines ; les receveurs municipaux, dans la mesure où les recettes municipales sont gérées par des personnels autres que les comptables du trésor ; les comptables matières et tous ceux désignés comme tels par les dispositions législatives ou réglementaires particulières ».* Voir aussi articles 15, 16 et 17 D.RGCP.

[243] Loi n° 2003, article 6 alinéa 1. L'alinéa 2 du même article précise qu'*« est comptable de fait, toute personne qui, n'ayant pas la qualité de comptable matières, s'immisce dans les opérations de recettes, de garde et d'affectation des matières appartenant à une personne morale de droit public ou de droit privé ».*

[244] Article 73 alinéa 4 D.LF.

la Cour de Discipline Budgétaire et Financière (CDBF). Et la pratique actuelle des EMs est celle inspirée du modèle français à savoir, la séparation entre l'institution chargée de juger les comptables et celle chargée de sanctionner les ordonnateurs et gestionnaires de crédits indélicats.

Le jurislateur communautaire, en ce qui concerne le cas particulier des ordonnateurs, pose comme fait majeur à lui imputer, *« la faute de gestion »*[245]. Pour cela l'ordonnateur encourt des sanctions prévues par les textes nationaux. Ce qui est remarquable à ce niveau, c'est la possibilité d'engager aussi la responsabilité des *« contrôleurs financiers qui peuvent également être poursuivis et sanctionnés si les infractions commises par l'ordonnateur (la faute de gestion) auprès duquel ils sont placés ont été rendues possibles par une défaillance des contrôles dont ils ont la charge ».*[246] Les catégories de personnes susceptibles d'être jugées par la Cour des Comptes ne sont pas définies de façon exhaustive. Il suffit qu'une personne soit accusée des faits énumérés à l'article 75 D.LF pour que la Cour des comptes soit compétente[247].

2- La sanction des fautes des justiciables

La Cour des comptes est une juridiction financière. A cet effet, les sanctions qu'elle est appelée à infliger s'inscrivent dans cette. Il est vrai que, les directives communautaires évoquent souvent *« l'engagement des responsabilités disciplinaires, pénales et civiles »*[248], ou encore *« les responsabilités prévues dans la constitution ».*[249] Mais tout cela, c'est sans préjudice des sanctions prononcées par la Cour des comptes. Les autres juridictions et organes de discipline infligent des sanctions aux agents indélicats de la fortune publique. Et la Cour des comptes qui

---

[245] L'article 75 D.LF dispose que *« la faute de gestion est constituée par :*

1. *La violation des règles relatives à l'exécution des recettes et des dépenses de l'État et tout autre organisme public... »* L'article liste en tout 10 faits constitutifs de la faute de gestion. Il précise à la fin que *« cette liste peut éventuellement être complétée par les législations nationales ».*

[246] Article 74 D.LF

[247] Article 74 paragraphe 3 *« Toute personne appartenant au cabinet d'un membre du Gouvernement, tout fonctionnaire ou agent d'un organisme public, tout représentant, administrateur ou agent d'organismes soumis à un titre quelconque, au contrôle de la Cour des Comptes et toute personne à qui est reproché un des faits énumérés à l'article 75 de la présente directive, peut être sanctionnée pour faute de gestion ».*

[248] Article 14 D.RGCP

[249] Article 73 alinéa 1 D.LF. Voir aussi articles 13 D.RGCP et 76 D.LF.

n'a plus besoin de revenir sur ces sanctions disciplinaires, civiles et pénales, elle se confine aux sanctions financières. À la lecture des directives communautaires, deux types de sanctions peuvent être infligées à quatre catégories de justiciables. Il s'agit des ordonnateurs, des comptables publics, des contrôleurs financiers et de tout agent public s'étant rendu coupable de faute de gestion ou de distraction des fonds publics. Et les deux catégories de sanction qui se dégagent sont la mise en débet et l'amende.

Pour ce qui est de l'ordonnateur, l'article 13 D.RGCP dispose qu'*« en cas d'infraction aux règles et procédures relatives à la gestion des recettes et dépenses des administrations publiques et leur patrimoine, ou en cas de faute de gestion, tous les ordonnateurs encourent, en raison de l'exercice de leurs attributions, les responsabilités que prévoit la constitution de chaque État, sans préjudice des sanctions prononcées par la Cour des Comptes, après les avoir entendus ».* La sanction retenue en cas de faute de gestion de l'ordonnateur est l'amende[250]. Le législateur communautaire précise que l'amende n'est que l'une des sanctions qui peuvent être infligées à l'ordonnateur, *« le régime des sanctions autres que les amendes est défini par les législations nationales »*[251].

En ce qui concerne le comptable public, l'article 77 D.LF dispose que, *« dans l'hypothèse où cette reddition de leurs comptes ferait apparaître des irrégularités ou des insuffisances de fonds, la Cour des Comptes, après avoir entendu le comptable intéressé, prend un arrêt qui fixe le montant que le comptable devra payer à l'État, ou à l'administration publique concernée, en tenant compte du montant du préjudice subi par la collectivité, ainsi que des circonstances de l'infraction ».* La directive affirme clairement que le comptable public doit payer à l'Etat, les montants qui sont imputables à sa comptabilité. L'article 29 D.RGCP prévoit les hypothèses qui peuvent amener la cour à engager la responsabilité du comptable public[252].

---

[250] Article 76 D.LF *« les fautes de gestion sont sanctionnées notamment par des amendes, par la Cour des comptes ».*

[251] *Ibid.*

[252] Il s'agit :

- de la constatation des déficits de caisse ou de manquants en denier ou en valeurs ;
- du défaut de recouvrement des recettes ;
- du paiement irrégulier d'une dépense en manquement aux obligations de contrôle énumérées à l'article 26 de la présente directive ;

Le constat de présence de ces faits dans les comptes du comptable public amène la Cour, après avoir entendu le comptable intéressé, à prendre *« un arrêt qui fixe le montant que le comptable devra verser à l'État, en tenant compte du montant du préjudice ainsi que des circonstances de l'infraction ».*[253] Le comptable public est donc tenu au remboursement des sommes imputables de sa gestion indélicate. C'est ce qu'on appelle la mise en débet. Mais au-delà, la cour peut lui infliger une amende. L'article 17 paragraphe 2 dispose à cet effet que, la cour peut *« en outre, en fonction de la gravité de la faute commise, imposer une amende au comptable défaillant, dans la double limite du montant visé à l'alinéa précédent et d'une année de salaire de l'intéressé ».*

Les contrôleurs financiers et les autres agents publics qui se sont rendus coupables des fautes de gestion, ou de la distraction des fonds publics sont eux aussi tenus de rembourser les montants qui leur sont imputés[254], ainsi qu'aux amendes, tout en tenant compte de la proportionnalité de l'amende, par rapport au préjudice causé à l'État[255].

En tant que juridiction, la Cour des comptes a des missions répressives et non répressives. Mais, sa fonction juridictionnelle est réellement mise en exergue à travers le pouvoir de jugement et de sanction. Au-delà de ses missions en tant que juridiction, la Cour des comptes doit également remplir des missions en tant qu'ISC.

Paragraphe 2 : Les missions non juridictionnelles de la Cour des comptes

La Cour des Comptes proposée aux EMs de la CEMAC par le Conseil des ministres de l'UEAC n'est pas seulement une juridiction. C'est aussi une Institution Supérieure de Contrôle des finances publiques. Ce qui implique l'exercice des compétences y relatives. Il se dégage de ce fait, deux grandes catégories de missions à savoir : les missions principales (A) et les missions secondaires (B).

- du paiement irrégulier d'une dépense mise à la charge de l'Etat du fait du comptable public.

[253] Article 29 paragraphe 2 D.RGCP.

[254] Article 73 alinéa 4 D.LF. La Cour des Comptes *« ... constate les irrégularités et les fautes de gestion commises par les agents publics et fixe, le cas échéant, le montant du préjudice qui en résulte pour l'État. Elle peut en outre prononcer des sanctions ».*

[255] Article 76 paragraphe 1 D.LF.

A- Les missions d'audit

En tant qu'ISC, la Cour des Comptes doit effectuer les contrôles de gestion (1) et d'évaluation des politiques publiques (2).

1- Le contrôle de gestion

Selon Francis QUEROL, le contrôle de gestion consiste à s'assurer *« du bon emploi des fonds et valeurs gérés par les services de l'État ou les autres personnes morales de droit public »*. C'est un *« contrôle administratif, dépourvu de sanction juridique »*[256]. Si le jugement des comptes est une activité traditionnelle qui rentre au premier rang des prérogatives d'une cour des comptes en tant que juridiction. En tant qu'ISC, cette nouvelle institution doit également remplir des missions beaucoup plus larges telles que le contrôle de gestion. La Déclaration de Lima le définit comme le *« contrôle de conformité aux lois, le contrôle de régularité et le contrôle de rendement »*[257]. *« Traditionnellement, les ISC ont pour tâche de contrôler la conformité aux lois et la régularité de la gestion financière et la comptabilité »*[258]. Le contrôle de gestion s'effectue à travers l'audit de conformité[259]. L'ISSAI 100, relatif aux principes de contrôle des finances publiques dispose que les audits de conformité *« visent essentiellement à déterminer, si un sujet donné est conforme aux textes législatifs et réglementaires qui servent de critères »*. Il s'agit de vérifier, si les activités, ou l'ensemble des opérations effectuées sont conformes aux textes législatifs et réglementaires qui régissent l'entité auditée.

Le contrôle de gestion est donc relatif à la manière globale dont l'entité auditée est gérée. C'est la raison pour laquelle, *« les ISC peuvent réaliser des audits et d'autres missions sur tout sujet pertinent relatif aux responsables de la gouvernance, ainsi qu'à l'utilisation appropriée des ressources publiques »*. Il s'agit donc de vérifier si les opérations remplissent les critères selon lesquels elles doivent être menées. L'INTOSAI, à travers l'ISSAI 400 relatif aux principes fondamentaux de l'audit de conformité, a de façon exhaustive, réglementé le cadre

[256] F. QUEROL, *Finances publiques*, Paris, Ellipses, 2009, p. 88.
[257] Déclaration de Lima section IV.
[258] *Idem*
[259] L'ISSAI 100 sur les principes du contrôle des finances dans son paragraphe. 22 prévoit 3 principaux types d'audit. L'audit financier, l'audit de performance et l'audit de conformité. C'est ce dernier qui correspond au contrôle de gestion mentionné par le législateur communautaire à l'article 73 alinéa 4 D.LF.

général et spécifique des contrôles de gestion. Il définit l'audit de conformité comme une opération qui *« consiste à évaluer de façon indépendante si un sujet considéré, donné est conforme aux textes législatifs et réglementaires qui régissent l'entité auditée »*[260]. L'audit de conformité peut ainsi porter sur :

- la régularité qui est son élément fondamental. Elle consiste à contrôler le respect des critères formels comme les lois, les règlements et les accords en vigueur ;

- et sur la bonne administration qui est le respect des principes généraux qui régissent la bonne gestion financière et la conduite des fonctionnaires.

L'ISSAI 400 relève que ce dernier volet de l'audit de conformité qui peut s'avérer pertinent, lorsqu'il est mené dans le secteur public où, il y a des attentes à l'égard de la gestion financière, et de la conduite des fonctionnaires. Ce qui correspond parfaitement à la situation des EM de la CEMAC où, le bien-être des populations dépend largement de la bonne gestion des finances publiques. Ces normes internationales ont sans doute inspiré le jurislateur communautaire qui a inscrit parmi les compétences de la Cour des comptes, le contrôle de gestion[261].

2- L'évaluation des politiques publiques

L'évaluation des politiques publiques renvoie à l'audit de performance. Ce dernier consiste *« essentiellement à déterminer si les interventions, les programmes et les institutions fonctionnent conformément au principe d'économie, d'efficience et d'efficacité, et si des améliorations sont possibles. La performance est examinée en fonction des critères appropriés »*[262]. L'audit de performance est l'un des trois types de contrôle des finances publiques consacrés par l'INTOSAI. Au regard de l'article 75 alinéa 5 D.LF, le législateur communautaire, sans expressément évoquer l'audit de performance, précise que la Cour des Comptes a notamment pour mission, d'*« évaluer l'économie, l'efficacité et l'efficience de l'emploi des fonds publics, au regard des objectifs fixés, des moyens utilisés et des*

---

260 ISSAI 400 sur les principes fondamentaux de l'audit de conformité, paragraphe 12.

261 Article 73 alinéa 4 sur les missions de la Cour des Comptes. *« ... Contrôler la légalité financière et la conformité budgétaire de toutes les opérations de dépense et de recette de l'État... Constate les irrégularités et fautes de gestion commises par les agents publics ».*

262 ISSAI 100 paragraphe 22.

résultats obtenus, ainsi que de la pertinence et la fiabilité des méthodes, indications et données permettant de mesurer la performance des politiques et des administrations publiques ». Cette compétence reconnue à la Cour des Comptes, en tant qu'ISC n'est rien d'autre que l'audit de performance.

L'audit de performance se définit par trois critères. Il y a tout d'abord le critère économique qui consiste à évaluer les coûts. Ensuite, il y a le critère d'efficacité qui est une évaluation des résultats obtenus par rapport aux buts fixés. Enfin, il y a le critère d'efficience qui est une évaluation des résultats obtenus par rapport aux moyens mis en œuvre. Il faut préciser que, ces trois critères sont interdépendants et complémentaires. En effet, c'est contrôlé de l'usage des fonds affectés à une activité précise. Ledit contrôle consiste à vérifier si l'activité a été réalisée, si les objectifs fixés ont été atteints (efficacité) et s'il n'y a pas eu gaspillage de fonds à travers des surcoûts ou des surfacturations. C'est donc une confrontation des moyens mis en œuvre, avec les résultats obtenus. Le but étant d'amener les acteurs à atteindre leurs objectifs au moindre coût (efficience).

Au regard de la Déclaration de Lima, le contrôle de performance a trois dimensions. C'est un contrôle de conformité aux lois, de la régularité de la dépense publique et de rendement. Le contrôle de performance vise à *« mesurer la performance, l'efficacité, le souci d'économie, l'efficience et l'efficacité de l'administration publique. Le contrôle de rendement porte non seulement sur les opérations financières spécifiques, mais également sur l'ensemble des activités du secteur public, y compris les systèmes d'organisation et d'administration »*[263]. Plus spécifiquement, l'ISSAI 300 qui porte sur les principes fondamentaux de l'audit de performance dispose que, *« l'audit de performance consiste à examiner de façon indépendante, objective et fiable si des entreprises, des systèmes, des opérations, des programmes, des activités ou des organisations du secteur public fonctionnent conformément aux principes d'économie, d'efficience et d'efficacité et si des améliorations sont possibles »*[264]. L'audit de performance vise à encourager l'amélioration de la gouvernance économique. Ce qui permet de renforcer l'obligation de rendre compte

---

[263] Déclaration de Lima, *op.cit*, section II sur les lignes du contrôle des finances publiques.

[264] ISSAI 300 sur les principes fondamentaux de l'audit de performance, paragraphe 9.

et la transparence[265]. Le paragraphe 10 de l'ISSAI 300 précise que l'audit de performance vise également à fournir de nouvelles informations, analyses ou observations et le cas échéant à recommander des améliorations. Les audits de la performance apportent de nouvelles informations et connaissances ou une valeur ajoutée[266].

Le contrôle de performance institué par le Conseil des ministres de la CEMAC, en tant que compétence de la Cour des comptes, participe du renforcement de la bonne gouvernance des finances publiques dans les EM de la CEMAC. À côté de ces missions d'audit, il y a des missions d'appui et de coordination.

B- Les missions d'assistance et de coordination

La Cour des comptes, au rang de ses missions non juridictionnelles doit également assister le Parlement (1) et de coordination du paysage institutionnel en matière de contrôle des finances publiques (2).

1- L'assistance au Parlement

La directive communautaire CEMAC relative aux lois de finances fixe les missions de la Cour des comptes. Au rang de ces missions, la Cour des comptes doit notamment *« assister le Parlement dans le contrôle de l'exécution de la loi de finances »*[267]. En effet, vu la technicité qui caractérise les questions d'ordre budgétaires, le Parlement qui est composé des élus du peuple, avec des profils divers, a véritablement besoin d'une assistance technique. Il peut dès lors

---

[265] L'audit de performance en améliorant la gouvernance économique, favorise :
- l'obligation de rendre compte, car il permet d'aider les personnes qui exercent des responsabilités en matière de gouvernance et de surveillance, à améliorer leurs performances ;
- la transparence, car il permet de donner des informations sur la gestion et sur les effets des différents publics au Parlement, aux contribuables et aux bailleurs de fonds.
- La formulation des recommandations fondées sur une analyse des constatations d'audit.

Voir aussi article 50 alinéa 3 D.LF sur les rapports annuels de performance.

[266] Dans ce cas, l'audit de performance permet de :
- fournir de nouvelles compétences d'analyse, une analyse plus étendue et plus approfondie, ou encore de nouvelles perspectives ;
- Rendre les informations existantes et plus accessibles aux différentes parties prenantes ;
- Formuler un point de vue ou une conclusion qui fait autorité.

[267] Article 73 alinéa 1 D.LF.

« s'appuyer sur la Cour des comptes pour l'exercice du contrôle parlementaire. À cet effet, les commissions parlementaires chargées des finances peuvent demander à la Cour des Comptes réalisation de toute enquête sur la gestion des services ou organes qu'elles contrôlent »[268]. L'article 75 de la directive n° 06/2009/CM/UEMOA relative aux lois de finances dans l'espace UEMOA va dans le même sens[269]. L'assistance du Parlement par la Cour des comptes n'est pas un fait nouveau. Elle apparaît déjà dans la Déclaration de Lima de 1977 où, les experts de l'INTOSAI, tout en reconnaissant le principe de la séparation des pouvoirs et l'indépendance des ISCs, admettent la possibilité pour ces dernières, d'effectuer des enquêtes ou des contrôles à la demande du Parlement. Dans l'espace UEMOA où le cadre harmonisé des finances publiques date du 16 décembre 1997, ce principe existait déjà à cette époque[270]. La nouvelle génération de directives qui apparaît en 2009 ne vient que perfectionner cette assistance, en indiquant ses hypothèses et ses modalités.

Concrètement, l'assistance du Parlement par la Cour des comptes se fait dans la phase d'exécution (loi de finances initiale ou de l'année) et de post exécution (loi de règlement). Ce contrôle est donc concomitant à la mise en œuvre de la loi de finances, ou peut se situer dans la phase de post exécution de celle-ci. Cette assistance, au regard des directives communautaires, ne peut donc se situer dans la phase préparatoire de la loi de finances. Or, il serait louable que la Cour des comptes puisse également apporter son expertise au Parlement, dans la phase d'adoption de la loi de finances qui n'est pas moins décisive.

Concernant l'accompagnement du Parlement par la Cour des comptes, dans la phase d'exécution du budget, celle-ci peut apparaître dans l'hypothèse où le Gouvernement doit envoyer chaque trimestre au Parlement, les documents relatifs à l'état de mise en œuvre de la loi de finances. Le Parlement peut donc requérir l'assistance de la Cour des

---

[268] Article 70 D.LF.

[269] L'article 75 D.LF UEMOA dispose que *« La Cour des comptes assiste le Parlement dans le contrôle et l'exécution de la loi de finances. Le Parlement peut demander à la cour la réalisation de toute enquête nécessaire à son information »*.

[270] Article 71 de la directive n° 5-97/CM/UEMOA du 16 décembre 1997 relative aux lois de finances. *« La juridiction des comptes assiste le Parlement et Gouvernement dans le contrôle de l'exécution de la loi de finances »*. On constate par là que l'assistance du Parlement par la Cour des Comptes est effective depuis 1997. Il est vrai que la directive est assez brève sur la question. Elle ne définit pas les modalités de cette assistance par exemple.

comptes, pour l'analyse des documents financiers, relatifs au rapport de la mise en œuvre de la loi de finances à mi-parcours (figure 4).

Figure 3 : Modalités de contrôle de la LF par le Parlement

Article 73 de la D. LF précise que la Cour des Comptes assiste « le Parlement dans l'exécution de la loi de finances (...) »
Article 70 de la D.LF dispose : « (...) Le Parlement peut s'appuyer sur la Cour des Comptes pour l'exercice du contrôle parlementaire. A cet effet, les commissions parlementaires chargées des finances peuvent demander à la Cour des Comptes la réalisation de toute enquête sur la gestion des services ou organismes qu'elles contrôlent»

- Ne pas porter atteinte à l'indépendance de la CC;
- La demande d'appui doit être en rapport avec l'exécution des opérations budgétaires
- Ou bien avec l'évaluation le Parlmt de la gestion des programmes des ministères (art 93 D. RGCP);
- Les rapports de la CC au Parlmt peuvent être entièrement ou partiellement publiés;
- Le rapport de la CC sur l'exécution de la LF et le certificat de conformité doivent obligatoirement accompagner la LR.

Nécessité de renforcer le Parlement en moyens humains, matériels et financiers pour que le contrôle soit efficace

Source : Banque mondiale, Missions Circulaires de dissémination et de vulgarisation des directives communautaires CEMAC relatives au cadre harmonisé de gestion des finances publiques, « Le rôle du Parlement dans le cadre de la nouvelle gouvernance des finances publiques », Yaoundé, du 25 au 28 mars 2013, p. 13.

Certes, la LF est l'initiative du Gouvernement. Mais son contrôle incombe au Parlement[271]. Avec le nouveau cadre harmonisé de la gestion des finances publiques, on note que le Parlement est de plus en plus impliqué dans la préparation de la loi de finances et ses prérogatives de contrôle sont renforcées dans toutes les phases. Pour pouvoir être à la hauteur de cette lourde responsabilité, l'assistance de la Cour des comptes contribuera à aider le Parlement à mieux remplir ses fonctions. Ainsi, la mission d'assistance du Parlement s'inscrit dans un souci d'analyse de la *« fiabilité de l'information contenue dans les documents budgétaires et notamment pour certifier le respect ou non de l'autorisation parlementaire de l'exécution du budget »*[272].

---

[271] Article 14 DDHC, *« Tous les citoyens ont le droit de constater par eux-mêmes ou leurs représentants, la nécessité de la contribution publique, de la consentir librement, d'en suivre l'emploi et d'en déterminer la quotité, l'assiette, le recouvrement et la durée ».*

[272] Ministère des Finances, Réforme des finances publiques au Cameroun, Manuel de pilotage et d'exécution du budget programme, *op.cit,* p. 117.

Avec la mission de certification attribuée à la Cour des comptes (mission consistant à effectuer l'audit externe des comptes et à émettre un avis sur la conformité desdits comptes au référentiel comptable qui leur est applicable) qui inclut l'audit, le contrôle de régularité et de sincérité, le Parlement peut avoir une certaine assurance quant à la fiabilité du compte général de l'État.

L'une des grandes innovations des rapports entre le Parlement et la Cour des comptes se situe à l'article 50 D.LF qui dispose que *« la loi de règlement est accompagnée d'un rapport de la Cour des comptes sur l'exécution de la loi de finances accompagnée d'une certification de la régularité, de la sincérité et la fidélité des comptes de l'État qui doivent être transmis au Parlement, dans le cadre de la loi de règlement »*[273].

2- La coordination du paysage institutionnel en matière de contrôle des finances publiques

Au sein de l'État, il y a une variété d'acteurs institutionnels, impliqués dans la protection des finances publiques. Ces derniers élaborent des mécanismes adéquats, susceptibles de mettre les finances publiques à l'abri des indélicatesses de certains citoyens. Au cas où ces mécanismes de protection sont contournés, il y a toujours un régime de sanction prévu à cet effet. Il faut cependant noter que, malgré cette variété et cette pluralité d'acteurs, il y a une organisation, voire une hiérarchie bien établie. Sur le plan de la spécialité, chaque acteur institutionnel exerce la compétence qui lui est expressément attribuée, par les textes qui le créent. Malgré ce clivage apparent, la collaboration et l'échange d'informations et d'expériences sont inévitables.

---

[273] L'article 50 de la D.LF UEMOA dispose que la loi de règlement est accompagnée des « rapports annuels de performance par programme, rendant compte de leur gestion et leurs résultats ». L'article 51 vient préciser que *« la loi de règlement est accompagnée du rapport de la Cour des Comptes sur l'exécution de la loi de finances et de la déclaration générale de conformité entre les comptes des ordonnateurs et ceux des comptables publics. La Cour des Comptes donne son avis sur le système de contrôle interne et le dispositif de contrôle de gestion sur la qualité des procédures comptables et des comptes, ainsi que sur les rapports annuels de performance. Cet avis est accompagné de recommandations sur les améliorations souhaitables »*. Ces deux articles viennent expliciter les conditions d'assistance du Parlement par la Cour des Comptes, en ce qui concerne la loi de règlement. L'article 37 ancien qui traitait de la gestion n'était pas assez exhaustif. Cet article disposait simplement que *« Le projet de loi de règlement est accompagné... d'un rapport du juge des comptes et de la déclaration générale de conformité entre les comptes individuels des comptables et la comptabilité du ministre chargé des finances »*.

L'INTOSAI, dans le souci d'améliorer davantage le contrôle des finances publiques à travers une meilleure coordination des mécanismes nationaux de contrôle et de répression, a mis sur pied l'ISC. Cette dernière se trouve au faîte de la pyramide institutionnelle nationale, en matière de contrôle et de répression des atteintes à la fortune publique. Elle coordonne le système national de contrôle des finances publiques, en donnant des directives, en formant et en contrôlant l'activité des autres acteurs institutionnels[274]. C'est dire, la place non négligeable que l'ISC occupe dans le système de contrôle et de répression des atteintes à la fortune publique au sein d'un État. Au regard de l'ISSAI 100 sur les principes fondamentaux du contrôle des finances publiques, *« les ISC poursuivent cet objectif en tant que piliers essentiels du système démocratique national et des mécanismes de gouvernance, et elles jouent un rôle important dans le renforcement de l'administration publique, en mettant l'accent sur les principes de transparence, d'obligation de rendre compte, de gouvernance et de performance »*. Ce sont des compétences dont est dotée cette institution qui font d'elle, un pilier essentiel dans le système de contrôle des finances publiques au sein d'un État.

L'ISC est l'interlocuteur accrédité par l'État et par l'INTOSAI, pour représenter son État au niveau international et acquérir de l'expérience et la transmettre aux autres acteurs institutionnels à travers des séminaires de formation divers. Pour Martine PORTAL, les ISC jouent un rôle clé dans les systèmes démocratiques[275], en étant les garants de la bonne gestion publique et de la qualité de l'information diffusée. Cette place est d'autant plus importante, qu'*« elles sont parties prenantes du système de gouvernance des États, et leurs actions de contrôle permettent une prise de décision éclairée, renforcent et crédibilisent l'information diffusée, et enfin responsabilisent et légitiment les décisions qui doivent rendre compte de leur gestion »*.

La Cour des comptes ISC préconisée par la CEMAC doit donc jouer ce rôle de leader, en tenant compte à chaque fois de son objectif

---

[274] Le 25 janvier 2012, le ministre Délégué à la Présidence de la République, Chargé du Contrôle Supérieur de l'État, ISC du Cameroun, a reçu en audience les dirigeants des partenaires institutionnels nationaux impliqués dans la mise en œuvre de la stratégie nationale de lutte contre les atteintes à la fortune publique et au patrimoine national. Cette rencontre avait pour objectif prioritaire, l'amélioration de l'efficacité du dispositif national de prévention, de constatation et de répression de la distraction des fonds.

[275] M. PORTAL, *op.cit*, p. 29.

primordial à savoir, concourir à la légalité, la régularité, l'économie, l'efficacité et l'efficience de la gestion financière nationale.

En somme, le modèle de Cour des comptes adopté par le Conseil des ministres de l'UEAC est particulier à plusieurs égards. Il se caractérise par une complexité tant sur le plan formel que sur le plan matériel. Ce qui rejaillit sur les compétences de ses membres. Il s'agit à présent de voir comment les EMs accueillent ce nouveau modèle.

La réforme des juridictions de comptes dans l'espace CEMAC est influencée par un certain nombre de facteurs sociaux, économiques et politiques. Elle repose sur des fondements juridiques communautaires et internationaux. Au plan interne, la réforme obéit à la volonté des EMs de la CEMAC de marquer un pas décisif dans le processus d'intégration. Au plan externe, le contexte international, qui impose aux États de s'adapter sans cesse aux standards internationaux amène parfois les bailleurs de fonds à imposer cette adaptation à travers les conditionnalités[276]. On observe par ailleurs l'implication d'une variété d'acteurs. Les EMs qui sont au centre de la réforme y participent par le biais de leurs experts, notamment les ministres des Finances et de l'Économie et de l'Intégration. Les institutions communautaires produisent des normes en direction des États. Ces normes s'inspirent parfois de ce qui est déjà pratiqué au sein des EMs. Les acteurs internationaux aussi jouent un rôle non négligeable dans le processus de la réforme, à travers leur appui technique et financier.

S'agissant de l'objet de la réforme, il apparaît que celle-ci a un volet institutionnel et un volet matériel. La complexité de l'institution entraîne une multitude de compétences. En plus d'être une Cour des comptes, cette institution est une ISC et une Cour de discipline budgétaire et financière. Ce qui emporte également une variété de justiciables que ladite Cour a la compétence de juger. Après que la réforme soit élaborée par les institutions communautaires, celle-ci doit être mise en œuvre par les EMs.

---

[276] B. OUMAROU, « La conditionnalité, vecteur juridique de l'assistance financière du FMI au Cameroun », Afrilex n° 4, pp. 132-149, disponible sur http : www.afrilex.U-bordeaux4.fr, consulté le 30 mars 2014 à 20 h 54 min L'auteur reprend la définition de Jacques De la ROSIÈRE, Ancien Directeur du FMI (1978-1987) dans la revue *Finances et Développement*, juin 1982, p.4, pour qui, la conditionnalité est l'ensemble des *« mesures économiques et financières qui doivent être prises dans un pays pour rétablir une position extérieure soutenable à la fin, ou vers la fin d'un programme appuyé par le fonds ».*

SECONDE PARTIE :

L'OPÉRATIONNALISATION DE LA RÉFORME

L'observation du paysage institutionnel des juridictions de comptes dans l'espace CEMAC fait apparaître un contraste, une disparité tant formelle que matérielle desdites institutions. Ce qui n'exclut pas totalement des points de convergence, dans certains aspects du contrôle juridictionnel des finances publiques. Même après l'apparition des directives CEMAC en décembre 2011, la situation n'a pas fondamentalement changé. Le souci de conformer ces institutions aux directives communautaires semble ne pas être partagé. Quand bien même il le serait, les priorités ne sont pas toujours les mêmes selon les États. Or les directives communautaires sont claires. À compter du 19 décembre 2011, date à laquelle ces directives sont adoptées par le Conseil des ministres de l'UEAC, les États disposaient de 24 mois pour les transposer[277] et commencer leur mise en application. Cette mise en œuvre directe concernait les dispositions des directives qui n'étaient pas inscrites dans le régime de mise en œuvre à long terme. Parmi ces dispositions qui devaient directement être mises en œuvre figure la création des Cours des comptes.

La seconde grande articulation de notre réflexion se donne ainsi pour objectif d'analyser, le processus de mise en œuvre de la réforme des juridictions des comptes dans les EMs de la CEMAC. Et ce, en dégageant les disparités et les convergences entre États membres, et entre les directives communautaires et les textes régissant les juridictions des comptes nationales (chapitre 1). L'analyse des obstacles à la mise en œuvre de la réforme des juridictions de comptes ouvrirait la voie à une troisième génération de directives (chapitre 2).

[277] Articles 111 D.RGCP ; 82 D.LF ; 47 D.TOFE ; 47 D.PCE.

CHAPITRE III :

UNE OPERATIONNALISATION À GÉOMÉTRIE VARIABLE

Avant le déclenchement de la réforme en 2007, chacun des États avait une organisation particulière de sa juridiction des comptes. Cette dernière étant dotée de compétences plus ou moins étendues. La situation est quasiment la même aujourd'hui sept ans après l'avènement de la réforme. Exception faite de quelques EMs qui manifestent la volonté de se conformer au droit communautaire en la matière. On note de ce fait, une disparité du point de vue formel (section I). Mais du point de vue matériel, les compétences des juridictions des comptes sont quasiment les mêmes (section II). Entre la Cour des comptes préconisée par le Conseil des ministres de l'UEAC et les juridictions de comptes nationales, il y a aussi des disparités et des convergences tant formelles que matérielles, qui seront analysées dans les deux sections.

SECTION I : DISPARITÉ QUANT À L'OPÉRATIONNALISATION ORGANIQUE

Le modèle de juridiction des comptes préconisé par la CEMAC à savoir une institution complexe (Cour des comptes, Cour de Discipline Budgétaire et Financière et ISC) se trouvait déjà dans plusieurs EMs de la Communauté, avant la réforme. Cette apparente convergence, que l'on peut également qualifier d'anticipée sur le plan de la forme, à bien y regarder comporte plusieurs points de divergence par rapport à la Cour des comptes préconisée par l'UEAC. Certains EMs à l'instar du Tchad l'ont si bien compris au lendemain de la réforme communautaire, en réajustant leurs juridictions des comptes conformément au modèle communautaire (paragraphe 1). Il est vrai pour ce dernier cas particulier du Tchad que la nouvelle Constitution de la quatrième République en gestation fait plutôt un retour à la Chambre des comptes. D'autres par contre semblent afficher une certaine réticence quant à l'opérationnalisation des aspects formels de la réforme (paragraphe 2).

Paragraphe 1 : Les États en avance

Deux cas de figure sont à examiner ici. Il s'agit du modèle congolais qui se rapproche le plus de la Cour des comptes préconisée par le Conseil des ministres de l'UEAC (A) et des autres États qui disposent déjà d'une Cour des comptes, soit conformément aux directives communautaires, soit avant l'avènement de ces dernières (B).

A- L'existence d'une Cour des comptes se rapprochant du modèle communautaire : le modèle Congolais

À l'heure où les EMs de la CEMAC sont au stade embryonnaire de la réforme de leurs juridictions des comptes, une observation de la situation antérieure à l'avènement de cette réforme, permet de dégager le constat selon lequel, certains EM disposaient déjà d'une juridiction des comptes, similaire au modèle proposé par les organes de la Communauté. Tel est le cas du Congo qui dispose d'une Cour des Comptes et de Discipline Budgétaire. Cette dernière joue également le rôle d'ISC. Le modèle congolais est actuellement le plus proche de la réforme communautaire, comparativement aux autres EMs. Il s'agit donc d'analyser quelques aspects organiques (1) et fonctionnels (2) de la Cour des Comptes et de Discipline Budgétaire du Congo en comparaison avec le modèle communautaire CEMAC.

1- L'organisation de la Cour des Comptes et de Discipline Budgétaire du Congo

Aux termes de l'article 5 de la loi n° 4/62 du 20 janvier 1962 portant création de la Cour Suprême, cette dernière juge les comptables publics et contrôle la gestion financière et comptable des entreprises nationales et des établissements publics à caractère industriel et commercial, dans les conditions qui sont fixées par une loi spéciale. En 1983, dans le souci de rapprocher la justice des justiciables, le législateur congolais, à travers la loi n° 53-83 du 21 avril 1983 portant réorganisation de la justice en République Populaire du Congo, créée une Cour des comptes.[278] La loi n° 022-92 du 20 août 1992 portant organisation du pouvoir judiciaire, loi qui a été modifiée et complétée par la loi n° 19-99 du 15 août 1999, cite à son article 1, la Cour des comptes parmi les juridictions nationales et y consacre plusieurs de ses articles. L'article 7

[278] « Congo, la Cour des Comptes et de Discipline Budgétaire », disponible sur http://www.Courdescomptes-cg.org/index.html, consulté le 6 juin 2014 à 21 h 17min.

de cette loi, reprenant les dispositions de l'article 83 de la loi n° 53-83 du 21 avril 1983. Cette dernière, aux termes de son article 103, la Cour des comptes disposait de 4 formations juridictionnelles :

- la chambre du budget de l'État ;
- la chambre des établissements publics à caractère administratif, industriel et commercial ou agropastoral ;
- la chambre du budget des collectivités locales
- et la chambre des comptes des entreprises d'État ou d'économie mixte et autres organismes.

Ainsi, le Congo en 1979 disposait déjà d'une Cour des comptes dans son paysage institutionnel[279].

C'est avec la Constitution de 1992 que l'on commence à parler de la Cour des comptes et de discipline Budgétaire. Celle-ci est reprise par le chapitre II de la loi n° 19-99 du 15 août 1999 portant organisation du pouvoir judiciaire, qui traite de la compétence, de l'organisation, des attributions, des rapports annuels et avis des infractions et sanctions de la Cour des comptes et de Discipline Budgétaire. L'organisation de cette dernière est pratiquement la même que celle de la Cour des comptes créée en 1983. Nous avons quatre chambres, avec les mêmes compétences. La seule différence étant que, en plus d'être une Cour des comptes, la nouvelle Cour est aussi une Cour de discipline Budgétaire et une ISC. C'est donc trois institutions fusionnées en une seule. Ce qui rapproche cette Cour du modèle préconisé par la CEMAC. Elle est d'ailleurs plus complexe que la Cour des comptes française, qui est une juridiction de comptes et une ISC. Le contrôle des ordonnateurs et la discipline budgétaire revenant à un organe à part qui est la Cour de discipline Budgétaire et Financière[280] (CDBF).

---

[279] S. NGOUDOS IDOURAH, *Justice et pouvoir au Congo-Brazzaville*, Paris, L'Harmattan, études africaines, 2001, p. 139. *« La Constitution du 8 juillet 1979 précitée avait été la première à remettre en cause cette attribution à la Cour Suprême* (le jugement des comptes*). L'article 96 disposait* : *« La Cour des comptes juge les comptes de la Nation et statue sur la comptabilité des entreprises publiques et parapubliques ».*

[280] R. MUZELLEC, *Finances publiques*, *op.cit*, p. 286. Pour l'auteur, *« la distinction des ordonnateurs et des comptables eût dû conduire à une seconde juridiction ; en réalité, celle-ci la Cour de discipline budgétaire et financière, ne sera instituée qu'en 1948 ».* La création de cette Cour se justifie aussi par « l'inefficacité » du contrôle des ordonnateurs reconnu à la Cour des comptes.

2- Le fonctionnement de la Cour des comptes et de Discipline Budgétaire

La Cour des comptes et de Discipline Budgétaire du Congo (CCDBC) est composée d'un siège, d'un parquet général et d'une administration. Les membres du siège sont : le Président, le Vice-président, les Présidents de chambres ainsi que les juges et les conseillers fonctionnaires. Le Parquet Général quant à lui est composé du Procureur Général, du Premier avocat général, des avocats généraux et des substituts généraux.

En ce qui concerne l'administration, la CCDBC gère sa juridiction au moyen d'une Assemblée Générale présidée par le Premier Président et en cas d'absence ou d'empêchement, par le Procureur Général. L'Assemblée Générale est composée de tous les magistrats et conseillers fonctionnaires, ainsi que du greffier en chef.

Le Procureur joue également le rôle de Secrétaire Général de la Cour. Il gère et administre le personnel en service à la CCDBC. Il exerce sur celui-ci le pouvoir d'appréciation et de notation. Il fait un état général de tous les comptables qui doivent présenter leurs comptes, dans les délais fixés par les lois et règlements. Il peut requérir contre ceux qui sont en retard, l'application des peines prévues par la loi et à cet effet. Pour ce faire, il adresse au Garde des Sceaux, les arrêts de la Cour, à charge pour lui de les faire parvenir au ministre des Finances qui en assure l'exécution.

La juridiction des comptes fonctionne avec ses quatre chambres. Pour ce qui est de la Cour de Discipline Budgétaire, chaque chambre se mue en formation de discipline, dès lors qu'il y a faute de gestion commise à l'égard de la législation en matière de passation des marchés et contrats, ou dès lors qu'il y a infraction à la morale administrative. Et en tant qu'ISC, la Cour des comptes et de Discipline Budgétaire établit un rapport annuel à partir des diverses vérifications effectuées au cours de l'année. Ce rapport est remis au Président de la République.

On peut donc dire, au regard de la complexité de la CCDBC que, cette dernière est celle qui se rapproche le mieux de la Cour des comptes contenue dans les directives communautaires. Cette conformité anticipée fait du Congo, un pionnier, ou encore une source d'inspiration de la Communauté. À côté du Congo, d'autres EM de la Communauté disposent de la Cour des Comptes.

B- Les autres États Membres disposant des Cours des comptes

La Cour des comptes n'est pas une institution nouvelle au sein des EM de la CEMAC. Bien avant l'avènement de la réforme, certains États[281] disposaient déjà d'une Cour des comptes, séparée de la Cour Suprême, bien que rattachée au pouvoir judiciaire, ou exécutif (1). D'autres se sont conformés avec l'avènement de la réforme (2).

1- L'existence d'une Cour des comptes précédant la réforme

Il convient d'examiner le cas de la Cour des comptes du Gabon (a) et celui de la Cour des comptes de la République Centrafricaine (b).

A. Le cas de la Cour des comptes du Gabon

La Constitution gabonaise de 1962 prévoit comme organe juridictionnel de contrôle des finances publiques, la Chambre des comptes rattachée à la Cour Suprême. Ce n'est qu'au milieu des années 1990 que sera créée une Cour des comptes. Cela étant notamment motivé par la pression des bailleurs de fonds internationaux et des vents de démocratisation qui soufflaient en Afrique francophone au début des années 1990[282]. Les institutions devaient renforcer leur crédibilité, en ce temps de crise, où les pays étaient mis sous ajustement structurel. Le renforcement de cette crédibilité passait notamment par le renforcement de la reddition des comptes et des mécanismes de contrôle, dans la gestion de la fortune publique.

La Cour des comptes du Gabon est créée, à partir de la révision constitutionnelle intervenue le 18 mars 1994. Cette dernière, dans ses articles 76 à 77, crée et oriente les activités de la Cour des comptes, en renvoyant à une loi organique, qui va régir cette institution. C'est finalement la loi 11/94 fixant l'organisation, la composition, les compétences, le fonctionnement et les règles de procédure de la Cour des comptes qui vient concrétiser la mise en œuvre de l'institution.

---

[281] FMI, AFRITAC-Centre, le rôle de la Cour des comptes dans la NGFP, *op.cit*, p.4. *« Une organisation institutionnelle du jugement des comptes variable selon les pays :*

- *Chambre des comptes de la Cour Suprême au Cameroun et au Congo ;*
- *Cour des comptes dans les autres pays avec des compétences plus ou moins étendues ».*

[282] C. SIETCHOUA DJUITCHOKO, *op.cit,* p. 74. Contrairement au Gabon qui a créé une Cour des comptes, suite aux revendications de la conférence nationale souveraine, le Cameroun, lui n'a pas suivi complètement les recommandations de la conférence tripartite. Il a créé une Chambre, au lieu d'une Cour des comptes.

La Cour des comptes est organisée en siège et en parquet, avec un service administratif, coordonné par le Secrétariat Général. Elle est dirigée par un Premier Président choisi parmi les magistrats de l'ordre financier du grade hors hiérarchie. Le siège est organisé en chambres. On dénombre actuellement quatre chambres. Ces dernières délibèrent séparément en fonction des compétences qui leur sont attribuées. En formation de jugement, chaque chambre est composée du Président de chambre et de deux conseillers-maîtres. Chaque chambre dispose d'un greffe.

Le Parquet Général est placé sous l'autorité d'un Procureur Général, choisi parmi les magistrats du grade hors hiérarchie de l'ordre financier. La Cour peut se réunir en dehors des formations de jugement de la Cour des comptes, soit en Chambre de Conseil, soit toutes chambres réunies, soit en conseil de direction, soit en assemblée générale.

- l'audience solennelle publique se tient à l'occasion de la rentrée judiciaire, de la prestation de serment des comptables publics, de l'installation des promus et de la lecture de la déclaration générale de conformité ;

- la chambre du conseil est composée des Présidents de chambres, des conseillers-maîtres, du Procureur Général ou de son représentant. Elle est saisie des projets de rapport au Président de la République, des projets de rapport sur l'exécution des lois de finances et de déclaration générale de conformité à adresser au Parlement et au Gouvernement, des projets de rapports spécifiques sur toutes les questions relevant de la compétence de la Cour. Elle délibère également sur toute affaire ou question qui lui sont soumises par le Premier Président, soit de son propre chef, soit sur proposition du Procureur Général. Le secrétariat de la chambre du conseil est assuré par le Secrétaire Général de la Cour des comptes. En cas d'empêchement, il est remplacé par le greffier en chef ;

- la Cour des comptes toutes chambres réunies, se compose du Premier Président, des Présidents de chambres et des conseillers-maîtres. Les débats se déroulent en présence du Ministère public. Elle juge des affaires qui lui sont renvoyées par le Premier Président sur proposition d'une chambre, ou sur réquisition du Procureur Général ;

- le Conseil de direction est composé du Premier Président, des Présidents de chambres, du Secrétaire Général, du Procureur Général, ou de son représentant. Il veille à l'application du statut des magistrats.

Il formule des avis sur toute question relative à l'organisation et au fonctionnement des services de la Cour ;

- l'assemblée générale est composée de tous les magistrats de la Cour et des autres personnels. Elle se réunit sur convocation du Premier Président.

B. Le cas de la Cour des comptes de la République Centrafricaine

La République Centrafricaine s'est dotée d'une Cour des comptes depuis 1996. La loi n° 96.001 du 3 janvier portant organisation et fonctionnement de la Cour des comptes est le texte fondateur de cette institution. Cette dernière est renforcée par la Constitution du 27 décembre 2004 qui, dans son préambule[283], montre déjà la volonté de cet EM, de renforcer la bonne gouvernance, dans la gestion de ses finances publiques. Le titre VII relatif au pouvoir judiciaire, dans son chapitre 3 article 90 à 92, traite de la Cour des comptes. C'est une *« juridiction compétente pour juger les comptes des comptables publics, ceux des collectivités territoriales, ainsi que ceux des entreprises publiques ».*[284] Ce qui fait la particularité de cette Cour des comptes, c'est que ses *« décisions peuvent être déférées pour cassation devant le Conseil d'État »*[285]. C'est donc un modèle qui s'inspire fortement de la France qui fait de Cour des comptes une juridiction financière de l'ordre administratif. Aussi, le Conseil d'État qui est une *« juridiction d'appel et de cassation des tribunaux administratifs, des organes administratifs à caractère juridictionnel et de la Cour des comptes »*, prend des décisions qui ne sont susceptibles d'aucun recours. L'existence d'un degré de juridiction au- dessus de la Cour des comptes suscite un certain pessimisme, quant à l'indépendance de cette juridiction.

Les évènements du 24 mars 2013 ont entraîné des changements politiques, la suspension de la Constitution du 27 décembre 2004 et la dissolution des institutions républicaines. À partir de ce moment, l'État

---

[283] La Constitution du 27 décembre 2004 est la septième de la République Centrafricaine. Elle est adoptée le 5 décembre 2004 par l'Assemblée Nationale et promulguée le 27 décembre 2004, par le décret n° 04-392. La partie relative à notre idée dispose : *« Conscient que seuls le travail opiniâtre ainsi que la gestion rigoureuse et la transparence de la chose publique et de l'environnement peuvent assurer un développement harmonieux, rationnel et durable ».*

[284] Article 90 de la constitution du 27 décembre 2004.

[285] *Idem*

est régi par la loi n° 13.001 du 18 juillet 2013 portant Charte constitutionnelle de Transition. Dans cette Constitution de transition, la Cour des comptes se trouve dissoute dans l'article 85 qui lui réserve une infime partie[286], contrairement à la loi constitutionnelle de 2004 où elle a tout un chapitre. On peut dès lors supposer que, la Cour des comptes continue de fonctionner, avec la loi n° 96.001 du 3 janvier 1996. Son titre premier traite des aspects organiques et fonctionnels de la Cour des comptes. Cette dernière au regard de l'article 2 est placée sous l'autorité du Premier Président. Ses membres, à savoir les juges, sont nommés par décret pris en Conseil des ministres, pour un mandat de 5 ans renouvelable une fois. Ils sont indépendants et inamovibles[287]. La limitation des mandats est louable. Elle pourra en effet fortement contribuer à stimuler la hardiesse du juge des comptes. Sachant que son mandat est limité, il n'a rien à perdre en faisant son travail comme il se doit, ne comptant pas sur une prochaine nomination qui éventuellement dépend de son allégeance à l'autorité qui dispose du pouvoir de nomination.

La Cour est composée de trois chambres. La première est chargée de la certification de la comptabilité de l'État et de celle de la Commune de Bangui. La deuxième est chargée de la vérification de la comptabilité des établissements publics à caractère industriel et commercial et des offices publics. La troisième Chambre est chargée de la vérification de la comptabilité de l'Assemblée Nationale, du Conseil Economique et Social, des Chambres consulaires, des partis politiques et des collectivités territoriales autres que celle de Bangui.

La Constitution adoptée par référendum le 13 décembre 2015 en pleine transition reste dans la précédente logique. Au regard de son article 107, après avoir posé le principe d'indépendance du pouvoir judiciaire, il est mentionné que *« la justice est rendue sur le territoire de la République Centrafricaine au nom du peuple centrafricain par la Cour de cassation, le Conseil d'État, la Cour des comptes, le tribunal des conflits, les cours et tribunaux »*. Le pouvoir constituant centrafricain de décembre 2015 a semblé ne faire aucun cas des directives communautaires pour ce qui est précisément des dispositions

[286] Article 85 de la loi n° 13.001 du 18 juillet 2013 portant Charte Constitutionnelle de Transition : *« La justice est rendue sur le territoire de la République Centrafricaine au nom du peuple centrafricain par la Cour de Cassation, la Cour des comptes, le Conseil d'État et les cours et tribunaux »*.

[287] Article 5 de la loi n° 96.001 du 3 janvier 1996.

relatives au contrôle juridictionnel des finances publiques. Aussi apparaît-il dans les deux articles (118 et 119) qui lui sont concédés dans la Constitution que, la Cour des comptes juge les comptes des comptables publics et les « décisions » de la Cour peuvent être déférées par voie de cassation devant le Conseil d'État. Il n'y a donc a priori aucune évolution par rapport à la situation précédente.

2- La création d'une Cour des comptes conformément aux directives communautaires : le cas du Tchad

Du point de vue organique, le Tchad faisait partie de ces EM qui, jusqu'à l'adoption des nouvelles directives CEMAC, ne disposaient pas d'une Cour des comptes. La loi n° 006/PR/98 du 7 août 1998 crée la Chambre des comptes de la Cour Suprême. Cette dernière, au regard de la loi n° 004/PR/98 portant organisation judiciaire, dans son article 7, comprend 3 chambres à savoir : une chambre judiciaire, une chambre administrative et une chambre des comptes.

L'avènement des directives communautaires vient bouleverser cet ordre. Le Tchad a ainsi engagé la réforme de son contrôle juridictionnel des finances publiques, au lendemain de l'adoption des directives communautaires. La préoccupation des autorités tchadiennes était, non seulement de se conformer aux directives communautaires, mais de le faire, dans les délais. La Cour des comptes qui est désormais une institution à part entière, détachée de la Cour Suprême, est organisée en 5 chambres, et fonctionne avec 31 membres qui sont élus pour un mandat de 5 ans renouvelable. Le projet de loi constitutionnel dans son article 54 nouveau prévoyait 21 membres et 3 chambres, une chambre de contrôle et d'audit, une chambre contentieuse et une chambre consultative. Mais au regard des lourdes missions dont la Cour des comptes est investie, il était opportun d'élargir le nombre de membres et de chambres. Le nombre de chambres et de magistrats dont devra se doter cette Cour des comptes est largement insuffisant par rapport à ses missions. La Cour doit jouer le rôle d'une Cour des comptes, d'une Cour de discipline budgétaire et financière et d'une ISC. Même en France, où la Cour ne joue que le rôle de juridiction de comptes et d'ISC, l'organisation et les ressources humaines sont plus étendues[288].

---

[288] F. CHOUVEL, *L'essentiel des finances publiques 2011,* Paris, Gualino, 2011, p. 87. *« Créée en 1807, la Cour des comptes est composée de magistrats inamovibles : la magistrature assise comprend les auditeurs (une quinzaine), les conseillers référendaires (soixante-quinze environ) et les conseillers-maîtres en service ordinaire*

Il convient cependant de rappeler non sans regret que le Président Idriss DEBY ITNO avait dans son discours d'investiture du 8 mai 2016, annoncé un vaste programme de réformes institutionnelles. Le Forum National Inclusif sur la Réforme des Institutions qui avait été mis sur pied à l'occasion s'est réuni du 19 au 27 mars 2018 et l'une des résolutions fortes qui en ressortent et qui à notre sens constitue une calamité pour le contrôle juridictionnel des finances publiques est que, *« le Conseil constitutionnel, la Haute Cour de Justice et la Cour des comptes deviennent de simples chambres au sein de la Cour Suprême »*. Ce revirement à 360 degrés pourrait être notamment motivé par la situation financière difficile que traverse le pays actuellement et qui exige un allègement au niveau du paysage institutionnel dans le but de réduire les dépenses publiques. Mais le contrôle juridictionnel des finances publiques et la dynamique de la réforme communautaire prennent un coup dur. L'avènement d'une « Cour de Répression des Infractions Economiques et Financières » qui est annoncé dans ce vaste programme de réforme des institutions tchadiennes contribuera sans doute à atténuer le vide créé par la suppression de la Cour des comptes. Il apparaît d'office que cette juridiction est de l'ordre du pénal à l'image du Tribunal Criminel Spécial au Cameroun. Or, il serait souhaitable que le pénal intervienne en aval du processus, après que le magistrat financier ait, par une procédure contradictoire, clairement établi les faits à travers une investigation non seulement pertinente, mais qui préserve la présomption d'innocence.

À considérer que le Tchad adopte la Constitution de la quatrième République, on pourra désormais le ranger dans les cas de résistance, une résistance aggravée si l'ISC se retrouve sous tutelle de la Cour Suprême. Chose somme toute inconcevable. Le scénario envisageable serait donc l'attribution du statut d'ISC à la Cour de Répression des Infractions Economiques et Financières. Cette situation inconfortable éloignera davantage le Tchad de la réforme communautaire et sa situation serait pire que celle dans laquelle se trouve le Cameroun actuellement. Mais puisque la mutation est encore dans sa phase de conception, et que certains de ses aspects ne prendront effet qu'à partir de la prochaine élection présidentielle en 2021, nous considérons les

---

(cent quarante environ) ou extraordinaire (une dizaine) ». On se rend donc compte que, seulement pour les magistrats du siège, la Cour des comptes française en a deux cent quarante au moins, soit dix fois plus de magistrats que la Cour des comptes du Tchad qui paradoxalement a des compétences plus élargies.

institutions actuelles qui montrent que le Tchad dispose d'une Cour des comptes.

Paragraphe 2 : Les cas de résistance

Si d'un côté il y a des EMs, dont la forme institutionnelle de la juridiction des comptes correspond, dans certains aspects, aux exigences des directives communautaires, mais avec des écarts non moins importants (A), il existe d'autres qui en sont encore au stade de la Chambre des comptes, rattachée à la Cour Suprême. Le cas de figure le plus illustratif est celui du Cameroun (B).

A- Les États dans une situation intermédiaire

Les États qui se situent dans la phase intermédiaire sont ceux qui disposent d'une Cour des comptes. Mais cette dernière est détachée de l'organe de discipline budgétaire (1) et est séparée de l'ISC (2).

1- L'existence d'une Cour des comptes détachée de la Cour de discipline budgétaire

À la lecture de l'article 73 D.LF, la Cour des comptes, remplit également les compétences d'une Cour de discipline budgétaire. En dehors du Congo qui dispose d'une Cour des comptes et de discipline budgétaire, les Cours des comptes dont disposent les autres EMs n'ont pas les compétences des organes de discipline budgétaire. Les Cours des comptes sont restées confinées dans leurs compétences traditionnelles à savoir, le contrôle et le jugement des comptes des comptables publics. Certains EMs ne disposent pas d'une institution chargée de la discipline budgétaire. Ce dernier étant parfois remplacé par le contrôle interne, effectué par l'Inspection Générale de l'État.

Le modèle de Cour des comptes que l'on retrouve au sein des États est donc en décalage des normes communautaires, qui voudrait que la nouvelle juridiction des comptes soit également une Cour de discipline budgétaire et financière, comme c'est le cas au Congo.

2- La séparation entre l'ISC et la Cour des comptes

En dehors du Cameroun dont le paysage institutionnel de répression des atteintes à la fortune publique apparaît le plus éclaté, d'autres EMs de la zone CEMAC bien que disposant d'une Cour des comptes, ne s'en trouvent pas plus proches des exigences de la réforme. Ces États ont plutôt opté, comme le Cameroun, pour la séparation entre l'ISC et la juridiction de comptes. Deux cas de figure sont observables ici. La République Centrafricaine qui dispose d'une Cour des comptes et d'une ISC qui est représentée par l'Inspection Générale d'État. Cette situation est remarquable, l'ISC est confiée à un organe interne à l'administration. L'institution effectue cependant des contrôles dits externes. Ce qui peut apparaître comme un paradoxe.

La même situation prévaut en Guinée Équatoriale. En effet, à côté de la juridiction de comptes, nous avons l'ISC qui est représentée par *Direccion General de Control Financiero.* Le référendum du 13 novembre 2011 a mis fin à la Constitution du 17 janvier 1995 révisée en 1997 et a donné lieu à la Constitution de février 2012 qui prévoit 5 organismes clés au sein de l'État à savoir : le Sénat, la Cour des comptes, le conseil économique et social et le Défenseur du peuple. La Cour des comptes fait donc partie des 5 institutions majeures de la Guinée Équatoriale. Ce qui sans doute traduit l'importance capitale que revêt le contrôle juridictionnel des finances publiques dans ce pays. Au regard des articles 115 à 118 (relatifs à la Cour des comptes) de la Constitution de février 2012, la Cour des comptes est *« un organisme technique, chargé de contrôler a posteriori l'utilisation des fonds et des biens de la nation. Elle est autonome du reste de l'administration et toutes les personnalités de l'Etat, les salariés de la fonction publique et parapublique doivent faire une déclaration de patrimoine devant la Cour des comptes avant de prendre leur fonction. Elle tient un registre de la dette publique et établit un rapport annuel sur les comptes de l'État ».*

La séparation entre la juridiction des comptes et l'ISC a pour conséquence d'affaiblir la juridiction des comptes. C'est la raison qui amène le jurislateur communautaire, à renforcer les pouvoirs de la Cour des comptes, en lui ajoutant les compétences d'une Cour de discipline budgétaire et surtout, d'une ISC. Les EMs se trouvant dans cette situation devront donc entreprendre une démarche qui vise à fusionner les deux institutions, en vue de se conformer aux directives communautaires.

B- Le cas particulier du Cameroun

Le Cameroun apparaît comme la figure de résistance par excellence, aux changements formels de son contrôle juridictionnel des finances publiques, conformément aux directives communautaires. Deux idées majeures permettent de soutenir cet argument. Il y a d'une part, la persistance de la séparation entre l'ISC et la juridiction des comptes (1). Cette dernière d'autre part, est maintenue sous la tutelle de la Cour Suprême (2).

1- La persistance de la séparation entre l'ISC et la juridiction des comptes

Ce fait figure parmi tant d'autres, qui éloignent le Cameroun de la conformité aux directives communautaires. L'ISC est séparée de la juridiction des comptes[289] qui en réalité n'en est pas une au regard de sa mise sous tutelle de la Cour Suprême. Le décret n° 2013/287 du 4 septembre 2013 portant organisation des Services du Contrôle Supérieur de l'État, confirme cette institution placée sous l'autorité directe du Président de la République dans son statut d'ISC[290]. L'institution est chargée de l'audit interne. Elle a notamment pour missions[291] :

- La vérification au niveau le plus élevé, des services publics, des établissements publics, des collectivités territoriales décentralisées et leurs établissements, des entreprises publiques et parapubliques, des liquidations administratives et judiciaires, ainsi que des organismes établissements et associations confessionnels ou laïcs bénéficiant des concours financiers, avals ou garanties de l'État ou des autres personnes morales publiques, sur les plans administratifs, financiers et stratégiques ;

- Le contrôle de l'exécution du budget de l'État et des projets à financements extérieurs ;

---

289 Le Cameroun n'est pas un cas isolé dans cette manière d'organiser. Nous avons la Guinée Équatoriale et la République Centrafricaine, dont les ISC sont séparées des juridictions des comptes.

290 Les directives du cadre harmonisé de gestion des finances publiques en zone CEMAC étant adoptées en 2011, l'on s'attendait au changement de l'article 2 du décret n° 2005/374 du 11 octobre 2005 qui reconnaissait le CONSUPE comme ISC. Mais le Président de la République en a décidé autrement. Cela peut se comprendre, dans la mesure où la Banque Mondiale et le Ministère des Finances sont en train de mener une étude sur la future transposition des directives CEMAC. Peut-être que les autorités camerounaises attendent les résultats de cette étude, pour engager la réforme.

291 Article 2 du décret n° 2013/287 du 4 septembre 2013.

- Le contrôle, en cas de nécessité de la qualité des rapports d'audits effectués pour le compte de l'Etat ou de ses démembrements par les cabinets privés…

L'ISC effectue cinq types de contrôle à savoir :

- un contrôle de conformité et de régularité ;
- un contrôle financier ;
- un contrôle de performance ;
- un contrôle de l'environnement ;
- et un contrôle des systèmes d'information.

La particularité camerounaise se dévoile également au regard de la séparation entre la juridiction de comptes et l'organe de discipline budgétaire et financière. Ce dernier est un organe interministériel au Cameroun, contrairement à la France qui en fait une Cour (la Cour de discipline budgétaire et financière). Il existe cependant des liens entre l'ISC et l'organe de discipline budgétaire. Le CONSUPE abrite le Secrétariat Permanent du Conseil de Discipline Budgétaire et Financière (SP/CDBF). Ce dernier est animé d'un Secrétaire Permanent, placé sous l'autorité directe du ministre Délégué à la Présidence de la République Chargé du Contrôle Supérieur de l'État[292], qui est par ailleurs Président du CDBF.

Au Cameroun, l'ISC n'est donc pas un organe juridictionnel, mais un organe rattaché à l'administration et placé sous l'autorité directe du Président de la République, Chef du pouvoir exécutif. Si pour certains, on ne saurait dans ce cas parler de contrôle externe[293], pour d'autres, l'ISC doit toujours être rattachée au pouvoir qui garantit le mieux son indépendance[294].

---

[292] Article 9 alinéa 1 du décret du 4 septembre 2013.

[293] Entretien du 10 mars 2014 avec Monsieur Constant AMVELA METOU'OU, Administrateur Civil Principal, Chef de la Division du Suivi au Ministère des Finances.

[294] Entretien du 5 mars 2014 avec Monsieur Eric OMENGUE MESSANGA, Administrateur Civil principal, Inspecteur d'État, Chef de la Division du Contrôle des administrations publiques aux Services du Contrôle Supérieur de l'État.

2- Le maintien d'une Chambre des comptes rattachée à la Cour Suprême

La loi constitutionnelle du 18 janvier 1996, dans son article 41, dispose que *« la Chambre des comptes est compétente pour contrôler et statuer sur les comptes publics et ceux des entreprises publiques et parapubliques »*. La directive communautaire quant à elle préconise une Cour des comptes ayant les compétences d'une ISC. La « juridiction » des comptes du Cameroun a donc des efforts considérables à fournir, pour se mettre au niveau des exigences communautaires, du moins pour ce qui est de la forme de l'institution. Il s'agit notamment de remplir le critère d'indépendance, en se libérant de la tutelle de la Cour Suprême et en élargissant ses compétences. La Chambre des comptes de la Cour Suprême est créée par la loi n° 2003/005 du 21 avril 2003, qui fixe ses attributions, son organisation et son fonctionnement.

Dans l'accomplissement de ses missions, la Chambre des comptes, au regard de l'article 13 de la loi qui l'organise, est constituée de cinq sections à savoir :

- la Section de contrôle et de jugement des comptes des comptables de l'État ;

- la Section de contrôle et de jugement des comptes des comptables des collectivités territoriales décentralisées et leurs établissements publics, sous réserve des attributions dévolues aux juridictions inférieures des comptes ;

- la Section de contrôle et de jugement des comptes des comptables des établissements publics de l'État ;

- la Section de contrôle et de jugement des comptes des entreprises du secteur public et parapublic.

- la Section des pourvois.

La Chambre des comptes est composée d'un Président de Chambre, des Présidents de section, des conseillers, des conseillers-maîtres, des conseillers-référendaires, des auditeurs et auditeurs stagiaires. Elle inflige des amendes aux gestionnaires indélicats.

Deux voies de recours sont possibles. Il s'agit de la révision qui relève de la compétence de la Chambre et de l'annulation qui relève de la compétence de la Cour Suprême. Conformément à l'article 72 de la loi organisant la Chambre des comptes, les arrêts définitifs de cette dernière peuvent être annulés par l'Assemblée plénière de la Cour Suprême. Ce qui d'office met la Chambre des comptes sous la tutelle de la Cour Suprême. Ce dernier exerçant un contrôle sur la première.

Le Cameroun apparaît ainsi comme un cas à part, au regard de la configuration de son paysage institutionnel qui est éclatée et de ce fait, en décalage avec les directives communautaires. Ce qui n'est pas le cas des autres pays qui malgré des écarts non négligeables, se rapprochent quand même sur certains aspects formels, de la réforme.

SECTION II : UNE RELATIVE SIMILARITÉ QUANT À L'OPÉRATIONNALISATION MATÉRIELLE

Après avoir examiné les aspects formels des juridictions des comptes dans l'espace CEMAC, aspects formels confrontés aux directives communautaires, il convient de faire une analyse des compétences des juridictions des comptes, conformément aux directives communautaires. Si l'on note des points de convergence entre les directives communautaires et les textes régissant les juridictions des comptes nationales de EM (paragraphe 1), force est de constater qu'il y a encore des aspects qui méritent un réajustement. Ces aspects sont relatifs aux compétences des juridictions des comptes, qui doivent s'élargir davantage, pour se conformer aux directives communautaires (paragraphe 2).

Paragraphe 1 : La conformité des textes régissant les juridictions des comptes nationales aux directives communautaires.

Le présent paragraphe se donne pour objectif d'analyser l'état de conformité des compétences des juridictions des comptes des EMs par rapport aux directives communautaires. Ces dernières contiennent des compétences que les juridictions des comptes nationales devront désormais adopter. Bien qu'il y ait une disparité du point de vue de la forme, on se rend compte que, sur le plan des compétences, les juridictions des comptes des EMs qui n'ont pas encore transposé les directives mènent des activités conformes aux exigences des directives (A). L'on note également un effort de convergence de la part des EMs qui ont commencé la transposition des juridictions des comptes (B).

A- Une conformité antérieure à la réforme

La réforme des juridictions des comptes dans l'espace CEMAC survient au moment où les EMs pratiquent déjà le contrôle juridictionnel des finances publiques depuis plusieurs décennies. Il est vrai que si sur le plan formel les institutions sont existantes, du point de vue de la pratique du contentieux des comptes et du développement d'une jurisprudence y relative, on n'observe guère une réelle dynamique. Pour certains de ces EMs, ledit contrôle est supposé être pratiqué depuis le lendemain des indépendances[295] au regard de l'existence de la juridiction. Certes, la réforme est innovante dans certains de ses aspects, mais elle est beaucoup plus harmonisatrice, voire uniformisatrice. Les EMs pratiquant déjà une bonne partie des compétences, prévues dans les directives. Il s'agit donc de voir, la conformité des règles matérielles des juridictions des comptes des EMs disposant d'une Cour des comptes, par rapport aux règles communautaires (1) et la conformité des règles matérielles des pays disposant d'une Chambre des comptes conformément aux directives communautaires (2).

1- La conformité des textes organisant les Cours des comptes nationales aux directives communautaires

Au regard de l'article 72 D.LF, la Cour des comptes est une juridiction et une ISC. On pourrait même dire que c'est une double juridiction[296]. C'est donc une triple institution. Et c'est l'innovation majeure de la réforme. Au niveau des EMs de la CEMAC, avant l'avènement de la réforme, seul le Congo se rapprochait d'une telle forme institutionnelle. Cependant, bien que dans les autres États, l'on observait un éclatement et au meilleur des cas, une fusion entre l'ISC et la juridiction des comptes, il existait des institutions qui assuraient le rôle des juridictions des comptes, de discipline budgétaire et financière, et d'ISC.

---

[295] S. NGOUDOS IDOURAH, *op.cit*, p. 38. « La législation antérieure aux différentes lois précédant celle du 21 avril 1983, c'est-à-dire la loi n° 6-61 du 11 janvier 1961, la loi n° 6-62 du 20 janvier 1962 et l'ordonnance n° 63

[296] Si la Cour des comptes doit *« les ordonnateurs, les contrôleurs financiers et les comptables publics... »*, au sens de l'alinéa 3 de l'article 73 D.LF, ce n'est plus une Cour des comptes au sens classique du terme. Mais c'est une juridiction *sui generis*, qui renferme les compétences de deux Cours à savoir : une Cour des comptes et une Cour de discipline budgétaire et financière.

Parmi les EM disposant d'une Cour des comptes avant l'avènement de la réforme[297], l'on note déjà une certaine convergence, entre les compétences des juridictions des comptes et les compétences prévues dans les directives communautaires. S'agissant de la Cour des comptes et de discipline budgétaire du Congo, instituée par la loi n° -19-99 du 15 août 1999, modifiant et complétant certaines dispositions de la loi n° 022-92 du 20 août 1992 portant organisation du pouvoir judiciaire. C'est une Cour des comptes et de discipline budgétaire, doublée des compétences d'une ISC. L'objectif assigné à cette institution est d'assurer un haut niveau de transparence, de responsabilité et de saine gestion des administrations publiques. Elle est compétente en matière de gestion financière et comptable des entreprises de l'État, des collectivités locales, des établissements publics, des entreprises d'économie mixte et des organismes de prévoyance et de sécurité sociale. Le contrôle de cette gestion financière et comptable aboutit à la consécration de la faute de gestion, telle que définie par l'article 75 D.LF. Sa qualité d'ISC, Cour des comptes et de discipline budgétaire, lui permet de remplir ses missions. Les membres de la Cour sont des magistrats, conformément à l'article 72 D.LF qui dispose que les « *membres* (de la Cour des comptes) *ont le statut de magistrat* ».

Au regard de la loi organique n° 11/94 du 17 septembre 1994 fixant l'organisation, la composition, les compétences, le fonctionnement et les règles de procédure de la Cour des comptes du Gabon, cette dernière exerce trois types de compétences. Les compétences fonctionnelles[298], administratives[299] et les compétences consultatives[300]. Cette institution

---

[297] Le Congo, le Gabon et la République Centrafricaine.

[298] Le jugement des comptes des comptables publics ; la déclaration de l'apurement des gestions de fait ; la déclaration et la sanction des fautes de gestion et la sanction des entraves à l'action de la Cour.

[299] Le contrôle de l'exécution des lois de finances ; le contrôle de la comptabilité administrative des services de l'État ; la vérification des comptes et la gestion des établissements à caractère industriel et commercial et des organismes à participation financière publique ; le contrôle de tout organisme créé par l'État, pour résoudre un problème d'intérêt général ponctuel ; le contrôle des institutions de prévoyance ou de sécurité sociale.

[300] L'examen pour avis des projets de lois, d'ordonnances et des décrets portant organisation et fonctionnement des services financiers de l'État, des collectivités locales et des organismes publics ; les enquêtes et les avis à la demande du Chef de l'État, du Gouvernement, du Parlement ou de toute autre personne de droit public sur toute question d'ordre financier et comptable relevant de sa compétence ; la suggestion de toute orientation de la politique de l'État en matière d'investissement.

est une juridiction des comptes et une ISC. En tant que tels, les auditeurs de la Cour des comptes du Gabon peuvent *« effectuer l'audit de performance, face à une administration gabonaise résolument tournée vers la budgétisation axée sur les résultats »*[301].

Pour le cas de la République Centrafricaine, la Cour des comptes est existante. On aura plus besoin d'en créer une conformément aux directives communautaires. Les compétences[302] de cette Cour restent confinées aux compétences traditionnelles d'une Cour des comptes, contrairement aux Cours des comptes des autres EMs qui parfois assument les compétences d'une ISC, ou d'une Cour de discipline budgétaire et financière. Cela se justifie par le fait qu'en République Centrafricaine, il y a un clivage entre la Cour des comptes et l'Inspection Générale de l'État qui joue le rôle de l'Institution Supérieure de Contrôle des finances publiques. Et comme nous l'avons relevé plus haut, la Constitution adoptée par le référendum du 13 décembre 2015 et promulguée en 2016 est restée dans la même logique et n'a fait aucun cas de la réforme communautaire intervenue cinq auparavant. La Centrafrique apparaît en ce sens comme un cas de résistance sui generis, au regard notamment de ses décisions qui peuvent être déférées par voie de cassation devant le Conseil d'État.

2- La conformité des compétences des Chambres des comptes aux normes communautaires

Au moment où la réforme des juridictions des comptes est amorcée au niveau communautaire en 2007, trois États disposent d'une Chambre des comptes rattachée à la Cour Suprême. Il s'agit du Cameroun, du Tchad et de la Guinée Équatoriale. Le Tchad s'est depuis lors arrimé à la réforme, sans évidemment tenir en compte la situation actuelle qui

---

301 Cour des comptes du Gabon, « Le développement des compétences humaines des ISC », disponible sur courdescomptesci.com/attachements/File/2Gabon.pdf, consulté le 8 juin 2014 à 14 h : 51mn.

302 L'article 17 de la loi n° 96.001 du 3 janvier 1996 portant organisation et fonctionnement de la Cour des comptes dispose que, *« La Cour des comptes est compétente pour : Juger les comptes des comptables publics ; vérifier la régularité des comptes de l'État ; déclarer et apurer la gestion de fait ; vérifier et juger les comptes des collectivités locales, des organisations publiques et parapubliques dont elle se saisit ou dont elle est saisie par le Président de la République et le Président de l'Assemblée nationale ; contrôler les comptes des entreprises de toutes natures, des associations, des groupements bénéficiant des subventions de l'État, ainsi que de ceux des partis politiques »*.

tend à montrer un retour à la Chambre des comptes, avec la Constitution de la quatrième République en gestation. Un EM à savoir le Cameroun traîne encore le pas. Il est vrai au regard de l'actualité récente que le pays est en train de travailler pour la domestication des directives qui seront probablement adoptées au cours de l'une des sessions parlementaires de l'année 2018. Mais il demeure que le pays situe encore en marge des directives communautaires, sur le plan de la forme de l'institution qui doit assurer le contrôle juridictionnel des finances publiques. Le Cameroun apparaît avec trois institutions exerçant séparément les compétences qui, au regard de l'article 73 D.LF, devraient revenir à la seule Cour des comptes. Il s'agit de la Chambre des comptes de la Cour Suprême, de l'ISC représentée par les Services du Contrôle Supérieur de l'État et du Conseil de Discipline Budgétaire et Financière dont le Secrétariat Permanent est logé dans les Services du Contrôle Supérieur de l'État. D'autre part, nous avons la Guinée Équatoriale dont la juridiction de comptes n'est pas l'ISC[303].

Au-delà de cette disparité et de ce décalage, il apparaît quand même que ces EMs qui disposent d'une Chambre des comptes exercent les autres compétences dévolues à la juridiction des comptes (conformément aux directives communautaires), au moyen des autres institutions. Avec la loi constitutionnelle du 18 janvier 1996, le Cameroun s'est doté à nouveau d'une juridiction de comptes.[304] Cette dernière est régie par la loi n° 2003/005 du 21 avril 2003 fixant ses attributions, son organisation et son fonctionnement. Les articles 7 et 8 de ladite loi fixent les attributions de la Chambre des comptes. Cette dernière *« juge les comptes des comptables publics, déclare et apure la comptabilité de fait, prononce les condamnations à l'amende dans les conditions fixées par la présente loi et statue souverainement en cassation sur les recours formés contre les jugements définitifs des juridictions inférieures de comptes ».* Cette compétence rentre dans les missions classiques reconnues à la Cour des comptes. La disposition des directives communautaires se rapprochant un peu de cet article, c'est l'alinéa 2 de l'article 73 D.LF qui, dispose que, la Cour des comptes a notamment pour compétence, de *« certifier la régularité, la sincérité du compte général de l'État ».* Dans l'article 60 de la loi

303 L'ISC de la Guinée Équatoriale est représentée par la *« Direccion General de Control Financiero ».*

304 Loi n° 96/O6 du 18 janvier 1996 portant révision de la Constitution du 2 juin 1972, article 41 *« La Chambre des comptes est compétente pour contrôler et statuer sur les comptes publics et ceux des entreprises publiques et parapubliques ».*

n° 2007/006 du 26 décembre 2007 portant régime financier de l'État du Cameroun, *« les comptes de l'État doivent être réguliers, sincères et donner une image fidèle de son patrimoine et de sa situation financière »*. La mission de certification du compte général de l'État semble donc plus large que celle du simple jugement des comptes[305]. Elle englobe la comptabilité de tout le patrimoine de l'État, dont les finances publiques n'en constituent qu'une partie. Si le compte doit refléter avec fidélité la situation financière de l'État, c'est dire qu'ils prennent également en compte, le passif, c'est-à-dire la dette de l'État.

Les autres missions qui doivent être assurées par la Cour des comptes, au regard des directives communautaires, sont assurées dans le cas du Cameroun, par deux autres institutions. Il s'agit d'une part, du Conseil de Discipline Budgétaire et Financière[306] qui est l'équivalent de la Cour de Discipline Budgétaire et Financière en France. Ce n'est cependant pas un organe juridictionnel, mais plutôt un organe interministériel, donc de l'ordre administratif. Le CDBF est compétent, au regard de l'article 4 alinéa 1 du décret qui le régit, pour connaître des actes commis par les ordonnateurs, dans leurs rôles de gestionnaires des crédits publics. Nous avons par ailleurs, en lieu et place de l'ISC, les Services du Contrôle Supérieur de l'État, organe placé sous l'autorité directe du Président de la République et régi par le décret n° 2013/287 du 4 septembre 2013.

On retrouve donc l'essentiel des compétences que devra exercer le modèle de Cour des comptes de la Communauté, dans les institutions camerounaises de contrôle externes de finances publiques. Seulement,

---

[305] Entretien du 24 juin 2014 avec Monsieur Célestin ANKAMTSENE, Spécialiste en formation de l'IDI, Spécialiste en Audit de Performance/ISC du Cameroun, Chef du Renforcement des capacités de l'AFROSAI. L'expert établit la différence entre le jugement et la certification des comptes. Le premier renvoie au respect des accréditations. Il s'agit de voir si le compte est équilibré, si le compte est attaché à des pièces justificatives. Le jugement des comptes fait appel à un seul critère, l'autorisation. Il consiste à vérifier si les comptes de l'État ont été utilisés ; conformément à la réglementation en vigueur. C'est à la suite de ces vérifications que la Cour rend un arrêt, soit de débet, soit d'acquittement. Or la certification des comptes fait appel à l'audit financier de l'expert-comptable. La certification vérifie la sincérité et la fiabilité des comptes à la lumière des principes comptables. Certifier les comptes, c'est exprimer une opinion après un audit sur lesdits comptes.

[306] Le CDBF est régi par le décret n° 2008-028 du 17 janvier 2008 relatif à son organisation et à son fonctionnement. Ses compétences sont contenues dans l'article 4 alinéa 1 dudit décret.

on assiste au morcellement de ces compétences, à travers leur exercice par des institutions différentes.

B- Une conformité consécutive à la transposition des directives communautaires : le cas du Tchad

Si dans les autres EMs de la CEMAC, l'on observe une certaine conformité des compétences des juridictions des comptes, par rapport aux compétences de la nouvelle Cour des comptes mise sur pied par les institutions communautaires, ladite conformité antérieure à la réforme est incomplète. Cette situation trouve son explication dans le fait que la réforme s'appuie sur ce qui était déjà fait au niveau des EMs. C'est pour cette raison que les EMs n'auront qu'à faire des réajustements pour mieux se conformer aux exigences communautaires. Contrairement à ces États, le Tchad a déjà amorcé la transposition des directives et a créé une Cour des comptes conformément aux directives communautaires. Il se présente ainsi comme un pionnier dans l'opérationnalisation des directives communautaires (1). Nous examinons ainsi les compétences de la nouvelle Cour des Comptes du Tchad, à la lumière de la réforme, contenue dans les directives communautaires (2). La révision constitutionnelle en cours au Tchad viendra forcément remettre en question cette volonté manifestée et les efforts consentis en vue de se conformer au droit communautaire en matière de contrôle juridictionnel des finances publiques.

1- L'opérationnalisation des aspects formels de la réforme

À travers la loi n° 0006/PR/98 du 7 août 1998, le Tchad s'est doté d'une Chambre des comptes. Cette dernière a fonctionné jusqu'à l'avènement de la réforme des juridictions des comptes dans la zone CEMAC. Le projet de loi organique relatif à l'organisation, au fonctionnement et aux règles de procédure de la Cour des comptes avait été adopté par le Conseil des ministres du Tchad le 27 septembre 2013[307]. L'Assemblée Nationale tchadienne a adopté ce texte le 7 mars 2014[308].

[307] « Tchad : une Cour des comptes mise sur pied d'ici la fin de l'année », publié le 01/10/2013, disponible sur www.journalduTchad.com/article.Php?aid=5248, consulté le 8 juin 2014 à 22 h 22 min

[308] « Tchad : l'Assemblée Nationale approuve la création d'une Cour des comptes », disponible sur tchadinfos.com/Tchad, consulté le 8 juin 2014 à 21 h 59 min

La création d'une Cour des Comptes par le Tchad n'est que la traduction de la volonté de ce dernier, d'arrimer ses institutions aux exigences communautaires. Cela montre également sa volonté de contribuer à l'accélération du processus d'intégration en zone CEMAC. Pour Me BECHIR MADET, ministre tchadien de la Justice, Garde des Sceaux, *« la création de cette Cour vient conforter la volonté politique et renforcer le contrôle externe et indépendant, garant du passage de la culture de gestion à une culture de résultat »*[309]. Jusqu'ici, la Chambre des comptes jouait également le rôle de l'ISC. Cette compétence est désormais transférée à la nouvelle Cour des comptes, conformément aux directives communautaires. La Cour doit donc en plus du jugement des comptes des comptables publics, vérifier la régularité des recettes et des dépenses, en s'assurant de l'emploi des crédits et en procédant à la vérification des comptes de gestion des entreprises publiques et des organismes à participation financière.

Conformément à cet alignement de la juridiction des comptes Tchadienne aux directives communautaires, l'on note une nette évolution des compétences de la juridiction des comptes. La création de cette dernière arrive au moment où *« l'absence de progrès dans la discipline budgétaire est préoccupante »*[310]. Elle suscite donc un espoir en ce sens que, la gestion des finances publiques sera désormais transparente et mieux contrôlée par une institution compétente. Le retour annoncé à la Chambre des comptes avec la Constitution de la quatrième République constitue en ce sens un recul de la bonne gouvernance et une régression de l'État de droit.

2- Les compétences de la nouvelle Cour des comptes du Tchad

Comme le souligne le Porte-Parole du Gouvernement tchadien, M. Hassan SYLLA BAKARY, *« la création de cette Cour vient conforter la politique de transparence et renforcer le contrôle externe et indépendant, garant du passage d'une culture de gestion à une*

---

[309] *Idem.*

[310] Déclaration de la Mission des Services du FMI au Tchad, le 28/09/2012, disponible sur makaila.over-blog.com/article-Tchad.110653317.html, consulté le 28 juin 2014 à 23 h Selon l'émissaire du FMI, *« d'une année à l'autre, la loi de finances ne traduit pas fidèlement la vision de politique économique du Gouvernement à cause des dépenses extra budgétaires importantes. Le manque de plan de trésorerie occasionne des frais substantiels et la passation des marchés publics de gré à gré, favorise le renchérissement du coût des investissements et des achats de biens et services ».*

culture de résultat »[311]. La création d'une Cour des comptes entraîne inévitablement un élargissement des compétences de la juridiction des comptes. Au regard de la Constitution du Tchad révisée en mai 2013, la Cour des comptes vérifie la régularité des recettes et des dépenses. Elle s'assure de l'emploi des crédits, des fonds et valeurs gérés par les services de l'État ou par les autres personnes morales de droit public. Elle est chargée de la vérification des comptes de gestion des entreprises publiques, des organismes à participation publique.

Au regard du projet de loi constitutionnel[312], dans son article 154 nouveau, la Cour des comptes est chargée :

- du contrôle et de l'exécution du budget de l'État ;
- assister le Président de la République, le Gouvernement et l'Assemblée Nationale dans le contrôle de l'exécution de la loi de finances ;
- juger les comptables publics ;
- vérifier la régularité des recettes et des dépenses et s'assurer de l'emploi des crédits, fonds et valeurs gérés par les services de l'État ou par les autres personnes morales de droit public ;
- assurer la vérification des comptes de gestion des entreprises publiques et des organismes à participation financière publique ;
- elle déclare et apure la gestion de fait ;
- elle sanctionne les fautes de gestion commises à l'égard de l'État et des collectivités locales et des organismes soumis à son contrôle.

La nouvelle juridiction des comptes dont dispose le Tchad actuellement est dotée des compétences bien plus élargies que l'ancienne Chambre des comptes. Cet élargissement des compétences traduit la volonté de se conformer aux directives communautaires, en matière de contrôle juridictionnel des finances publiques. La Cour des comptes du Tchad, à l'instar de la Cour des comptes élaborée par les institutions communautaires, n'est pas une Cour des comptes classique dont la compétence se limite à connaître des affaires relatives aux comptables et comptables publics. Désormais, conformément à

[311] Gouvernement de la République du Tchad. Communiqué du Conseil des ministres du 26 octobre 2013.

[312] Ce projet de loi constitutionnelle, initié en 2013, devait s'adapter à la nouvelle configuration du paysage institutionnel du Tchad, avec l'émergence d'une Cour des comptes. Il emporte modification des articles 71, 150, 151, 153, 154 et 155 de l'ancienne Constitution.

l'article 75 D.LF, la Cour devra sanctionner les fautes de gestion. Cette catégorie d'atteinte à la fortune publique renferme des catégories non exhaustives de faits que la Cour devra sanctionner. Il s'agit des fautes citées par l'article 75 D.LF et celles prévues par les EMs, la liste pouvant *« éventuellement être complétée par les législations nationales »*. La conséquence de cette nouvelle compétence, attribuée à la Cour des comptes du Tchad est, qu'en même temps que les compétences sont élargies, les catégories de justiciables aussi se multiplient. Il ne s'agit plus seulement de connaître des affaires impliquant les comptes et les comptables publics, mais la compétence s'élargit aux ordonnateurs, aux contrôleurs financiers et à *« toute personne appartenant au cabinet d'un ministre du Gouvernement, tout fonctionnaire ou agent d'un organisme, tout représentant, administrateur ou agent d'organismes soumis à titre quelconque au contrôle de la Cour des comptes, et toute personne à qui est reprochée un des faits énumérés à l'article 75 de la présente directive »*[313].

Paragraphe 2 : Une opérationnalisation matérielle à parfaire

Il est indéniable que la réforme des juridictions des comptes dans l'espace CEMAC se fait sur un certain nombre d'acquis. Il ne s'agit pas d'implanter un nouveau modèle institutionnel, totalement inconnu des EMs. Puisque l'on parle de la réforme, cela suppose qu'il y a des juridictions des comptes existantes, qu'il faut cependant réformer, conformément aux directives communautaires. On peut donc dire que dans certains aspects, les juridictions des comptes actuellement en place remplissent certains critères contenus dans les directives communautaires. Mais cette conformité est à parfaire. Il s'agit notamment de l'élargissement des compétences des juridictions des comptes existantes (A), ainsi que d'autres aspects non négligeables de la réforme, qui restent encore à mettre en œuvre (B).

A- L'élargissement des compétences des juridictions de comptes existantes

L'élargissement des compétences des juridictions des comptes existantes passe notamment par la fusion entre l'ISC, la juridiction des comptes et l'institution en charge de la discipline budgétaire (1) et par l'élargissement des catégories de justiciables (2).

---

[313] Article 74 D.LF.

1- La fusion entre l'ISC, la juridiction des comptes et l'organe de discipline budgétaire et financière

En dehors du cas de la Cour des Comptes et de discipline budgétaire du Congo qui peuvent être considérées à juste titre comme le modèle le plus proche de la réforme, et hors mis le cas du Tchad qui est en train de mettre sur pied, un modèle conformément aux directives communautaires, tous les autres EMs ont encore des progrès importants à faire.

La Cour des comptes, telle que préconisée par le Conseil des ministres de l'UEAC, est une juridiction qui connaît à la fois des actes des comptables, des ordonnateurs et des contrôleurs financiers. C'est aussi une ISC au regard de l'article 72 D.LF. L'article 73 D.LF dote cette institution des compétences d'une ISC, d'une juridiction des comptes et d'un organe de discipline budgétaire et financière. La concentration de ces trois institutions en une seule obéit peut-être à une volonté du jurislateur communautaire, de concentrer le contrôle et de diminuer les sphères d'influence. Cependant, au sein de certains EMs à l'instar du Cameroun, les compétences d'une juridiction des Comptes conformément aux directives communautaires sont réparties en trois institutions bien distinctes. Il est donc urgent si ces pays veulent se conformer à la réforme, de doter la Juridiction des comptes, de toutes les compétences qui lui sont reconnues par les directives communautaires à savoir : la coordination du système institutionnel national du contrôle externe des finances publiques ; le jugement des comptables, des ordonnateurs, des contrôleurs financiers et de toute personne ayant de fait ou de droit pris part à la gestion des biens publics. Les EMs doivent également aller du jugement des comptes des comptables, à la certification du compte général de l'État.

Les mêmes exigences s'imposent à la République Centrafricaine, voire à la Guinée Équatoriale qui ont détaché l'ISC de la juridiction des comptes.

2- L'élargissement des catégories de justiciables

La Cour des Comptes préconisée par les instances communautaires n'en est plus une au sens classique du terme. Le cas du Congo fait peut-être exception. Mais même dans le cas de la France, les ordonnateurs et les comptables ne sont pas jugés par les mêmes institutions, en vertu du principe de la séparation des ordonnateurs et des comptables publics. Or, la directive CEMAC relative aux lois de finances est claire là-dessus. Le contrôle juridictionnel des opérations budgétaires et comptables des administrations publiques doit être assuré par la Cour des comptes, qui doit être créée dans chaque État membre, et qui doit également jouer le rôle d'ISC. Elle a notamment pour compétence de *« juger les ordonnateurs, les contrôleurs financiers et les comptables publics »* conformément à l'article 73 D.LF sur les compétences de la Cour des comptes. Il devient dès lors impératif pour les juridictions des comptes des EMs de se conformer à cette disposition, en élargissant les catégories de justiciables qu'elles peuvent juger. L'état actuel de ces juridictions des comptes montre qu'elles se confinent au jugement des comptables et de leurs comptes. Ainsi, *« la Chambre des comptes contrôle et juge les comptes ou les documents en tenant lieu des comptables publics patents ou de fait »*[314]. Ce périmètre de compétence apparaît très restrictif, lorsqu'on le confronte aux exigences de la réforme.

Il ne devrait donc plus avoir de restrictions quant aux personnes pouvant être jugées par les juridictions des comptes de la CEMAC. Il faut quitter cette situation restrictive, pour étendre les compétences de contrôle et de sanction aux contrôleurs financiers et aux ordonnateurs et à toute personne ayant géré les fonds publics.

B- Les autres aspects de la réforme à mettre en œuvre

Nous avons deux principaux aspects à savoir : l'assistance du Parlement dans le contrôle de l'exécution de la loi de finances (1) et la nécessité de conformer les juridictions des comptes aux normes internationales de l'INTOSAI (2).

1- Le renforcement du rôle d'assistance au Parlement

La collaboration entre la juridiction des comptes et le Parlement au sein des EMs de la CEMAC n'est pas un fait nouveau. Les différents textes organisant ces juridictions prévoient déjà des cas de collaboration et d'appui au Parlement. C'est le cas de l'article 18 de la loi n° 96.001 régissant la Cour des comptes de la République Centrafricaine, qui dispose que *« la Cour des comptes adresse au Président de la*

[314] Article 2 de la loi n° 2003/005 du 21 avril 2003, *op.cit.*Voir aussi l'article 17 de la loi n° 96.001 du 3 janvier 1996 qui crée la Cour des comptes de la République Centrafricaine et article 1 de la loi du 22 juin 1967 organisant la Cour des comptes française qui dispose que *« la Cour des comptes juge les comptes des comptables publics ».*

République, le rapport public de l'exercice concerné et au Président de l'Assemblée Nationale, le rapport de conformité sur les comptes de l'année soumis au vote de la loi de règlement »[315]. Vu la technicité qui caractérise les différents textes financiers qui sont envoyés sur la table des parlementaires, l'appui d'un organe ou d'un pouvoir neutre est nécessaire. Et le jurislateur communautaire a compris les difficultés auxquelles sont confrontés les parlementaires, lors de cet exercice complexe. C'est ce qui justifie le renforcement du rôle de l'appui de la nouvelle juridiction des comptes au Parlement. En plus de ce qui existe déjà dans les rapports entre ces juridictions des comptes et les parlements nationaux, la réforme rapproche davantage les magistrats financiers et les parlementaires. Ainsi, au regard de l'article 50 alinéa 9 D.LF, le projet de loi de règlement doit notamment comprendre *« un rapport de la Cour des comptes sur l'exécution de la loi de finances, accompagné d'une certification de la régularité, la sincérité et la fidélité des comptes de l'Etat ».* Ce rapport est un document non négligeable qui va orienter les parlementaires dans l'examen de la loi de règlement. La mise à la disposition du Parlement, du rapport de la Chambre des comptes, s'inscrit dans le cadre des missions qui sont déjà remplies par les juridictions des comptes actuellement en place dans les EMs. Plus loin, dans l'article 73 D.LF, la première mission assignée à la Cour des comptes est d'*« assister le Parlement dans le contrôle de l'exécution de la loi de finances ».* Aussi, sur demande expresse du Parlement ou du Gouvernement, la Cour peut procéder à des enquêtes et analyses sur toutes questions budgétaires, comptables et financière.

Cette disposition contenue à la fin de l'article 73 D.LF en dit long sur l'élargissement des compétences de la Cour des comptes, pour ce qui est de l'assistance au Parlement. En effet, l'intervention de la Cour des comptes ne se situe plus seulement après l'exécution de la loi de finances, c'est-à-dire dans le vote de la loi de règlement. Cette intervention est également concomitante à l'exécution de la loi de finances, au regard de l'alinéa 1 de l'article 73 D.LF. Et, en interprétant la fin de l'article 73 D.LF, il n'est pas exclu que cette intervention se fasse avant même le vote de la loi de finances par le Parlement. Ce

---

[315] De même, l'article 3 de la loi régissant la Cour des comptes du Cameroun dispose que *« la Chambre des comptes produit annuellement au Président de la République, au Président de l'Assemblée Nationale et au Président du Sénat, un rapport exposant le résultat général de ses travaux et les observations qu'elle estime devoir formuler en vue de la réforme et de l'amélioration de la tenue des comptes et de la discipline comptable. Ce rapport est publié au journal officiel de la République ».*

dernier pouvant demander à la Cour des comptes de procéder à des enquêtes et analyses sur toute question budgétaire. Le Parlement peut justement en demander avant le vote d'une loi de finances.

Il apparaît clairement que les juridictions des comptes actuelles devront revoir à la hausse leur assistance au Parlement, en allant au-delà du seul cadre de la loi de règlement, pour englober la phase qui précède l'adoption de la LF ainsi que celle de son exécution.

2- Renforcer la conformité des activités des juridictions des comptes aux normes internationales en vigueur

Le cadre juridique et organique actuel des juridictions des comptes, qui se veulent être des ISCs, ne répond pas parfaitement aux standards internationaux de l'INTOSAI. La Cour des comptes que propose la Communauté, a pour membres, des personnes ayant le statut de magistrat[316]. Or, la complexité qui caractérise la nouvelle institution va considérablement influencer ses membres. On peut dire qu'il ne suffit pas d'être magistrat pour être à la hauteur de cette complexité, mais il faut des magistrats de l'ordre financier, avec des compétences avérées dans des domaines aussi variés que l'audit, la certification des comptes et l'évaluation des politiques publiques. Le personnel généralement formé sur le tas doit être préparé à accueillir la réforme. Il faut des ressources humaines aguerries. Et compte tenu des audits de toutes les compétences de cette nouvelle juridiction, elle devra s'attacher les services de plusieurs experts, dans des domaines divers.

Les activités des juridictions des comptes ne pourront véritablement bénéficier à la protection de la fortune publique que si le référentiel de ces institutions est basé sur les normes internationales de l'heure à savoir les normes de l'ISA et de l'INTOSAI[317]. Cela passe par l'appropriation par les ressources humaines de ces normes, à travers des formations diverses, dans les domaines de l'audit, de la certification et de plusieurs autres aspects relatifs à la comptabilité publique et au contrôle des finances publiques en général.

---

[316] Article 73 D.LF.

[317] Pour M. PORTAL, *« la Cour des comptes européenne utilise son propre référentiel basé sur les ISA et sur les normes d'audit de l'INTOSAI. On observe donc un véritable mouvement commun quant à l'influence et l'utilisation des normes internationales ».*

CHAPITRE IV :

UNE RÉFORME ÉPROUVÉE

La réforme des juridictions des comptes dans l'espace CEMAC apparaît au moment où chacun des États de la zone a déjà son système institutionnel. La répartition des pouvoirs entre les différents acteurs de ce système est déjà clairement établie. L'avènement d'une réforme du cadre de gestion des finances publiques en général et des juridictions des comptes en particulier, vient bousculer cet ordre déjà et doit inévitablement conduire à une reconfiguration des différends du paysage institutionnel. La réforme est ainsi sujette à plusieurs obstacles qui empêchent son opérationnalisation harmonisée et fidèle au sein des États membres. Le présent chapitre est un diagnostic des difficultés auxquelles la réforme est confrontée dans sa mise en œuvre (section I). C'est aussi un ensemble de propositions en direction des directives communautaires et des États appelés à la mettre en œuvre (section II).

SECTION I : LES DIFFICULTÉS RELATIVES A L'IMPLÉMENTATION DE LA RÉFORME

Deux ordres d'obstacles sont à évoquer ici. Tandis que certains obstacles sont inhérents aux directives communautaires (Paragraphe 1), d'autres sont liés au contexte sociopolitique des États membres (Paragraphe2).

Paragraphe 1 : Les obstacles liés aux directives communautaires.

Au rang des obstacles consubstantiels aux directives communautaires, nous avons l'inconvénient d'une directive trop détaillée (A) ainsi que les ambiguïtés du modèle de juridiction des comptes préconisé par les directives communautaires (B).

A- L'inconvénient d'une directive trop détaillée

Il s'agit de la réduction de la marge de manœuvre des EMs (1) qui porte atteinte à leur souveraineté (2).

1- La réduction de la marge de manœuvre des États

Le droit communautaire est composé de deux grandes catégories de normes à savoir : le droit originaire (les traités et les actes assimilés) et le droit dérivé qui lui, renferme un ensemble de normes, se caractérisant par leur grande variété. C'est dans cette dernière catégorie que se situe la directive. Pour Guy ISAAC[318], la directive présente une méthode de législation à deux étapes qui s'apparentent à la technique de la loi-cadre, complétée par des décrets d'application. Contrairement au règlement qui vise l'uniformisation juridique, la directive, elle vise le partage des tâches et une collaboration entre le niveau communautaire et le niveau national. Ce qui traduit sa souplesse et son respect des particularités nationales. C'est dans ce sens qu'au terme de l'Article 41 du traité révisé CEMAC, *« Les directives lient tout État membre destinataire quant au résultat à atteindre, tout en laissant aux instances nationales leurs compétences en ce qui concerne la forme et les moyens »*. Ce qui semble également être le cas au sein de l'Union européenne où l'Article 189 du Traité instituant la Communauté Européenne dispose que : *« La directive lie tout État membre quant au résultat à atteindre, tout en laissant aux instances nationales la compétence quant à la forme et aux moyens »*.

Cependant, comme le fait remarquer GUY ISAAC, certaines institutions communautaires à l'instar de l'Union Européenne ont de plus en plus tendance à produire des directives précises, en indiquant les modalités de leur mise en œuvre *« de sorte que le choix des moyens n'existe pas et qu'il ne reste plus aux États qu'à transposer purement et simplement cette réglementation communautaire dans leur droit interne »*.[319] On constate pour ce qui est de la CEMAC que la directive est un instrument privilégié, dans la réalisation du processus d'intégration en ce sens qu'elle est utilisée, dans le but d'harmoniser les législations nationales dans plusieurs secteurs. Il est vrai que dans son essence, la directive n'a pas vocation à avoir une portée générale[320]. Mais dans la pratique communautaire, la directive fait de plus en plus l'objet d'application simultanée de la part des États. C'est précisément

---

[318] G. ISAAC. *Op.cit.* p. 127.

[319] *Ibid.*, p.127.

[320] J. KENFACK, *Les actes juridiques des communautés et organisations d'intégration en Afrique centrale et orientale*, Thèse de doctorat, Université de Yaoundé II, 2003, p. 103.

le cas des directives CEMAC portant cadre harmonisé de la gestion des finances publiques.

Concrètement, pour ce qui est des dispositions relatives à la réforme des juridictions des comptes, l'on note qu'il y a là, une tendance à l'uniformisation et à l'harmonisation comme dans le règlement. Les directives se trouvent trop détaillées en imposant aux États membres le modèle institutionnel à adopter, ses caractéristiques et compétences, ainsi que les délais relatifs à la mise en œuvre de ce modèle institutionnel d'un type particulier[321]. Ce qui réduit la marge de manœuvre des États, même dans le processus d'implémentation de la réforme.

2- L'imposition d'un modèle institutionnel comme facteur de ralentissement de la mise en œuvre de la réforme

Le caractère exhaustif et détaillé que revêtent les dispositions des directives communautaires CEMAC, relatives à la réforme des juridictions des comptes, constitue assurément, une violation à la souveraineté de ces États, à travers l'imposition d'un modèle institutionnel préconçu. Or, comme le révèle ANDRAS JAKAB, *« personne ne veut voir sa souveraineté abandonnée au bénéfice d'une autre entité (...), car elle est étroitement liée à l'identité »*[322]. La réforme des juridictions des comptes ne doit pas s'arrêter au seul niveau des juridictions des comptes. Au regard des missions importantes dont est investie cette nouvelle institution, il faut assurément s'attendre à des changements notoires dans le système institutionnel des États membres de la zone.

Dans le principe de l'articulation des compétences entre le droit national et le droit communautaire, ce dernier prévaut sur le premier. *« Ce qui implique qu'en cas de conflit entre les deux normes, la norme nationale sera écartée au profit de la norme communautaire ».*[323] La primauté du droit communautaire a été consacrée par la cour de justice

---

[321] Voir Article 72 à 78 D.LF.

[322] A. JAKAB « La neutralisation de la question de la souveraineté. Stratégies de compromis dans l'argumentation constitutionnelle sur le concept de souveraineté pour l'intégration européenne, revue Jus politicum, N° 1, pp1-5. Disponible sur www.juspoliticum.com/ la neutralisation-de-la-question, 28. Html ?art Page 5-5 consulté le 14/06/2014 à 2 h 45 min.

[323] J. M. FAVROT, *L'essentiel de l'Union européenne et le droit communautaire*, Paris Gualiano, 2006, p. 80.

du Luxembourg dans les célèbres arrêts COSTA C/ENEL du 15 Juillet 1964 et SIMMENTHAL de 1978. Cette primauté, qui est renforcée par le principe de l'« immédiateté »[324] dans la mise en œuvre du droit communautaire, ne devrait pourtant pas être absolue[325]. La directive communautaire CEMAC pêche ainsi par son caractère trop détaillé, qui impose un modèle institutionnel aux États membres. Ce modèle institutionnel à son tour, apporte des changements importants dans la configuration des institutions et le partage des pouvoirs au sein des États membres, qui se voient imposer une redistribution de compétences et une profonde révision de leur carte institutionnelle. Au sens d'ANDERSON OUAMBA- DIAS SIVY, l'intégration sous régionale *« constitue une limite par excellence au principe de la souveraineté. Grâce aux multiples avantages qu'elle présente, les États sont obligés, dans certaines mesures d'aliéner une partie de leur souveraineté aux fins de permettre à l'organisation de mieux réaliser ses objectifs et ceux assignés à l'État »*[326]. Mais, la directive communautaire n'a pas vocation à être trop détaillée, au point d'ôter toute marge de manœuvre à l'État comme c'est le cas avec l'article 72 D.LF.

---

324 J. L. CRELGERIE, A. GRUBER, P. RAMBAUD, *L'union européenne*, Paris, Précis Dalloz, 2008, p. 242. Le principe de l'immédiateté dans la mise en œuvre du droit communautaire se voit aussi confirmé dans l'Arrêt COSTA C/ENEL du 15 Juillet 1964 où la Cour de justice européenne affirme qu'*« à la différence des traités internationaux ordinaires, le traité de la CEE a institué un ordre juridique propre intégré au système juridique des États membres lors de l'entrée en vigueur du traité et qui s'impose à leurs juridictions »*.

325 JOL Press, Entretien avec Sylvain KAHN, « Droit européen et souveraineté nationale : le débat est ouvert ». Pour Sylvain KAHN, *« s'agissant des traités européens, certaines compétences sont exclusives, d'autres, partagées et d'autres encore, ne sont que des compétences d'appui. La primauté du droit européen tient compte de cette nomenclature-là »*. Disponible sur www.jolpress.com/choi-européen-souveraineté nationale-débat-eurosceptisme-article-825326.htlm. Consulté le 14/06/2014 à 3 h 25 min

326 A. OUAMBA-DIASSIVY, *La souveraineté de l'État et l'intégration sous régionale en Afrique centrale : Le cas de la CEMAC*, Rapport de stage pour l'obtention du diplôme de stage diplomatique, UY II, IRIC, 2009, p.45. Disponible sur mémoire online. Com/02/10/3185/m-la-souveraineté- de -l'État-et-l'intégration-sous-régionale-en Afrique centrale- le-cas-de-la CEMAC. Html. Consulté le 14/06/2014 à 4 h 5 min

B- Les ambiguïtés du modèle de juridiction des comptes préconisé par la CEMAC

Le modèle institutionnel de contrôle juridictionnel des finances publiques, préconisé par la CEMAC, revêt un caractère particulier. Cette particularité confère à la Cour des comptes, certaines ambiguïtés pouvant constituer un frein à l'opérationnalisation de ce modèle au sein des États membres. Deux éléments retiennent notre attention. Il s'agit du rattachement de la Cour des comptes au pouvoir judiciaire (1) et de la complexité que constitue cette institution tant sur le plan formel que matériel (2).

1- Le rattachement de la Cour des comptes au pouvoir judiciaire

Au regard de l'Article 72 D.LF, deux principes majeurs régulent les rapports entre la Cour des comptes et les trois pouvoirs de l'État. Si la juridiction est indépendante des pouvoirs exécutif et législatif, elle est autonome par rapport à *« toute autre juridiction »,* donc par rapport au pouvoir judiciaire[327]. Ce rattachement est renforcé par la qualité de juridiction reconnue à l'institution et celle de magistrat reconnue à ses membres. Or, au regard des standards édictés par l'INTOSAI, les ISC doivent être placées à équidistance des trois autres pouvoirs[328]. L'ISC qui se veut indépendante et équidistante est, par ce rattachement, placée sous l'autorité du pouvoir judiciaire. Ce qui augure déjà un certain doute sur la capacité de cette institution, à effectuer un travail effectif et indépendant, qui ne pourrait pas être remis en question par un organe de tutelle supérieur ; et sur sa capacité à mener un contrôle impartial vis-à-vis des autres institutions judiciaires.

Le rattachement des juridictions des comptes au pouvoir judiciaire est ce qui caractérise l'ensemble des juridictions des comptes de l'espace CEMAC actuellement. Lorsque l'organe de contrôle juridictionnel ne constitue pas une chambre, rattachée à la Cour des comptes[329], la Cour des comptes existante est supplantée, chapeautée

---

[327] Mission circulaire. *Op.cit*, p. 41.

[328] Voir Section 4 de la Déclaration de Lima sur les principes de contrôle. L'ISC qui est incapable de répondre à cette exigence ne pouvant être considérée comme du niveau.

[329] Voir Articles 1, 72, 73 et 74 de la loi n° 2003/005 du 21 avril 2003 fixant les attributions, l'organisation et le fonctionnement de la Chambre des comptes de la Cour Suprême du Cameroun. Voir Articles 3, 4 de la loi 2006/015 du 29 décembre 2006.

par un organe, qui reçoit les recours contre les arrêts définitifs de la Cour des comptes.

On assiste donc à travers ce rattachement à une mise sous tutelle de la juridiction des comptes. Or, celle-ci se veut être une Institution de Contrôle des finances publiques indépendante. La mise sous tutelle d'une pareille institution a l'inconvénient de soustraire les organes hiérarchiquement supérieurs à son contrôle. Ce qui apparaît comme une contradiction avec son statut d'ISC. Cette dernière devant contrôler l'ensemble des institutions de la République. En dépit du principe de l'équidistance qui doit être le maître-mot de l'ISC, dans ses rapports avec les autres institutions, il apparaît en pratique que l'ISC doit toujours être rattachée au pouvoir qui est susceptible de mieux assurer son indépendance[330]. En France, contrairement à l'appellation Cour des comptes, qui peut laisser penser que c'est une juridiction de l'ordre judiciaire, la Cour des comptes est une juridiction de l'ordre administratif. Ses arrêts définitifs, à l'instar de ceux rendus par la Cour des comptes de la République centrafricaine, peuvent faire l'objet *« d'un recours en cassation devant le Conseil d'État pour vice de forme, incompétence ou violation de la loi »*[331]. Or, le Conseil d'État est la plus haute juridiction administrative en France.

Il plane alors un certain doute quant à l'efficacité et l'indépendance de cette institution rattachée au pouvoir judiciaire. Car, *« les faiblesses du pouvoir judiciaire »*[332] qui ont donné libre cours à des fléaux tels que la corruption sont un argument, pouvant nous permettre d'affirmer que, ce pouvoir est actuellement incapable de garantir l'indépendance et l'impartialité d'une ISC dans l'espace CEMAC.

2- La complexité de la Cour des comptes

La particularité de la Cour des comptes proposée par la CEMAC à ses États membres se caractérise aussi par sa complexité. Cette dernière apparaît tant pour ce qui est de la forme de l'institution qu'en ce qui concerne ses compétences. Du point de vue organique, la Cour des comptes au regard de l'Article 72 D.LF est à la fois la juridiction et l'ISC de chaque EM. Comme nous l'avons rappelé plus haut en parcourant l'Article 73 de la même directive, qui porte sur les missions

---

[330]Entretien du 5 mars 2014 avec M. Eric OMENGUE MESSANGA.

[331] Article 39 de la loi N° 96/001 du 3 janvier 1996 portant organisation et fonctionnement de la Cour des comptes de la République Centrafricaine.

[332]S. H. NNANGA, *op.cit*, p. 290.

de la Cour des comptes, on se rend compte que cette institution renferme également les aspects d'une institution de contrôle de discipline budgétaire et financière. Au regard de la configuration de cette institution sui generis, il apparaît que, c'est une fusion de trois (3) institutions différentes. L'exemple camerounais nous renseigne le mieux relativement à cela. Les 03 institutions fusionnées en une seule dans la Cour des comptes préconisée par la CEMAC, apparaissent éclatées dans l'organisation des institutions au Cameroun où, nous avons une Chambre des comptes, un Conseil de Discipline Budgétaire et Financière, et une ISC représentée par les Services du Contrôle supérieur de l'État. Le modèle à l'opposé ici étant celui du Congo où les 03 institutions se trouvent fusionnées en une seule conformément aux directives communautaires.

Sur le plan matériel, la nouvelle Cour des comptes que préconisée par la CEMAC connaît des affaires dans lesquelles sont impliqués les ordonnateurs, les comptables, les contrôleurs financiers et toute personne ayant géré de droit ou de fait les fonds publics[333]. Elle juge les comptes des comptables publics, engage la responsabilité et juge les ordonnateurs pour faute de gestion[334]. Elle constitue l'Institution Supérieure de Contrôle des finances publiques au sein de chaque État. La nouvelle Cour des comptes apparaît donc complexe, au regard des compétences qui lui sont attribuées, par les directives communautaires CEMAC, portant cadre harmonisé de la gestion des finances publiques.

La complexité formelle et matérielle qui caractérise la Cour des comptes peut être une source d'inefficacité. La directive de l'UEMOA portant LF[335] dans son Article 75 n'est pas très détaillée en ce qui concerne le contrôle juridictionnel des finances publiques. De plus, l'institution n'est pas aussi complexe que celle de la CEMAC. Elle *« juge les comptes des comptables publics »,* exerce un contrôle sur la gestion des administrations en charge de l'exécution des programmes et dotations, reste à la disposition du Parlement qui peut lui demander la réalisation de toute enquête nécessaire à son information. Contrairement à la Cour des comptes modèle CEMAC, la Cour des comptes modèle UEMOA, ne constitue pas l'ISC des Etats et ne juge pas les autres catégories de personnes dont la responsabilité peut être

---

333 Art 73 D.LF.

334 Art 75 D.LF.

335 Article 75 Directive N° 06/2009/CM/UEMOA Portant loi des finances.

engagée dans la gestion des fonds publics, en dehors des comptables publics.

Il apparaît donc au regard de ce qui précède que, la nouvelle génération de directives qui est en train d'être mise en œuvre dans l'espace CEMAC, comporte certaines imperfections qui constituent un obstacle dans l'opérationnalisation du modèle de juridiction des comptes conçu à l'endroit des États membres.

Paragraphe 2 : Les obstacles liés au contexte socio politique des États Membres

Il y a les facteurs qui existent depuis et qui se sont prolongés dans le temps, rendant ainsi difficile la mise en œuvre d'un modèle institutionnel ne correspondant pas forcément à l'histoire et à la pratique institutionnelle des États membres. On parle donc des obstacles structurels (A). D'autres apparaissent comme des risques liés à l'opérationnalisation de cette réforme au sein des États membres (B).

A- Les obstacles d'ordre structurel

Au rang des obstacles d'ordre structurel, il y a l'héritage historique et la nature présidentialiste des régimes d'une part (1) et d'autre part, nous avons le manque de volonté politique (2).

1- L'héritage historique et la nature présidentialiste des régimes

Ces deux aspects sont à prendre en compte dans le processus de la réforme. Les directives communautaires CEMAC consacrent un tout nouveau modèle institutionnel qui vient parfois rompre avec ce qui a toujours été pratiqué au sein des États, conformément à leurs réalités sociopolitiques[336], notamment l'héritage de la colonisation. La directive consacre un modèle d'ISC de type juridictionnel *« Cour des comptes »*.

---

[336] Selon le Professeur Narcisse MOUELLE KOMBI, *« Les facteurs de l'échec de ces différentes tentatives de regroupement et d'union sont multiples et complexes. Ils sont souvent identifiés et analysés. Il serait fastidieux de les énumérer ici, sauf à signaler qu'ils peuvent se loger dans quatre principales rubriques : résistances sociopolitiques aux dynamiques et stratégies d'unification, déficiences normatives, carences institutionnelles et indigences des conditions économiques et techniques »,in* « L'intégration régionale en Afrique centrale, entre inter étatisme et supranationalisme », (H.) Ben HAMMOUDA, (B.) BEKOLO EBE, TOUNA MAMA, *op.cit.* p. 20.

Ce qui est le reflet de la pratique française. Or, il y a des États, à l'instar du Cameroun, qui ont un héritage mi-francophone mi-anglophone. Et la configuration des institutions reflète ce double héritage. C'est ainsi que depuis son accession à l'indépendance, le Cameroun n'a jamais eu une ISC de type juridictionnel. L'ISC du Cameroun, comme dans plusieurs pays anglo-saxons[337] n'a ni été sous forme de juridiction, ni rattachée au pouvoir judiciaire. Cette double culture du Cameroun[338] heurte l'implémentation de ce modèle institutionnel au sein d'un État qui n'a jamais connu un contrôle juridictionnel des finances publiques indépendant et érigé en institution supérieure de contrôle[339].

Comme le souligne Sylvestre Honoré NNANGA, le contrôle juridictionnel des finances publiques en Afrique n'est pas encore véritablement ancré dans les mœurs. C'est la principale cause des *« malversations perpétrées contre les deniers en Afrique »*[340]. Or, la réforme semble consacrer le contrôle juridictionnel des finances publiques, comme contrôle par excellence. C'est ce qui justifie la qualité d'ISC qui est reconnue à cette juridiction qui jouit également de la qualité d'organe de contrôle de discipline budgétaire et financière. La réalité est toute autre au sein des États de la CEMAC, qui sont aussi un parfait exemple de la mise sous tutelle du pouvoir judiciaire. L'émergence d'un pouvoir judiciaire fort dont la compétence est désormais de veiller à la bonne utilisation des deniers publics, quel que soit l'acteur, vient en quelque sorte bouleverser les vieilles habitudes où le contrôle des finances publiques revient en fin de compte au pouvoir exécutif. Ainsi, malgré l'existence des juridictions des comptes, les détournements perdurent. C'est la preuve que ces juridictions n'ont pas un grand rôle à jouer, tant qu'il n'y aura pas de transfert de compétences, de l'exécutif vers le judiciaire. C'est ce que semble avoir fait le jurislateur communautaire. Il revient maintenant aux États de transcender ces réalités et contraintes sociopolitiques, pour

---

[337] Angleterre, États-Unis, Canada, Nigéria.

[338] Entretien avec Mr OMENGUE MESSANGA le 5 mars 2014.

[339] Pour Michel BOUVIER, *« Dans les pays non membres de l'UEMOA, le Cameroun se distingue par la création récente d'une Chambre des comptes (loi du 21 avril 2003), mais qui demeure une formation de la Cour Suprême et qui illustre ainsi les difficultés de dépasser le poids des traditions historiques et culturelles ».* « La gestion de la dépense publique dans les pays de l'Afrique francophone subsaharienne », étude réalisée à la demande du Ministère des Affaires étrangères (France), Direction Générale de la Coopération Internationale et du Développement, sous la direction de Michel BOUVIER, Paris, avril 2004, p.225.

[340] S. H. NNANGA, *op.cit.*, p. 289.

s'arrimer à la réforme, ce qui requiert du courage et une réelle volonté politique.

2- Le manque de volonté politique des acteurs destinataires de la réforme

La réforme des juridictions des comptes dans l'espace CEMAC n'est qu'un débat de plus qui s'inscrit dans la dynamique de l'intégration. Elle présente des enjeux non négligeables pour les États membres. Et le succès de cette réforme dépend en totalité de l'action des États, qui devront procéder à une transposition fidèle des directives communautaires. Ceci est un préalable à la mise en œuvre des directives. Or, il apparaît déjà qu'il y a une prise en compte insuffisante au niveau des États membres[341]. Si certains États à l'instar du Tchad et du Congo sont avancés dans la réforme, d'autres traînent encore le pas. Les ténors du processus d'intégration en zone CEMAC[342] sont encore à l'étape de l'étude sur les modalités de transposition des directives communautaires. On s'attendait à ce que ces deux États montrent l'exemple en matière de respect des délais et de la transposition fidèle desdites directives, et partant de la réforme. Ce qui n'est pas le cas. On serait donc tenté d'affirmer avec le Professeur Joseph Vincent NTUDA EBODE que, *« longtemps considéré comme l'épicentre de l'Afrique centrale CEMAC, principalement à cause de son potentiel économique et de sa situation géographique, le couple Cameroun-Gabon ne semble plus de nos jours retenir l'attention qu'en tant que facteur d'immobilisme dans la structuration d'une puissance sous-régionale ».*[343] Le couple Cameroun-Gabon, qui devrait jouer le rôle de locomotive dans cette réforme apparaît plutôt comme le maillon faible. Le débat est parfois cristallisé sur le problème de leadership et des luttes d'influence[344]. Ce qui a pour conséquence de ralentir la dynamique d'intégration dans l'espace CEMAC.

---

[341] CEMAC, Tournée de sensibilisation et de dissémination des directives du cadre harmonisé de gestion des finances publiques, « État de mise en œuvre de nouvelles directives sur les finances publiques de la CEMAC : Progrès réalisés, difficultés rencontrées et perspectives », Yaoundé, 25-28 mars 2013. P.26.

[342] À savoir le Cameroun et le Gabon.

[343] J. V. NTUDA EBODE *« La redistribution de la puissance en Afrique médiane CEMAC : La nouvelle configuration des alliances sous-régionales »*, in Enjeux géopolitiques en Afrique centrale, Paris, l'Harmattan, 2009, p.45.

[344] Pour le Professeur J. V. NTUDA EBODE *« Le caractère atypique du couple Cameroun-Gabon découle de ce qu'il met en présence deux systèmes politiques présidentialistes. C'est ce qui peut permettre de comprendre pourquoi cette excessive*

Cet ensemble de faits, traduit un manque de volonté politique de la part des États membres de la communauté, au premier rang desquels le Cameroun et le Gabon qui sont censés montrer l'exemple aux autres États. Les débats censés mener cette Communauté vers une intégration de plus en plus dynamique, se transforment souvent en débats inter États. Tout cela peut compromettre la réussite de la réforme. À côté de ces obstacles d'ordre structurel, nous avons les obstacles d'ordre conjoncturel.

B- Les obstacles d'ordre conjoncturel

Nous retenons deux idées majeures ici à savoir, la réticence des États membres de la CEMAC quant aux modifications constitutionnelles (1) et la crainte de l'émergence d'un gouvernement de juges (2).

1- La réticence quant aux modifications constitutionnelles

La réforme des juridictions des comptes consacre un nouveau modèle institutionnel de contrôle juridictionnel des finances publiques, avec des compétences considérables. Ce qui entraîne la reconfiguration de la carte institutionnelle des Etats qui, à son tour, rend les Constitutions obsolètes. La transposition des directives communautaires dans ce cas implique la modification de la constitution[345]. L'article 41 de la loi constitutionnelle du 18 janvier 1996 crée une Chambre des comptes. Or, l'Article 72 DLF demande à tous les États membres de la CEMAC de créer une Cour des comptes. La prise en compte de cette disposition communautaire, pour le moment inconstitutionnelle, en ce qui concerne le Cameroun, obligera les autorités camerounaises à procéder à une révision constitutionnelle, afin de s'arrimer aux exigences communautaires. La réalité est quasi identique dans tous les autres États. Si sur le plan de la forme, il y a déjà des Cours des Comptes, qui sont mises sur pied, il

et rapide personnalisation et politisation de tous les débats qui ont trait à la dynamique d'intégration régionale », « La redistribution de la puissance en Afrique médiane CEMAC : La nouvelle configuration des alliances sous-régionales », *op.cit*, p.63. Actuellement, les entretiens menés avec certains responsables camerounais impliqués dans la réforme révèlent un conflit, une querelle qui porte sur l'influence du modèle gabonais d'ISC sur le modèle camerounais.

[345] Dans le cas du Tchad, la création d'une cour des comptes en remplacement d'une chambre des comptes a amené les autorités tchadiennes à procéder à la révision de la constitution qui ne cadrait plus avec la prise en compte des exigences communautaires.

faudra encore repréciser les compétences de celles-ci. Lesdites compétences ne s'arrêtent plus seulement au niveau du jugement des comptes des comptables publics, mais vont au-delà, avec le jugement de tous les autres acteurs intervenant dans la gestion des fonds publics. Aussi, au regard de la Section V de la Déclaration de Lima sur les principes fondamentaux du contrôle des finances publiques, l'indépendance des institutions supérieures de contrôle des finances publiques doit être constitutionnellement consacrée. La consécration de ce principe à l'endroit des ISCs vaut également reconnaissance constitutionnelle. Il doit donc figurer dans chaque Constitution, la précision selon laquelle la Cour des comptes constitue l'ISC indépendante, appliquant le principe d'équidistance dans ses rapports avec les trois pouvoirs. La Constitution doit également mentionner les compétences qui accompagnent cette reconnaissance. Ce qui ne semble pas encore être le cas dans toutes les Constitutions des pays EM de la communauté.

La mise en œuvre de la réforme entraîne donc inévitablement la révision de la Constitution. Mais certains États ne semblent pas préparés à cela. Au regard des enjeux, de la délicatesse et de la complexité que représente une telle procédure, la réticence ne peut qu'être justifiée[346]. Ce n'est pas une particularité de la CEMAC. L'Article 68 du traité de l'UEMOA prescrit aux États de créer des Cours des comptes autonomes, c'est-à-dire distinctes de la Cour Suprême[347]. *« Un délai d'un an avait été assigné aux États membres à partir de l'adoption du traité. Ainsi en 1996, chaque État concerné aurait dû créer une cour des comptes »*[348]. Mais ces États ont éprouvé des difficultés quant à l'application de ladite disposition. La raison évidente étant les révisions constitutionnelles que l'application d'une telle prescription communautaire pouvait entraîner.

---

[346] On en veut pour preuve les débats en cours actuellement au Tchad sur la Constitution de la quatrième république que l'opposition rejette. Tandis que le Président Idriss DEBY ITNO affirme que *« les réformes institutionnelles sont un impératif de premier ordre pour le Tchad »*, l'opposition ne voit qu'un moyen pour le Président de mettre plus long au pouvoir au regard de la révision constitutionnelle favorable au pouvoir en place que la réforme des institutions va entraîner.

[347] Cette disposition est reprise par l'Article 69 de la directive N° 05/97/CM/UEMOA portant LF moins explicite qui parle plutôt de la juridiction de comptes ; modifiée par l'Article 75 de la directive N° 06/2009/CM/UEMOA portant LF.

[348] M. BOUVIER, *op.cit*, p. 224.

2- La crainte de l'émergence d'un gouvernement des juges

Comme l'affirme Philippe ARDANT, faisant allusion à la séparation des pouvoirs, *« l'indépendance a été constamment malmenée. Celle des juges a été la plus bafouée. En réalité, la justice sauf peut-être aux États-Unis n'a jamais été considérée comme l'égale des deux autres pouvoirs »*[349]. Sylvestre Honoré NNANGA lui, dira que, le *« juridictionnel est un pouvoir sous tutelle et muselé »*[350]. Ce n'est pas une particularité des EMs de la CEMAC. Le pouvoir judiciaire apparaît toujours comme le plus affaibli des trois pouvoirs. La configuration des institutions et leur fonctionnement dans les États de la CEMAC ne sont pas contraires à cette réalité. En ce qui concerne le contrôle juridictionnel des finances publiques, l'on note une quasi-absence du juge financier, qui semble manquer d'autorité. D'aucuns parlent plutôt d'une *« faible implication des institutions juridictionnelles dans le contrôle effectif des deniers publics »*[351].

La réforme des juridictions des comptes engagée par la CEMAC vient rompre avec cet état des choses. En effet, le juge financier est repositionné au centre du contrôle des finances publiques en général, mais aussi en particulier dans le contrôle juridictionnel. Il apparaît comme l'acteur le plus important, le plus influent, l'incontournable et l'incarnation du contrôle externe des finances publiques. Son inamovibilité et son indépendance consacrées dans l'Article 72 D.LF confirment l'affirmation du Professeur Philipe ARDANT pour qui *« le juge ne doit avoir d'ordre à recevoir ni du parlement ni du gouvernement, il n'est soumis qu'à la loi, il est le serviteur de la loi. Son indépendance est une garantie fondamentale des citoyens »*[352].

Le constat est clair, à l'observation du fonctionnement des régimes politiques des EMs de la CEMAC. Le pouvoir législatif et le pouvoir exécutif sont contrôlés par une même majorité. On parle alors du fait majoritaire. Or, l'*« indépendance et (l') autorité sont plus essentielles encore en période où l'exécutif et le législatif sont contrôlés par la même majorité. (...). Le pouvoir juridictionnel incarne alors la division*

---

[349] P. ARDANT, *Institutions politiques et droit constitutionnel*, Paris, LGDJ, 2000, p. 52.
[350]S. H. NNANGA *op.cit.*, p. 296.
[351] S. H. NNANGA *op.cit*, p. 290.
[352] P. ARDANT, *op.cit*, p. 53.

du pouvoir protectrice de l'individu et garante du respect du droit par l'État. »[353].

Au regard des pouvoirs exorbitants qui sont reconnus au juge des comptes dans les directives communautaires CEMAC (Juge et contrôle des ordonnateurs et des comptables des contrôleurs financiers et tout autre acteur intervenant dans la chaîne de la dépense publique/ISC), cela pourrait susciter une certaine crainte de la part des deux autres pouvoirs, surtout du pouvoir exécutif qui est au premier chef impliqué dans la gestion des deniers publics. On assisterait alors à une situation de *« revanche ou d'émergence du juge », face au pouvoir « exécutif et au pouvoir législatif »*[354]. La crainte de l'émergence d'un véritable pouvoir judiciaire indépendant des deux autres pouvoirs, et ayant un pouvoir supérieur de contrôle en matière de gestion des finances publiques, voire au-delà, des politiques publiques, est un élément qui explique la réticence des EMs de la communauté à opérationnaliser le modèle de juridiction des comptes préconisé par le Conseil des ministres de l'UEAC.

Aux vues de ce qui précède, l'opérationnalisation de la réforme des juridictions des comptes dans l'espace CEMAC, n'est pas un long fleuve tranquille. Celle-ci est sujette à des écueils provenant aussi bien des directives elles-mêmes que des États membres de la communauté. Ces obstacles peuvent cependant trouver des solutions pertinentes.

SECTION II : VERS UNE TROISIÈME GÉNÉRATION DE DIRECTIVES

La mise en œuvre de la réforme de la juridiction des comptes dans l'espace CEMAC est confrontée à plusieurs difficultés qui pourront à la longue, soit paralyser, soit biaiser cette opérationnalisation. La présente articulation se donne ainsi pour objectif de proposer des solutions concrètes qui pourront contribuer à faciliter l'implémentation de la réforme. Il s'agit notamment de réformer des directives communautaires portant cadre harmonisé de la gestion des finances publiques (Paragraphe 1) et de remédier à la complexité de la juridiction

---

[353] *Ibid.*, p.53.

[354] O. TOGOLO, « Le juge camerounais et le juge de la CEMAC : un regard prospectif », juris périodique N° 63, Juillet- Août- septembre 2005. pp.76-87. L'auteur reprend les expressions de M. CAPPELLETTI *in* le pouvoir des juges. p.51 et Sv.

des comptes, préconisée par les institutions communautaires (Paragraphe 2).

Paragraphe 1 : Réformer les directives communautaires

Deux catégories de dispositions méritent d'être revues dans les directives. D'une part, celles relatives à la juridiction des comptes (A), d'autre part, celle ayant trait à la Cour des comptes, en tant qu'Institution Supérieure de Contrôle des finances publiques (B).

A- Les aspects relatifs à la juridiction des comptes

Certains aspects de la LF semblent avoir été négligés par le jurislateur communautaire. Il n'en demeure pas moins que la reconsidération des aspects négligés pourrait davantage contribuer à bâtir un contrôle juridictionnel des finances publiques, plus crédible et plus efficace. Il s'agit de l'implication suffisante de la Cour des comptes communautaire dans le contrôle juridictionnel des finances publiques au sein des États (1) et du respect du principe d'équidistance entre la Cour des comptes et les trois pouvoirs (2).

1- Impliquer suffisamment la Cour des comptes communautaire

Avec la réforme des institutions qui a eu lieu en 2008-2009, la CEMAC est passée d'une Chambre des comptes rattachée à la Cour de Justice Communautaire, à une Cour des comptes à part entière.[355] Cette avancée traduit la volonté des dirigeants de la communauté, d'instaurer la transparence à travers la reddition des comptes, dans la gestion des finances publiques communautaires. Mais au-delà de la sphère communautaire, la Cour des comptes a un rôle important à jouer au sein des États. Et la D.LF semble avoir prévu ce cas dans son article 73 in fine en ces termes : *« Dans l'exercice de ses missions, la Cour des comptes de chaque État membre peut au besoin, solliciter l'assistance de la Cour des comptes de la Communauté Economique et Monétaire de l'Afrique Centrale, conformément aux traités et conventions communautaires ».* Cependant, à la lecture de cette disposition, la collaboration entre les juridictions des comptes nationales et la juridiction de comptes communautaire, semble être facultative. Elle

355 Article 10 du traité révisé CEMAC du 30 janvier 2009.

s'établit au gré des États qui peuvent décider ou non de solliciter son assistance.

Il ne s'agit pas de laisser le soin aux Etats de décider quant au recours ou non à l'assistance de la Cour des comptes communautaire. Cette dernière doit plutôt intégrer la procédure de contrôle des finances publiques au sein des États, en s'inscrivant dans la continuité. C'est dans ce sens que Sylvestre Honoré NNANGA affirme que *« le contrôle juridictionnel des comptes publics opéré à l'intérieur des États doit avoir un prolongement ne serait-ce qu'au plan sous-régional »*[356]. Actuellement, des arrêts définitifs des juridictions des comptes peuvent être annulés en appel, par un autre organe juridictionnel comme c'est le cas au Cameroun, ou par une institution de l'ordre administratif comme c'est le cas en République centrafricaine[357]. Ce double degré de juridiction renseigne à suffisance sur le pouvoir de tutelle de chacune des juridictions des comptes. Certaines sont rattachées au pouvoir judiciaire, tandis que d'autres sont rattachées au pouvoir exécutif.

Il est possible de remédier à cette tutelle, en transférant cette compétence à la Cour des comptes communautaire. Ceci a un double avantage. Le premier étant la garantie quasi absolue de l'indépendance de la Cour des comptes au niveau national, le second étant la garantie du point de vue technique que, le justiciable a affaire aux experts des questions des finances publiques à savoir, les juges de l'ordre financier. La Cour des Comptes communautaire se serait ainsi attribué cette lourde tâche, celle de se prononcer en dernier ressort sur les arrêts des Cours de comptes nationales. Ce qui pourrait de façon pertinente, contribuer au processus d'intégration en créant une jurisprudence communautaire harmonisatrice du droit des États membres et la discipline financière au sein de la CEMAC.

2- Le respect du principe d'équidistance

Il est évident que la D.LF dans son article 72 ne respecte pas fidèlement le principe d'équidistance censé garantir l'indépendance de la Cour des comptes. Le statut de magistrat reconnu aux membres de cette dernière, la reconnaissance de sa qualité de juridiction et son

---

356 S. H.NNANGA, *op.cit*, p. 300.

357 Article 72 de la loi N° 2003/005 du 21 avril 2003 fixant les attributions, l'organisation et le fonctionnement de la Chambre des comptes de la Cour Suprême (Cameroun) et l'Article 39 de la loi N° 96.001 du 3 janvier 1996 portant organisation et fonctionnement de la Cour des Comptes (République Centrafricaine).

autonomie par rapport à toute autre juridiction, sont autant de signes qui, permettent d'arriver à une conclusion sans équivoque : la Cour des comptes est rattachée au pouvoir judiciaire. La législation communautaire n'a pas innové dans cet aspect précis, dans la mesure où, c'est cette pratique qui est consacrée dans la quasi-totalité des États membres de la Communauté, la juridiction des comptes ne statue pas en dernier ressort. Il existe toujours une institution au-dessus d'elle qui contrôle ses arrêts et dispose du pouvoir de les annuler. Ce qui est une atteinte grave aux principes d'équidistance et d'indépendance. Le premier de ces principes voudrait que la Cour des comptes soit placée à égale distance des trois pouvoirs exécutif, législatif et judiciaire. Ce qui est également parfaitement envisageable. En effet, on peut reconnaître un double degré de juridiction, mais pas aux institutions installées sur le même sol que les Cours des Comptes nationales, sauf dans l'hypothèse de la relation entre les chambres régionales des comptes et la Cour des comptes nationale. Car il serait impossible de véritablement exercer un contrôle sur une institution dont on est sous tutelle. Comment imaginer le contrôle de la Chambre des comptes de la Cour Suprême, sur les comptes de cette dernière ? Comment envisager le contrôle de la Cour des comptes de la République centrafricaine sur les comptes du Conseil d'État ? Ce n'est pas un dilemme propre à l'espace CEMAC. La même difficulté et la même question se posent dans le cas de la France. La Cour des comptes française peut-elle réellement prétendre à un contrôle indépendant et impartial du Conseil d'État, qui connaît en appel des arrêts rendus par elle. La réponse à toutes ces interrogations sera forcément négative, car, il est en pratique impossible d'assurer un contrôle sur une institution avec laquelle on entretient un lien hiérarchique.

Il n'y a de ce fait qu'un seul chemin pour sortir de cette impasse. L'application fidèle du principe d'équidistance, en ce qui concerne le positionnement de la Cour des comptes par rapport aux autres pouvoirs, passe par la reconnaissance du rôle majeur que doit jouer la Cour des comptes communautaire dans le contrôle juridictionnel de finances publiques au sein des EMs de la CEMAC.

B- Les aspects relatifs à l'ISC

Le modèle d'ISC préconisé par les directives communautaires CEMAC, bien que proposé dans le souci d'une harmonisation des pratiques au sein des États, pourrait rencontrer des difficultés quant à son opérationnalisation. De ce fait, il serait souhaitable pour éviter tout blocage, de laisser le soin à chaque État membre d'avoir son modèle d'ISC (1) dans le respect des normes de l'INTOSAI (2).

1- Laisser le soin à chaque État membre d'avoir son modèle d'ISC

Il existe trois (3) types d'institutions supérieures de contrôle des finances publiques. Les unes sont rattachées au pouvoir exécutif (le cas du Cameroun, de la Guinée Équatoriale et de la République Centrafricaine), celles rattachées au pouvoir judiciaire (Gabon, Congo, Tchad)[358], et le modèle auditeur qui est carrément indépendant. Ce modèle se rencontre plus dans les pays anglo-saxons à l'instar des États-Unis, de l'Angleterre et du Canada[359]. Le législateur communautaire semble avoir consacré le modèle d'ISC à compétence juridictionnelle. Ce qui est parfaitement reconnu par les standards internationaux de l'INTOSAI. Cependant, la pratique au sein des États révèle que la consécration d'un modèle d'ISC obéit à des considérations historiques et culturelles. Ainsi, les pays purement anglo-saxons préfèrent le modèle auditeur, les pays francophones préfèrent souvent rattacher les ISC à la juridiction des comptes, et les pays de culture mixte c'est-à-dire Anglo-saxonne et francophone optent souvent pour un modèle mixte d'ISC. C'est le cas du Cameroun et du Canada.

S'il est vrai que l'INTOSAI reconnaît le modèle juridictionnel d'ISC, le législateur communautaire pêche en imposant celui-ci aux EMs, au mépris des considérations historico-culturelles qui ont toujours guidé la mise sur pied d'une Institution Supérieure de Contrôle des finances publiques. Il est vrai que, la quasi-totalité des États de l'espace CEMAC ont un héritage francophone. Mais ce dernier doit compter avec les particularités camerounaise et équato-guinéenne qui peuvent avoir du mal à s'accommoder d'un modèle d'ISC d'inspiration purement francophone, comme la Cour des comptes préconisée par la CEMAC, pour ses EMs. L'imposition d'un modèle d'ISC pourrait ainsi

---

[358] Les Cours des Comptes du Gabon, du Tchad et du Congo sont également leurs ISCs, tandis que les autres ont consacré des modèles d'ISCs rattachés au pouvoir exécutif. Les Services du Contrôle Supérieur de l'État pour le Cameroun ; l'Inspection Générale de l'État pour la République Centrafricaine et la Direction Générale de Contrôle financier pour la Guinée équatoriale.

[359] Les États-Unis avec le Government Accountability Office (GAO), le Royaume-Uni avec le National audit office (NAO) et le Canada avec le Office of Auditor General (OAG) qui est un mélange de culture anglo-saxonne et francophone.

justifier les difficultés quant à l'opérationnalisation de la réforme. Pareille uniformisation n'a pas été rencontrée dans l'espace UEMOA où l'article 68 du traité et la directive N° 06/2009/CMM/UEMOA portant loi de finances, impose à chaque EM, la création d'une Cour des comptes ; encore moins au sein de l'Union Européenne, où le soin est laissé à chaque État d'avoir son modèle d'ISC. Ces exemples méritent d'être suivis par la CEMAC.

2- Une liberté encadrée par respect des normes de l'INTOSAI

La réforme aurait gagné en laissant le choix, à chaque État membre de la CEMAC, de créer ou de conserver son modèle d'Institution Supérieure de Contrôle des finances publiques. Ce choix devant cependant se faire en rappel des standards internationaux de l'INTOSAI. Une ISC respectant les particularités historiques et culturelles de chaque Etat, mais qui obéit à un certain nombre de principes contenus dans les ISSAI. L'ISC, au-delà de ses particularités, liées à l'héritage sociopolitique de l'État, doit obéir à un certain nombre de principes qui encadrent son action et ses rapports avec les entités contrôlées. Au-delà du principe d'équidistance sus-évoqué, les directives CEMAC doivent recenser un certain nombre de critères auxquels les ISCs doivent obéir. Nous avons déjà le principe d'indépendance qui est y est consacré.[360] Ce dernier doit être prolongé dans la relation entre l'ISC et le pouvoir juridictionnel.

Au regard de l'ISSAI 100 qui porte sur les principes fondamentaux du contrôle des finances publiques, nous avons les lignes directrices auxquelles doit obéir une ISC dans sa globalité, c'est-à-dire son personnel doit être soumis aux règles de déontologie, d'indépendance et de conscience professionnelle[361]. Et des exigences propres à l'organisation et au fonctionnement de l'institution. L'indication des critères essentiels d'une ISC et le soin laissé à chaque Etat, de créer son modèle, conformément à ces critères est un élément de flexibilité qui peut contribuer à accélérer l'implémentation de la réforme au sein des États.

---

[360] Article 72 paragraphe 2 D.LF.

[361] ISSAI 100 Paragraphes 36 et 37.

Paragraphe 2 : Remédier à la complexité de l'institution

Le modèle de Cour des comptes conçu par les institutions communautaires CEMAC, à l'endroit des États membres, se caractérise par sa complexité. Si cette dernière est plutôt un atout pour certains[362], la complexité peut également apparaître comme un facteur d'inefficacité de l'institution. La division du travail apparaît ainsi comme un gage d'efficacité dans le contrôle des finances publiques (B). Si cette dernière n'est pas opérée, la mise en œuvre d'une institution complexe présente assurément des risques (A).

A- Les risques liés à l'opérationnalisation d'une institution complexe

La mise en œuvre de la juridiction des comptes modèle CEMAC, au sein des EMs, présente deux grands risques à savoir l'accumulation d'un important volume de travail (1) et la conduite des contrôles dénués de rigueur (2).

1- Le risque d'accumulation d'un important volume de travail

La Cour des comptes que les États de la CEMAC doivent opérationnaliser n'en est pas une au sens classique du terme. C'est à la fois une Cour des comptes, une Cour de discipline budgétaire et financière et une Institution Supérieure de Contrôle des finances publiques. Dans le cas du Cameroun, les 03 institutions sont éclatées et le volume de travail n'est pas des moindres. Concentrées au sein d'une même institution, l'ensemble des compétences de ces trois institutions présente assurément, le risque d'accumulation d'un important volume de travail. Lorsque nous parcourons les organigrammes de ces différentes institutions[363], on se rend compte de leur densité formelle et matérielle. La première relative aux différents organes qui composent chacune des institutions, la seconde quant à elle est relative aux compétences complexes attribuées à chacune d'entre elles, prise

---

[362] Entretien du 9 juin 2014 avec M. Eric OMENGUE MESSANGA, qui nous confie que, les cadres du Bureau du Vérificateur Général du Canada ont apprécié le volet sanction de l'ISC du Cameroun qui travaille en étroite collaboration avec le CDBF. Si en théorie le CONSUPE et le CDBF sont deux institutions distinctes, dans la pratique, le CDBF est logé au sein du CONSUPE et ce dernier abrite le Secrétariat Permanent du CDBF (SP/CDBF) qui est la cheville ouvrière du CDBF et qui en fait, est une division du CONSUPE. Or les ISC anglo-saxonnes ne comprennent pas généralement un volet sanction.

[363] Prises séparément ISC/CdC/CDBF.

séparément. Le champ de compétence de l'institution s'étend sur tout le territoire national, et sur toutes les institutions publiques, voire privées lorsque celles-ci bénéficient des subventions de l'État. Actuellement, ces institutions ne couvrent pas l'ensemble des institutions de l'État. La fusion des 03 institutions en une seule, comme c'est le cas avec la nouvelle Cour des comptes, présente donc le risque d'accumulation des cas de détournement. Également, les contrôles ne pourront pas être menés dans toutes les institutions au cours d'une année.

Au regard de l'Article 76 de la D.LF, *« une faute de gestion est prescrite au terme de la cinquième année suivant les faits incriminés »*. Ce délai est relativement court, au regard de la masse de travail qui incombe à cette nouvelle institution. Il devrait soit être prorogé, soit alors être annulé. C'est-à-dire qu'on doit arriver à une situation d'imprescriptibilité de la faute de gestion conformément à cet adage des finances publiques selon lequel *« qui a mangé l'oie du roi cent ans après en rend la plume »*. La complexité d'une part des compétences de la Cour des comptes, et d'autre part les délais relativement courts dans lesquels l'institution doit examiner les cas de faute de gestion, peut au-delà de l'accumulation du volume de travail, laisser plusieurs gestionnaires indélicats en liberté.

2- Le risque de mener des contrôles dénués de rigueur

Au regard de l'Article 73 D.LF, la Cour des comptes est une juridiction des comptes, une Cour de discipline budgétaire et financière et une ISC. Cela suppose trois types de contrôle différents à effectuer au sein des institutions étatiques. Est-il dès lors possible d'effectuer les 03 contrôles sans risquer de négliger certains aspects essentiels ? Le contrôle mené par les ISC est un audit externe, qui requiert des compétences avérées dans le domaine. Le contrôle juridictionnel requiert la formation en tant que magistrat de l'ordre financier qui peut assurer le rôle de contrôle comptable et de gestion. Il y a donc là de hautes exigences de compétence et même de polyvalence de la part des futurs membres de la Cour des comptes. Le défaut de cette qualité aura pour effet de rendre les contrôles inefficaces. L'inefficacité des contrôles peut également provenir de la masse importante de travail qui leur sera confiée.

La défaillance du travail de la Cour des comptes peut ainsi se manifester au niveau de la couverture de toutes les institutions de l'État, et des compétences qu'elle aura à exercer. Les institutions de l'État sont nombreuses et les aspects à contrôler également. Cela est évidemment atténué par le fait qu'il existe ou devra être mis sur pied des Chambres régionales des comptes comme c'est le cas en France. Mais, les directives communautaires ne font pas allusion aux instances inférieures de contrôle juridictionnel des finances publiques à l'instar des chambres régionales des comptes. Elles ne reconnaissent pas la création de celles-ci par les États membres. Cela peut également susciter des questions. La volonté de centraliser les institutions et les compétences aurait-elle amené le jurislateur communautaire à méconnaître les juridictions inférieures des comptes, en consacrant une institution unique chargée de vérifier l'ensemble des comptes de l'Etat et des collectivités territoriales décentralisées, en plus des compétences à elle reconnues, en tant que Cour de discipline budgétaire et ISC.

Dès lors, à supposer que les juridictions inférieures des comptes soient absentes, la Cour des comptes connaîtra un volume de travail excessif qui suscite des doutes quant à l'efficacité des contrôles qui seront menés. Les compétences des membres de la Cour des comptes suscitent elles aussi un certain doute. Si ces derniers ne peuvent pas concentrer les qualités et les compétences requises dans les trois domaines qu'ils sont appelés à investir au jour le jour, les contrôles seront aussi dans ce cas biaisés. Comment opérer un audit efficace lorsqu'on n'a pas reçu la compétence d'un auditeur ? Au-delà de la seule certification du *« compte général de l'État »*[364], il s'agit d'évaluer la performance des politiques publiques. Ce qui requiert des compétences avérées en la matière.

B- La division du travail comme gage de l'efficacité du contrôle des finances publiques

Selon Franck MORDACQ, réformer consiste entre autres à *« déléguer les responsabilités, en accentuant la déconcentration et la réorganisation de services »*[365]. La réforme des juridictions des comptes en zone CEMAC, elle semble prendre le sens inverse, en concentrant les responsabilités et en centralisant les services. Cette voie suscite un certain pessimisme quant à l'efficacité de la nouvelle Cour des comptes. D'où il est urgent de remédier à sa complexité tant sur le plan formel (1) que matériel (2).

---

[364] Article 73 alinéa 2. DLF.

[365] F. MORDACQ, *La réforme de l'État par l'audit*, Paris, LGDJ, 2009, p. 50.

1- Remédier à la complexité formelle

La nouvelle Cour des Comptes est un concentré de trois (3) institutions, au regard des compétences qui lui sont attribuées dans les articles 72 et 73 D.LF. Cette complexité peut s'avérer compromettante dans le fonctionnement de l'institution. Il est donc indispensable que sa forme soit revue. Il s'agira ici d'adopter un modèle à deux ou à trois institutions distinctes.

Dans le premier cas qui renvoie au modèle français, les trois institutions seront réparties en deux blocs. On aura alors d'une part une Cour des comptes et d'autre part une Cour de discipline budgétaire et financière. L'une de ces institutions pourra en même temps jouer le rôle d'Institution Supérieure de Contrôle des finances publiques. En France, les deux Cours sont existantes, mais c'est la Cour des comptes qui joue le rôle d'ISC. La République Centrafricaine elle aussi a opté pour un modèle à deux institutions distinctes. D'une part une Cour des comptes et d'autre part une Inspection Générale de l'Etat qui joue également le rôle d'ISC. On remarque dans ce cas, comme dans le cas de la France, que l'ISC est rattachée au pouvoir exécutif[366]. On sait que la vocation d'une Inspection Générale de l'État c'est de mener les contrôles internes à l'administration. C'est pour cela que le document qui présente le Forum des inspections générales d'État d'Afrique (FIGE) affirme que ces dernières sont des institutions supérieures de contrôle de l'ordre administratif. La qualité d'ISC, au regard des normes INTOSAI, lui confère, la compétence de mener le contrôle externe de l'État. Ainsi, l'IGE de la République centrafricaine a la compétence de mener un double contrôle interne et externe de l'État.

Dans la deuxième hypothèse, on peut éclater la Cour des comptes en trois institutions différentes. Une Cour des comptes, une Cour de discipline budgétaire et financière et une Institution Supérieure de Contrôle des finances publiques, comme c'est le cas au Cameroun. Chaque acteur ayant des compétences bien précises. La division du travail dans ce cas serait source d'efficacité. L'ISC du Cameroun de par son positionnement peut être rapprochée de celle de la République centrafricaine. Toutes les deux se trouvent dans l'exécutif, et opèrent

---

[366] Il existe d'ailleurs une organisation africaine qui vise à regrouper les Inspections Générales d'États. C'est le Forum des Inspections Générales d'États (FIGE). *« Cette association internationale africaine qui regroupe les institutions supérieures de contrôle de l'ordre administratif »* a été créée lors de l'Assemblée Générale constitutive tenue à Djibouti le 15 février 2006.

des contrôles externes des finances et des politiques publiques. Ce qui emporte le doute[367] quant à l'impartialité et la rigueur des contrôles de ces deux institutions que sont l'IGE pour la République centrafricaine et le CONSUPE pour le Cameroun. En même temps que l'ISC est séparée de la CDC et du CDBF, en même temps elle doit obéir aux principes d'indépendance et d'équidistance.

De ces deux schémas, le meilleur reste le premier avec le rattachement de l'ISC à la Cour des comptes. L'ISC devrait au-delà de ses missions d'audit et de contrôle des politiques publiques et de gestion de l'État dans tous ses aspects, avoir un réel pouvoir de sanction.

2- Remédier à la complexité matérielle

La complexité matérielle ici signifie un trop-plein de missions attribuées à la Cour des comptes. Ces missions qui à leur tour se caractérisent par leur technicité et leur complexité nécessitent une séparation, pour qu'elles soient mieux remplies. Le jurislateur communautaire à travers l'Article 73 D.LF a attribué à la seule Cour des comptes, des compétences qui équivalent aux compétences de trois formes d'institutions distinctes. Ce qui rendrait difficile l'exercice de ces missions dans la mesure où, la tâche n'est déjà pas aisée pour chacune de ces institutions considérées individuellement. Dans le modèle français, qui semble être la source d'inspiration par excellence des pays francophones, le respect du principe de la séparation des ordonnateurs et des comptables publics fait qu'il y a deux institutions majeures de contrôle des finances publiques qui sont des juridictions et qui ont un pouvoir de sanction. Il s'agit de la Cour des comptes et de la Cour de discipline budgétaire et financière. La division du travail observée dans ce cas permet à ces institutions de mieux se consacrer à un aspect précis du contrôle des finances publiques et ainsi, de fournir des résultats appréciables.

Dans le modèle de Cour des comptes consacré par l'UEMOA, le jurislateur communautaire ne semble pas avoir confiné la Cour des comptes dans sa mission traditionnelle à savoir juger *« les comptes des*

[367] Entretien du lundi 10 mars 2014 avec M. Constant METOU'OU AMVELA, Administrateur Civil, Chef de la Division du Suivi au Ministère des Finances de la République du Cameroun. Pour lui, il est impossible de parler de contrôle externe lorsqu'on se trouve à l'intérieur de l'administration comme c'est le cas pour le CONSUPE.

comptables publics »[368]. La qualité d'ISC ne lui est pas reconnue, mais celle d'une Cour de discipline budgétaire et financière[369]. Cela est la preuve que le jurislateur communautaire UEMOA est conscient de la complexité que revêt le jugement des comptes de l'État. Il ne faudrait donc pas ajouter davantage avec les compétences d'une ISC. Mais la Cour des comptes UEMOA, en dehors des comptables publics, étend ses compétences aux ordonnateurs et aux contrôleurs financiers qui peuvent être jugés pour faute de gestion. D'où le modèle UEMOA n'est pas très éloigné du modèle CEMAC. L'unique point de distinction étant la qualité d'ISC qui est attribuée à la deuxième et qui n'est pas reconnue à la seconde. Par là, on peut comprendre que le jurislateur UEMOA a laissé le soin à chaque État membre de conserver ou de créer son modèle d'ISC.

L'opérationnalisation du modèle de Cour des comptes adopté par le Conseil des ministres de l'UEAC est confrontée à plusieurs obstacles. Ces derniers proviennent de la qualité des directives et du comportement des États Membres de la CEMAC.

Il apparaît au regard de ce qui précède que, la mise en œuvre du modèle juridictionnel des comptes préconisé par le conseil des ministres de la CEMAC se fait à géométrie variable[370]. L'État des lieux

---

[368] Article 75 D.LF UEMOA.

[369]Aux termes de l'Article 77 D.LF UEMOA *« sous réserve des dispositions de l'article 76, les ordonnateurs de l'État et des autres organismes publics encourent une responsabilité qui peut être disciplinaire, pénale et civile sans préjudice des sanctions qui peuvent être infligées par la Cour des Comptes à raison des fautes de gestion dans les conditions définies par les articles 78 à 81 de la présente directive ».*

[370] Tournée de sensibilisation et de dissémination des directives du cadre harmonisé de gestion des finances publiques, « État de mise en œuvre de nouvelles directives sur les finances publiques de la CEMAC : progrès réalisés, difficultés rencontrées et perspectives » La composante 4 dudit exposé qui porte sur la traduction des directives dans les droits nationaux fait état de trois groupes :
-groupe 1 (Cameroun, Gabon) : pays ayant pris de l'avance sur les nouvelles directives. Le Cameroun exécute son premier budget en mode programme en 2013 et le Gabon se prépare pour 2015. Cependant, les textes nécessitent un toilettage. Le Gabon a transmis à la CEMAC un chronogramme de transposition et le Cameroun bénéficie d'un appui de la Banque Mondiale pour analyser les écarts entre les textes et les directives et proposer un calendrier de transposition.
-Groupe 2 (Congo, Tchad) : Pays ayant engagé la transposition de nouvelles directives dès leur adoption. Le Tchad a transmis son projet de loi de finances à la CEMAC et la commission a formulé son avis sur son projet de texte. Le Congo a adopté la COMFE en septembre 2012.

fait ainsi apparaître des juridictions des comptes largement en avance par rapport à d'autres tant sur le plan formel que matériel. Ainsi, pendant que le Congo dispose déjà d'une Cour des comptes et de discipline budgétaire, modèle qui jusqu'à présent se rapproche le mieux des exigences de la réforme, dans les autres pays, on retrouve une Cour des comptes, mais qui ne répond pas forcément aux critères communautaires. D'autres États à l'instar du Cameroun se trouvent encore au stade de la chambre des comptes rattachée à la Cour suprême. Ce qui n'exclut cependant pas certains aspects de convergence entre les juridictions de comptes sur le plan matériel.

La réforme est confrontée à quelques difficultés qui peuvent cependant trouver solution venant d'une part des institutions communautaires, et d'autre part des États membres.

-Groupe 3 (RCA et Guinée Équatoriale) : La RCA vient de démarrer le processus. La transposition en Guinée Equatoriale est conditionnée par la traduction des directives en espagnol » Yaoundé du 25 au 28 mars 2013, p. 21.

CONCLUSION

La CEMAC s'est engagée dans l'harmonisation du cadre de gestion des finances publiques des EM depuis 2007[371]. Le processus d'élaboration de la réforme s'achève en décembre 2011 avec l'adoption par le Conseil des ministres de l'UEAC, des directives y relatives. La phase de mise en œuvre est ainsi ouverte. L'aspect de ce cadre harmonisé qui a retenu notre attention était celui du contrôle juridictionnel des finances publiques, exercé par la Cour des Comptes telle que prévu par les directives communautaires.

Il était donc question d'analyser la manière avec laquelle la réforme des juridictions de comptes est menée dans l'espace CEMAC. En effet, les directives communautaires qui portent la réforme prévoient un modèle institutionnel spécial. Ce dernier est caractérisé par plusieurs innovations qui provoquent un décalage avec la pratique au niveau des EM. L'opérationnalisation de cette nouvelle forme institutionnelle au niveau des EMs doit apporter des changements notoires. Mener une réforme suppose un certain nombre de facteurs qui motivent l'engagement de ladite réforme. Ainsi, il existe des textes, normes internationales et communautaires sur lesquels se fonde la réforme. Cette dernière est également le reflet de la recherche et de l'atteinte des objectifs aussi bien politiques qu'économiques, poursuivis par la Communauté.

La préparation et la mise en œuvre d'une telle réforme doivent nécessairement impliquer une variété d'acteurs. C'est ainsi que nous avons les acteurs principaux, qui sont concernés au premier chef, car étant les premiers destinataires et bénéficiaires de la réforme. Il y a à ce niveau, une articulation entre les EMs et les institutions de la Communauté qui, ensemble, participent activement au processus de la réforme, depuis son élaboration, jusqu'à son implémentation. Les EMs,

---

[371] FMI, AFRITAC-Centre, Mission circulaire de sensibilisation et de dissémination des directives du cadre harmonisé de gestion des finances publiques en zone CEMAC, *« Présentation de la réforme, des principales innovations apportées par les nouvelles directives, des différentes phases et du calendrier de la mise en œuvre »*. C'est à partir de 2007 qu'est conduite une étude sur la modernisation des finances publiques dans la zone CEMAC.

destinataires de la réforme, semblent également être ceux-là même qui l'inspirent. L'autre catégorie d'acteurs est externe à la réforme. Celle-ci vient en appui, et n'en est pas directement bénéficiaire[372].

La présentation du modèle de Cour des comptes élaboré par les institutions communautaires CEMAC, modèle qui doit être mis en œuvre par les EMs a un volet institutionnel et un volet matériel. Le premier met en exergue l'organisation, la composition et le fonctionnement de la Cour des comptes. En plus d'être une Cour des comptes et de discipline budgétaire et financière, la Cour des comptes est également une ISC. Ses membres ont le statut de magistrat. Ce dernier est doublé du statut d'auditeur[373], en leur qualité de membres d'une ISC.

Pour ce qui est de son fonctionnement, la Cour obéit aux principes d'indépendance vis-à-vis du pouvoir exécutif et du pouvoir législatif et d'autonomie vis-à-vis du pouvoir judiciaire. La D.LF UEMOA est muette quant au positionnement de la Cour des comptes dans le paysage institutionnel des pays membres de l'Union. La procédure devant la Cour des comptes obéit au secret de l'instruction et aux délibérations collégiales, dans le respect du principe du contradictoire. Ce dernier

---

[372] Certes, les Partenaires Techniques et Financiers ne sont pas les premiers destinataires de la réforme, mais à bien y regarder, ils en tirent un certain bénéfice. En effet, le renforcement des mécanismes de contrôle des finances publiques emporte le renforcement de la sécurité des fonds des fonds des bailleurs. Ce qui garantit la solvabilité des États vis-à-vis de leurs créanciers qui sont les PTF. L'article 5 D.LF CEMAC dispose que *« les bailleurs de fonds internationaux sont tenus d'informer le ministre chargé des finances de tout financement apporté aux administrations publiques ou à la réalisation de projets et activités d'intérêt public. Aucun ministre ou agent public ne peut accepter la mise en place de ces financements sans que les documents y afférents aient été préalablement approuvés par le ministre en charge des finances.*
Lorsqu'ils sont accordés à l'État, les financements des bailleurs internationaux y compris ceux accordés à des projets et programmes d'investissement particuliers sont intégrés en recettes et en dépense à son budget général. Une annexe aux lois de finances donne le détail de l'origine et de l'emploi des fonds ». Il s'établit là, un premier niveau de contrôle des fonds des bailleurs, renforcé par l'article 17 D.LF qui dispose que *« les programmes font l'objet d'une évaluation de leur efficacité, économie et efficience par les corps et institutions de contrôle, ainsi que par la Cour des comptes ».*
[373] F. CHOUVEL, *L'essentiel des finances publiques 2011*, Paris, Gualino, 2011, p. 87. La composition de la Cour des comptes française, également ISC obéit à cette logique. La magistrature assise comprend, du grade le moins élevé au grade le plus élevé : les auditeurs, les conseillers référendaires et les conseillers maîtres.

visant à garantir les droits de la défense. L'échange des mémoires entre les personnes accusées de malversations financières et le ministère public alterne avec les débats oraux, en présence des justiciables.

S'agissant de ses compétences de la Cour, elles sont de nature juridictionnelle et non juridictionnelle. Les premières sont répressives en ce sens qu'il s'agit de juger les comptes des comptables publics et infliger des sanctions aux acteurs indélicats, intervenant dans les circuits financiers de l'État. Ces acteurs sont variés. Nous avons les comptables publics, les ordonnateurs, les contrôleurs financiers et toute personne impliquée dans la distraction des fonds publics. En tant que juridiction, la Cour des Comptes a également des compétences non répressives au contrôle des comptes des comptables publics. Les secondes sont composées des missions principales que sont le contrôle de gestion et de performance et les missions secondaires consistant à assister le Parlement[374] et à coordonner le paysage institutionnel de contrôle externe des finances publiques au sein des États. Cette compétence rentre dans ses prérogatives d'ISC.

La mise en œuvre de la réforme ainsi présentée, par les États membres de la CEMAC, fait apparaître un contraste. Pendant que certains EMs sont en avance dans le processus, d'autres traînent encore le pas. Certains EMs à l'instar du Congo et du Tchad disposent d'une Cour des comptes qui se rapproche du modèle élaboré par les institutions de la Communauté, aussi bien sur le plan de la forme que des compétences. D'autres EMs par contre en sont encore au stade de la Chambre des comptes rattachée à la Cour Suprême. C'est le cas du Cameroun. Il y a des EMs qui se situent dans ce que l'on peut qualifier de phase intermédiaire. Cette dernière se caractérisant par l'existence d'une Cour des Comptes certes, mais les compétences ne répondent pas aux exigences de la réforme. Avec l'assistance technique de la Banque Mondiale, le Cameroun est encore au stade de la préparation de la transposition des directives. Ladite préparation consiste notamment à analyser les écarts entre les directives communautaires et les textes

[374]Cameroon Tribune du 10 juin 2014, « Le ministre des Finances présente les bénéfices attendus de la réforme des finances publiques », pp 16-17. La technicité des questions d'ordre budgétaire et financier positionne la Chambre des comptes comme l'institution qui *« mène désormais des actions d'information auprès des députés de la Commission des finances et du budget du Parlement ».* Voir aussi (P.) ARDANT, *op.cit*, *« La complexité des problèmes, leur technicité, leur urgence parfois, ne permet plus au Parlement, d'agir lui-même ».*

régissant les institutions internes de contrôle externe des financiers publics, ainsi que des textes essentiels tels que la loi portant régime financier de l'État. La transposition prévue au courant de cette année ne sera pas, on l'espère, biaisée, lorsque l'on considère les changements institutionnels importants que l'application de la réforme doit entraîner. S'il y a des disparités au plan formel, à bien y regarder, les juridictions des comptes existantes dans les EMs exercent déjà plusieurs compétences mentionnées dans l'article 73 D.LF. Il y a donc, comme une conformité par anticipation des juridictions de ces EMs par rapport aux directives communautaires.

L'opérationnalisation contrastée de ce modèle institutionnel, ressort des écarts entre les normes nationales et les directives communautaires, en matière de contrôle juridictionnel des finances publiques. Ainsi, dans certains EMs à l'instar du Cameroun, la conformité aux normes communautaires passe par la fusion entre l'ISC et la juridiction des comptes et l'organe de discipline budgétaire et financière. On peut également créer une Cour des comptes qui, en plus, renferme les compétences d'une Cour de discipline budgétaire et financière et d'une ISC. La fusion fait naître une nouvelle institution aux compétences complexes, en faisant disparaître les institutions existantes qui remplissent les fonctions similaires. Le rôle d'assistance du Parlement par la Cour des comptes doit également être renforcé[375]. Il y a en outre, la conformité des activités de la Cour des comptes aux normes internationales, notamment de l'INTOSAI qui s'impose.

Harmoniser les juridictions des comptes dans l'espace CEMAC n'est pas une entreprise aisée. La réforme est ainsi confrontée à plusieurs obstacles. Les uns tiennent à des problèmes de rédaction des directives qui aboutissent à leur difficile application. Les autres obstacles tiennent au contexte socio politique des EMs. Pour la première catégorie d'obstacles, il apparaît que, les directives communautaires, qui contiennent la réforme, apparaissent trop détaillées. Ce caractère les amène à violer la souveraineté des EMs, à travers l'imposition d'un modèle institutionnel. À cela s'ajoutent certaines ambiguïtés relevées dans le nouveau modèle institutionnel que les pays membres doivent mettre en œuvre. Cette ambiguïté tenant notamment au rattachement de cette institution qui se veut

---

[375] Ce qui est déjà le cas au Cameroun, avec l'établissement *« des liens plus étroits avec le Parlement, dans la perspective de l'amélioration de la transparence dans les finances publiques ».* *Cameroon Tribune* du 10 juin 2014, *op.cit*, p. 17.

indépendante, au pouvoir judiciaire, en violation du principe d'équidistance. Il y a aussi une complexité qui caractérise cette institution tant sur le plan formel que matériel. La seconde catégorie d'obstacles quant à elle peut être envisagée, notamment sous l'angle structurel, avec l'héritage historique des EMs qui les rend réfractaires au changement[376]. Tout cela, doublé du manque de volonté politique qui amène le Professeur Narcisse MOUELLE KOMBI à arriver à la conclusion selon laquelle, l'*« aménagement institutionnel »* de la CEMAC fait apparaître *« la prégnance de l'inter étatisme »*[377], avec une *« faible concession à l'idée de supranationalité »*[378]. Ce manque de volonté politique qui ralenti la dynamique d'intégration, amène le Professeur Séraphin Magloire FOUDA à se demander si, le prochain État que l'Afrique veut former, dans son optique panafricaniste, sera *« confédéral ou fédéral ? »*. Quoi qu'il en soit, *« le chemin vers l'une ou l'autre voie paraît encore long au regard des réticences actuellement observées des États à l'abandon, même partiel, des souverainetés nationales »*[379].

Au rang des obstacles conjoncturels, il apparaît que l'implémentation de la réforme suppose, plusieurs changements au sein des EMs. La question est d'autant plus importante, qu'elle doit entraîner des modifications constitutionnelles. Ces dernières étant redoutées par les acteurs politiques qui, parfois, y voient l'occasion d'insérer des dispositions visant à maintenir l'équipe dirigeante en place, comme l'indique le débat actuel au Tchad avec les premières conclusions du forum national inclusif sur les réformes institutionnelles qui penche en faveur d'une révision constitutionnelle. Par ailleurs, l'accroissement des pouvoirs du magistrat financier, au regard des directives communautaires, peut susciter une certaine crainte quant à l'émergence d'un gouvernement des juges où, ces derniers peuvent se ranger en un ordre de juridiction spécial ou en un quatrième pouvoir, car, se situant

---

[376] N. MACHIAVEL, *Le Prince et autres textes,* Paris, Les classiques des Sciences Sociales, 1962, p.28. *« ... l'on doit remarquer qu'en effet il n'y a point d'entreprise plus difficile à conduire, plus incertaine quant au succès, et plus dangereuse que celle d'introduire de nouvelles institutions. Celui qui s'y engage a pour ennemis tous ceux qui profitaient des institutions anciennes, et il ne trouve que de tièdes défenseurs dans ceux pour qui les nouvelles seraient utiles »*.

[377] N. MOUELLE KOMBI, *op.cit*, p. 208.

[378] *Ibid,* p. 218.

[379] S. MAGLOIRE FOUDA, « Des arrangements institutionnels pour une véritable intégration régionale en Afrique, quelques pistes », p. 195. *In* H. BEN HAMMOUDA, B. BEKOLO EBE, TOUNA MAMA, *op.cit*, pp 189-203.

au-dessus de toutes les autres juridictions, au regard d'énormes pouvoirs de contrôle et de sanction qui lui sont dévolus.

Les imperfections que recèlent les directives communautaires, et qui sont en partie la cause des difficultés relatives à l'opérationnalisation de la réforme peuvent conduire à une troisième génération de directives. Il apparaît de ce fait que le rattachement de Cour des Comptes au pouvoir judiciaire est déjà, une violation aux principes d'équidistance et d'indépendance. Cet état de fait présente une contrainte réelle car, l'ISC doit toujours être rattachée au pouvoir qui garantit le mieux son indépendance. Et, le Conseil des ministres de l'UEAC a estimé que, c'est le pouvoir judiciaire qui, peut le mieux garantir l'indépendance de la Cour des comptes. L'observation du fonctionnement de ces institutions montre que le pouvoir de rattachement est généralement le double degré de juridiction. L'organe de tutelle ayant pour compétence de connaître en appel ou en cassation, les jugements définitifs, rendus par la juridiction des comptes. Or, il est possible d'envisager une Cour des comptes véritablement indépendante des trois pouvoirs. Cela passe par l'implication de la Cour des comptes communautaire. Celle-ci doit désormais jouer le rôle de second degré de juridiction des Cours de comptes des EMs. Ce qui peut également l'amener à harmoniser la jurisprudence communautaire en matière de contrôle juridictionnel des finances publiques.

Par ailleurs, une directive trop détaillée signifie contrainte, pression élevée de la Communauté sur les EM. Or, il n'est pas de la nature de la directive de priver les États de toute initiative, ou de toute marge de manœuvre. Les directives portant cadre harmonisé de la gestion des finances publiques en zone CEMAC, dans la partie réservée à la réforme des juridictions de comptes, apparaissent trop détaillées et contraignantes, réduisant ainsi considérablement la marge de manœuvre des États. L'un des problèmes auxquels cette situation débouche, c'est l'obligation faite à chaque EM, de mettre sur pied un modèle d'ISC d'inspiration française, en ignorant les particularités des États. Ces dernières sont notamment liées à l'histoire et à l'héritage culturel. Il aurait de ce fait été souhaitable que chaque État adopte le modèle d'ISC qui sied le mieux à ses réalités socio- politiques et historiques, tout en respectant les critères fondamentaux d'une ISC.

La complexité de l'institution proposée aux EMs est un autre aspect qui peut causer des difficultés de sa mise en œuvre. Il devient est important de remédier à cette complexité formelle et matérielle. Cela passe par la division du travail. Cette institution qui en fait, regroupe trois institutions distinctes devrait donc être éclatée en deux ou en trois. Les EMs pourront ainsi gagner en transparence et en fluidité dans cette mission délicate de contrôle externe des finances publiques.

On constate avec regret que les acteurs nationaux choisis par les instances communautaires pour mener cette réforme au niveau des États sont les Ministères en charge de l'économie et des finances. Certes ce sont les membres statutaires du Conseil des ministres de l'UEAC, mais il ne faut pas oublier de souligner que ces départements ministériels sont généralement les premiers clients des ISC, au regard de leur place centrale dans la gestion des finances publiques de l'État. Alors surgit une question embarrassante : peut-on gérer les finances publiques, et mener à bien une réforme qui réprime les atteintes à la gestion de la fortune publique ? S'il est vrai que la réforme des juridictions des comptes dans l'espace CEMAC s'intègre dans le vaste mouvement de réforme du cadre harmonisé de gestion des finances publiques en zone CEMAC, il n'en demeure pas moins que, dans ce vaste chantier, la réforme des juridictions des comptes devrait faire l'objet d'un traitement à part, au regard de la haute importance qu'elle revêt. C'est le seul contrôle externe qui sera désormais exercé sur les activités de l'État. Et cette réforme doit donc être pilotée par les institutions qui maîtrisent l'audit de l'État, et non par des départements ministériels qui font déjà partie de l'exécutif et qui vont élaborer et exécuter la loi de finances. C'est la raison pour laquelle le pilotage de la réforme des juridictions des comptes doit être confié à des institutions telles que les Cours et Chambres des comptes, les ISCs existantes dans les EMs.

La réforme des juridictions des comptes dans l'espace CEMAC, s'inscrit dans la logique du renforcement de la bonne gouvernance sans laquelle, l'Afrique ne peut prétendre au développement. Elle marque également un pas décisif dans le processus d'intégration à travers l'harmonisation des institutions et des pratiques. Bien que la réforme porte, recèle en elle quelques imperfections, elle est une avancée pour les EMs de la CEMAC. Cependant, la réforme serait vaine si elle ne s'inscrit pas dans un mouvement d'ensemble, où tous les États font une transposition et une application fidèle des directives communautaires. Elle participe aussi au renforcement de la démocratie et de l'État de droit à travers l'obligation pour chaque citoyen intervenant dans la gestion et la manipulation des fonds publics, de rendre compte. Il y a donc là l'émergence d'une culture de reddition des comptes pour tout citoyen. Cela suscite déjà un certain espoir, au regard de l'impunité qui règne, face à la dynamique sans cesse ascendante, de l'enrichissement illicite, sur les deniers publics, qui contraste avec la paupérisation croissante des couches les plus défavorisées. L'on pourrait ainsi s'interroger sur la capacité de ce nouveau modèle institutionnel à véritablement inverser la tendance. Le Professeur Maurice KAMTO dans ses réflexions sur le processus d'intégration en Afrique Centrale s'étonne de la naissance d'une nouvelle institution. L'on pourrait également, au regard des différents mécanismes et institutions de lutte contre les atteintes à la fortune publique, aller dans le même sens en disant : la Cour des comptes modèle CEMAC, une institution de plus dans la protection de la fortune publique dans les EMs de la CEMAC. Cela suppose un questionnement sur ce que cette institution apporte de nouveau et d'efficace dans le renforcement de la protection des biens publics au sein de l'espace CEMAC, au regard de dispositifs de contrôle et de répression des atteintes à la fortune publique déjà en place, mais qui peinent à produire des résultats escomptés.

POSTFACE

Il faut nous rendre à l'évidence. Le tout n'est pas d'avoir du pétrole, du manganèse, de l'uranium, du cobalt et bien d'autres ressources fossiles. La circonstance que le sous-sol des pays regorge d'immenses richesses naturelles, peut-être, selon les économistes, contreproductif. Pour les experts, cette contradiction logique porte un nom : le syndrome hollandais (*Dutch disease*) ou malédiction des matières premières.

Le fait est que l'Afrique équatoriale, regroupée au sein de la Communauté économique des Etats de l'Afrique centrale (CEMAC), est d'abord un scandale géologique pour les entreprises minières et les compagnies d'exploitation d'hydrocarbure. Elle est, ensuite, une terre abondamment arrosée, ce qui est propice pour des exploitations agricoles rentables. Elle est, enfin, un espace géographique où le nombre et le débit des cours d'eau autorisent l'aménagement de grands complexes hydroélectriques pour la fourniture d'énergie aux entreprises et aux ménages, dans des conditions écologiques optimales. Et pourtant !

Le paradoxe que nous offre l'Afrique centrale (le miroir de toute l'Afrique) est la juxtaposition de faramineuses richesses naturelles et une pauvreté humaine envahissante et, somme toute, révoltante. Pour le philosophe, le principe de la "raison suffisante" signifie que le fait social comme le fait physique se fondent sur une relation de causalité. Si les choses sont comme elles le sont et non autrement, c'est qu'il y a une raison à cela. Pour Kwame Nkrumah, "selon ce principe, toute chose a une explication, montrant pourquoi cette chose est ce qu'elle est, et non autre chose."[380]

Le paradoxe indiqué ci-avant a manifestement des causes multiples, des origines diverses et des explications multiformes. Les facteurs exogènes, les causalités endogènes, tout se côtoie et se conjugue pour donner le résultat qui ne cesse de désorienter une jeunesse oubliée sur le balcon de la vie. Parmi ces causalités, parmi ces facteurs, il y en a un qui retient notre attention : la question de la gouvernance publique. Pour

[380]K. Nkrumah, *Le Consciencisme*, Paris, Payot, 1964, p. 18.

la Banque africaine de développement et pour la Banque mondiale, la gouvernance publique se définit comme la manière dont le pouvoir est exercé pour gérer les ressources nationales économiques et sociales consacrées au développement.[381] Elle est bonne et on est donc en présence d'une bonne gouvernance lorsque les indicateurs suivants sont évalués positivement : i) la responsabilité et la reddition de comptes, ii) la transparence, iii) la lutte contre la corruption, iv) la participation, v) les réformes juridiques et judiciaires. La déclinaison de ces grilles d'évaluation peut prendre en compte des aspects aussi divers que l'efficacité des procédures fiduciaires, le niveau moyen de la morale publique, le droit au droit et le droit au juge.

Dès lors, il n'est point surprenant que les États membres de la CEMAC aient engagé, depuis l'année 2011 une réforme d'ensemble de leurs finances publiques comme une dimension de la réforme et de la modernisation de l'État. Les nouvelles directives[382] définissant le nouveau cadre juridique, statistique et comptable des finances publiques font basculer les États dans un système de gestion budgétaire axée sur les résultats. L'accent est mis sur la performance des finances publiques.[383] La dépense publique ainsi que la recette publique doivent se conformer aux exigences cumulatives de l'économie, de l'efficacité et de l'efficience. Les outils de la gestion budgétaire, les procédures et les tâches des acteurs sont appelés à évoluer pour tenir compte des nouveaux paradigmes à l'œuvre.

Des mutations profondes vont affecter les acteurs de la chaîne de préparation, d'exécution et de contrôle des finances publiques. Parmi ces acteurs, il y a la juridiction des comptes. Et c'est tout logiquement

---

[381]Fonds international de développement agricole, FIDA, Conseil d'administration - soixante-septième session
Rome, 8-9 septembre 1999, Document de travail réf. EB 99/67/INF.4, *La bonne gouvernance : une mise au point*, pp2-4.

[382]Directive n° 01/11-UEAC-190-CM-22 du 19 décembre 2011 relative aux lois de finances ; directive n° 02/11-UEAC-190-CM-22 du 19 décembre 2011 relative au règlement général sur la comptabilité publique ; directive n° 3/11-UEAC-195-CM-22 du 19 décembre 2011 relative au plan comptable de l'État ; directive n° 04/11-UEAC-190-CM-22 du 19 décembre 2011 relative à la nomenclature budgétaire de l'État ; directive n° 02/11-UEAC-190-CM-22 du 19 décembre 2011 relative au règlement général sur la comptabilité publique.

[383]N. Médé, "L'Afrique francophone saisie par la fièvre de la performance financière" : Chronique financière africaine francophone, *in Revue Française de Finances publiques,* n° 135-2016, p. 349.

que EFANGON Daniel Yannick nous offre une monographie sur le thème "La réforme des juridictions des comptes dans l'espace CEMAC." Il fait le tour d'horizon des nouvelles missions de la Cour des comptes dont la création et l'opérationnalisation sont une exigence découlant des termes de l'article 72 de la directive n° 01/11-UEAC-190-CM-22 relative aux lois de finances. La Cour exerce sa traditionnelle mission de contrôle de la régularité et de la légalité. Elle sanctionne les fautes de gestion. Elle est aussi attendue sur les questions de contrôle de la gestion des deniers publics, mais aussi d'évaluation des politiques publiques.

La mise en œuvre de la réforme du contrôle juridictionnel des finances publiques connaît des pesanteurs, des résistances au changement. Le manque de volonté politique a été cité par l'auteur. La peur d'un nouveau gendarme financier fait aussi frémir des pouvoirs qui sont modelés sur l'idée du chef absolu et infaillible. Le risque est donc bien là de voir nos nouvelles Cours des Comptes servir les besoins d'image des gouvernants vis-à-vis des partenaires étrangers sans pour autant offrir aux populations une contribution appréciable à l'implémentation d'une gouvernance bonne et catalyseur de développement humain durable.

Montesquieu avait pensé qu'en distinguant trois pouvoirs dans l'État (le pouvoir délibérant, le pouvoir exécutif et le judiciaire), leur équilibre et leur séparation offriraient des chances à la liberté de s'éclore et donnerait libre cours à un gouvernement modéré qu'il appelait de tous ses vœux. La vérité dans les États membres de la CEMAC est que le pouvoir manque d'être réellement équilibré. La séparation des pouvoirs imaginée par Montesquieu a du plomb dans l'aile. Il faut imaginer d'autres manières d'équilibrer le pouvoir pour déboucher sur un gouvernement modéré.

Ce que souligne EFANGON Daniel Yannick, la résistance au changement qu'il observe pourrait être vaincue par l'action conjuguée de nouveaux instruments d'équilibre du pouvoir que sont les acteurs de la société civile, mais aussi la transparence obligée de l'action publique rendue possible grâce à l'usage démocratisée des technologies de l'information et de la communication telles que *Whatsapp*, *Facebook*, *Twitter* et autres. Le pouvoir n'a plus le monopole de l'information et les citoyens sont et seront, demain plus qu'aujourd'hui, les auteurs de leurs propres destins. Que les gouvernants le veuillent ou non, les juridictions financières feront le travail de censure financière que la constitution et les textes d'application prévoient ; et ceci, sous l'œil vigilant et contraignant des millions de citoyens qui ont soif de bien-être pour tous. La question n'est pas de savoir si cela est possible, mais simplement de connaître le *quand* et le *comment*. Comme le dit si bien l'auteur, "la réforme des juridictions de comptes dans l'espace CEMAC s'inscrit dans la logique du renforcement de la bonne gouvernance sans laquelle l'Afrique ne peut prétendre au développement." Que cela soit dit… et écrit !

Nicaise MEDE

Professeur des universités

Directeur du Centre d'Études et de Recherches sur l'Administration et les Finances (CERAF), Université d'Abomey-Calavi (Bénin)

nmede@becg-i.com

ANNEXE

DIRECTIVE N° 01/11-UEAC-190-CM-22
Relative aux Lois de Finances

COMMUNAUTÉ ÉCONOMIQUE ET MONÉTAIRE DE L'AFRIQUE CENTRALE

UNION ÉCONOMIQUE DE L'AFRIQUE CENTRALE

CONSEIL DES MINISTRES

DIRECTIVE N° 01/11-UEAC-190-CM-22 Relative aux Lois de Finances.

LE CONSEIL DES MINISTRES

VU le Traité instituant la Communauté Economique et Monétaire de l'Afrique Centrale du 16 mars 1994 et ses Additifs en date du 5 juillet 1996 et 25 avril 2007 ;

VU la Convention régissant l'Union Économique de l'Afrique centrale (UEAC) et notamment son 'article 54 prescrivant l'harmonisation des législations budgétaires, des comptabilités nationales et des données macroéconomiques des États membres ;

VU la Directive N° 01/08-UEAC-190-CM-17 du 20 juin 2008 relative aux lois de finances ;

VU la Directive N° 05/10-UEAC-190-CM-21 du 28 octobre 2010 portant création, attribution et fonctionnement du Comité d'Experts en gestion des finances publiques ;

VU les comptes rendus des travaux du Comité d'Experts en gestion des finances publiques respectivement du 25 février 2011 et du 29 avril 2011 ;

PERSUADE de la nécessité d'améliorer toujours davantage la transparence dans la gestion des finances publiques dans les États membres ;

DÉSIREUX d'adapter les directives communautaires aux standards internationaux et aux bonnes pratiques en matière de gestion des finances publiques ;

Sur proposition de la Commission de la CEMAC ;

APRÈS avis du Comité Inter-Etats ;

EN sa séance du 19 décembre 2011

ADOPTE LA DIRECTIVE DONT LA TENEUR SUIT :

TITRE I : Des dispositions générales

Chapitre 1 : De l'objet et du champ d'application

Article 1er

La présente directive fixe, pour les États membres de la Communauté Economique et Monétaire de l'Afrique Centrale :

• Les conditions dans lesquelles est arrêtée la politique budgétaire à moyen terme pour l'ensemble des finances publiques ;

• Les règles relatives à la nature, au contenu, à la présentation, à l'élaboration et à l'adoption des lois de finances ;

• Les principes relatifs à la gestion du budget de l'État, à la comptabilité publique et aux responsabilités des agents publics intervenant dans la mise en œuvre desdits principes.

Article 2

Les dispositions de la présente directive s'appliquent au budget de l'État à l'exception des dispositions du titre I qui s'appliquent aux budgets de l'ensemble des administrations publiques.

Les textes nationaux régissant les budgets des administrations publiques autres que l'État, notamment les budgets des établissements publics et ceux des collectivités territoriales doivent s'inspirer des principes et règles fixés dans la présente directive.

Sont considérés comme des fonds publics soumis aux règles définies par la présente directive, quels qu'en soient l'objet et la nature, les financements accordés à l'État ou à toute autre administration publique par les bailleurs de fonds internationaux, États étrangers ou institutions financières internationales.

Chapitre 2 : Des principes budgétaires et fiscaux

Article 3

Les budgets des administrations publiques déterminent pour chaque année, dans un document unique pour chacune d'entre elles, l'ensemble de leurs recettes et de leurs dépenses, présentées pour leur montant brut. Les dépenses sont décrites en fonction de leur nature économique et, le cas échéant, en fonction des finalités qu'elles poursuivent. L'ensemble des ressources de chaque collectivité publique est affecté au financement de l'ensemble de ses charges. Il est fait recette du montant intégral des produits, sans contraction entre les recettes et les dépenses.

Les budgets des administrations publiques présentent de façon sincère l'ensemble de leurs recettes et dépenses. Leur sincérité s'apprécie compte tenu des informations disponibles au moment de leur élaboration et des prévisions qui peuvent raisonnablement en découler.

Article 4

L'assiette, le taux et les modalités de recouvrement des prélèvements obligatoires ne peuvent être établis, supprimés ou modifiés que par une loi de finances. Ils sont, sauf disposition expresse contraire, valables sans limites de temps et ne peuvent avoir d'effet rétroactif.

Le produit des prélèvements obligatoires est attribué à l'État.

Toutefois, une loi de finances peut, par exception, attribuer directement ce produit, en tout ou partie, à une autre administration publique. Dans ce cas, la loi de finances peut également déléguer aux collectivités attributaires la possibilité de fixer le taux de ces impositions dans des limites qu'elle détermine.

Article 5

Les bailleurs de fonds internationaux sont tenus d'informer le ministre chargé des Finances, de tout financement apporté aux administrations publiques ou à la réalisation de projets et d'activités d'intérêt public. Aucun ministre ou agent public ne peut accepter la mise en place de ces financements sans que les documents y afférents aient été préalablement approuvés par le ministre chargé des finances.

Lorsqu'ils sont accordés à l'État, les financements des bailleurs internationaux y compris ceux accordés à des projets ou programmes d'investissement particuliers sont intégrés en recettes et en dépenses à son budget général. Une annexe aux lois de finances donne le détail de l'origine et de l'emploi de ces fonds.

Article 6

Les conditions d'application des principes définis au présent chapitre et, le cas échéant, les dérogations qui y sont apportées sont déterminées par la présente directive.

Chapitre 3 : De la politique budgétaire

Article 7

Les budgets des administrations publiques, notamment celui de l'État, doivent être établis et financés dans des conditions qui garantissent la soutenabilité de l'ensemble des finances publiques. Conformément aux engagements internationaux pris dans le cadre de la Communauté Economique et Monétaire de l'Afrique Centrale, la politique budgétaire doit éviter tout déficit public excessif et se conformer à la discipline budgétaire qu'implique la monnaie commune.

À cette fin, le Gouvernement définit une politique budgétaire à moyen terme conforme aux critères fixés par les conventions régissant la Communauté Economique et Monétaire de l'Afrique Centrale, en assure la bonne mise en œuvre et se prête aux obligations de la surveillance multilatérale.

Article 8

Chaque année, le Gouvernement établit un cadre budgétaire à moyen terme définissant, en fonction d'hypothèses économiques réalistes, l'évolution sur une période minimum de trois ans :

• De l'ensemble des dépenses et recettes des administrations publiques, y compris les contributions des bailleurs de fonds internationaux

• Du besoin ou de la capacité de financement des administrations publiques en résultant, des éléments de financement ainsi que du niveau global d'endettement financier des administrations publiques.

Sur la base de ce cadre budgétaire à moyen terme et dans les limites qu'il fixe, le Gouvernement établit des cadres de dépenses à moyen terme décomposant, sur une période minimum de trois ans, les grandes catégories de dépenses publiques, par nature et par fonction et, le cas échéant, par ministère.

Ces documents de cadrage à moyen terme sont rendus publics.

Article 9

Chaque année, avant le 1er août, le Gouvernement transmet au Parlement les documents de cadrage à moyen terme définis à l'article ci-dessus, accompagnés d'un rapport sur la situation macro-économique et d'un rapport sur l'exécution du budget de l'exercice en cours. Sur la base de ces documents et rapports, le Parlement organise un débat d'orientation budgétaire, en séance publique, mais sans vote.

Les lois de finances annuelles doivent être conformes à la première année des documents de cadrage à moyen terme qui sont arrêtés définitivement à la suite du débat d'orientation budgétaire.

Titre II : Du budget de l'État

Article 10

Le budget de l'État détermine, pour un exercice budgétaire, la nature, le montant et l'affectation de ses recettes et de ses dépenses, ainsi que le solde budgétaire qui en résulte et les modalités de son financement. Il est adopté en loi de finances.

L'exercice budgétaire s'étend sur une année civile.

Article 11

Les recettes et les dépenses de l'État comprennent les recettes et les dépenses budgétaires ainsi que les ressources et les charges de trésorerie et de financement.

Chapitre 1 : Des recettes et des dépenses budgétaires

Article 12

Les recettes budgétaires de l'État sont présentées comme suit en titres :

• Titre I - Les recettes fiscales comprenant les impôts, les taxes, droits et autres transferts obligatoires autres que les cotisations de sécurité sociale ;

• Titre II - Les dons et legs et les fonds de concours ;

• Titre III - Les cotisations sociales ;

• Titre IV - Les autres recettes comprenant les revenus de la propriété, les ventes de biens et services, les amendes, pénalités et confiscations, les transferts volontaires autres que les dons, et les recettes diverses.

Article 13

La rémunération de services rendus par l'État peut être établie et perçue sur la base de décrets pris sur le rapport du ministre chargé des finances et du Ministre intéressé. Ces décrets deviennent caducs en l'absence d'une ratification dans la plus prochaine loi de finances afférente à l'année concernée.

Article 14

Les dépenses budgétaires ne peuvent être autorisées que par une loi de finances. Lorsqu'une loi, un décret, une ordonnance ou un contrat contiennent des dispositions pouvant conduire à la création ou à l'augmentation des dépenses de l'État, ces dépenses ne deviennent certaines et définitives que lorsque les crédits correspondants ont été ouverts en loi de finances.

Article 15

Les dépenses budgétaires de l'État sont regroupées comme suit en titres :

• Titre I - Les charges financières de la dette ;

• Titre II - Les dépenses de personnel ;

• Titre III - Les dépenses de biens et services ;

• Titre IV - Les dépenses de transfert ;

• Titre V - Les dépenses d'investissement ;

• Titre VI - Autres dépenses.

Les crédits de chaque programme ou dotation, tels que définis respectivement aux articles 17 et 18 de la présente directive, sont répartis, en fonction de la nature économique des dépenses, entre les six titres définis ci-dessus.

Chapitre 2 : De la nature et de la portée des autorisations budgétaires

Article 16

Un crédit budgétaire est le montant maximum de dépenses que le Gouvernement est autorisé par le Parlement à engager et à payer, pour un objet déterminé, au cours de l'exercice budgétaire.

Les crédits budgétaires sont fixés dans le budget adopté en loi de finances et mis à la disposition des ministres, à l'exception des crédits des institutions constitutionnelles qui sont mis à la disposition des Hautes Autorités responsables de ces institutions.

Article 17

Les crédits ouverts dans le budget de l'État pour couvrir chacune de ses dépenses sont, à l'exception des crédits visés à l'article 18 de la présente directive, regroupés par programme relevant d'un seul ministère.

Seule une disposition d'une loi de finances peut créer un programme.

Un programme regroupe les crédits destinés à mettre en œuvre une action ou un ensemble cohérent d'actions relevant d'un même ministère, auxquels sont associés des objectifs précis, définis en fonction de finalités d'intérêt général, ainsi que des résultats attendus. Les objectifs de chaque programme sont assortis d'indicateurs de résultats.

Placés sous la responsabilité d'un responsable de programme nommé en application de l'article 60 de la présente directive, les programmes font l'objet d'une évaluation de leur efficacité, économie et efficience par les corps et institutions de contrôle, ainsi que par la Cour des Comptes.

Les programmes d'un même ministère s'inscrivent dans le cadre d'un document de stratégie ministérielle cohérent avec les documents de cadrage à moyen terme définis à l'article 8 de la présente directive.

Ces documents sont rendus publics.

Article 18

Sont regroupés dans des dotations, les crédits couvrant :

• 1) Les dépenses des institutions constitutionnelles avec une dotation spécifique à chacune d'entre elles ;

• 2) Les dépenses accidentelles, destinées à faire face à des besoins urgents et imprévisibles ;

• 3) Les risques de mise en jeu des garanties et avals donnés par l'Etat en application de l'article 41 de la présente directive.

Article 19

Les crédits sont spécialisés par programme ou par dotation.

À l'intérieur de chaque programme ou dotation, la présentation des crédits par titre est indicative et ne s'impose ni aux ordonnateurs ni aux comptables dans les opérations d'exécution du budget.

Toutefois, au sein d'un programme, les crédits ouverts :

- Au titre des dépenses de personnel, ne peuvent être augmentés ;
- Au titre des dépenses d'investissement, ne peuvent être diminués.

Article 20

Les crédits ouverts sur le titre des dépenses de personnel sont assortis de plafonds d'autorisation des emplois rémunérés par l'État. Ces plafonds sont spécialisés par ministère. Le nombre et la répartition des emplois autorisés pour chaque ministère ne peuvent être modifiés que par une loi de finances.

Article 21

Les crédits ouverts en dépenses d'investissement distinguent des autorisations d'engagement et des crédits de paiement. Les autorisations d'engagement constituent la limite supérieure des dépenses pouvant être engagées et dont le paiement peut s'étendre, le cas échéant, sur une période de plusieurs années.

Pour chaque opération d'investissement directement exécutée par l'État, l'autorisation d'engagement couvre une tranche constituant une unité individualisée formant un ensemble cohérent et de nature à être mis en service ou exécuté sans adjonction.

L'autorisation d'engagement afférente aux opérations d'investissement menées dans le cadre de contrats de partenariats publics-privés par lesquels l'État confie à un tiers le financement, la réalisation, la maintenance ou l'exploitation d'opérations d'investissements d'intérêt public couvre dès l'année où le contrat est conclu la totalité de l'engagement juridique.

Les crédits de paiement constituent la limite supérieure des dépenses pouvant être payées pendant l'année pour la couverture des engagements contractés dans le cadre des autorisations d'engagement.

Cette distinction entre autorisations d'engagement et crédits de paiement peut également être appliquée, dans des conditions fixées par la législation nationale, aux crédits relatifs à certaines dépenses importantes s'exécutant sur plusieurs années.

Article 22

Sous réserve des dispositions prévues à l'article 23 de la présente directive, les crédits sont limitatifs et les dépenses ne peuvent être engagées et payées que dans la limite des crédits ouverts.

Article 23

Les crédits relatifs aux charges de la dette de l'État ont un caractère évaluatif. Ils sont ouverts sur un programme spécifique. Les dépenses auxquelles s'appliquent ces crédits évaluatifs s'imputent, si nécessaire, au-delà des crédits ouverts.

Le Parlement est immédiatement informé des dépassements de crédits évaluatifs. Ces dépassements font l'objet de propositions d'ouverture de crédits dans le plus prochain projet de loi de finances afférent à l'année concernée.

Les crédits évaluatifs ne peuvent faire l'objet d'aucun des mouvements de crédits prévus aux articles 24 à 28 de la présente directive.

Article 24

En tant que de besoin, les crédits ouverts sur la dotation pour dépenses accidentelles sont répartis entre les autres programmes, par décret pris sur le rapport du ministre chargé des finances.

Article 25

Des virements peuvent modifier la répartition des crédits entre programmes d'un même ministère ou entre dotations. Le montant cumulé au cours d'une même année, des crédits ayant fait l'objet de virements, ne peut excéder 2 % des crédits ouverts par la loi de finances de l'année pour chacun des programmes ou dotations concernés. Les virements de crédits de paiement au profit des dépenses d'investissement ne peuvent conduire à majoration d'autorisation d'engagement.

Des transferts peuvent modifier la répartition des crédits entre programmes de ministères distincts ou entre dotations, dans la mesure où l'emploi des crédits ainsi transférés, pour un objet déterminé, correspond à des actions du programme ou de la dotation d'origine.

Les virements et transferts sont effectués par décret pris sur le rapport du ministre chargé des finances, après avis du ou des ministres concernés. Ils sont immédiatement communiqués, pour information, au Parlement.

Article 26

En cas d'urgence, des décrets pris sur le rapport du ministre chargé des finances, après avis du ou des ministres concernés, peuvent ouvrir des crédits supplémentaires à condition de ne pas dégrader l'équilibre budgétaire défini par la loi de finances. À cette fin, les décrets d'avance procèdent à l'annulation de crédits ou constatent des recettes supplémentaires. Le montant cumulé des crédits ainsi ouverts ne peut excéder 1 % des crédits fixés par la loi de finances de l'année. Ils sont immédiatement communiqués, pour information, au Parlement.

La ratification des modifications ainsi apportées aux crédits ouverts par la loi de finances est demandée au Parlement dans le plus prochain projet de loi de finances afférent à l'année concernée.

En cas d'urgence et de nécessité impérieuse d'intérêt national, des crédits supplémentaires ayant pour effet de dégrader l'équilibre budgétaire défini par la loi de finances peuvent être ouverts par décret d'avance pris en Conseil des ministres ou texte de niveau équivalent. Un projet de loi de finances portant ratification de ces crédits est déposé immédiatement au Parlement.

Article 27

Un crédit doit être annulé lorsqu'il est devenu sans objet. Le montant cumulé des crédits annulés à ce titre ne peut dépasser 1,5 % des crédits ouverts par la loi de finances afférente à l'année en cours. L'annulation est décidée par arrêté interministériel signé par le ministre chargé des finances et le ministre concerné. Cet arrêté est immédiatement communiqué, pour information, au Parlement.

En outre, un crédit peut être annulé en application des dispositions de l'article 58 de la présente directive sur la régulation.

Article 28

Sous réserve des dispositions concernant les autorisations d'engagement, les crédits ouverts et les plafonds des autorisations d'emplois fixés au titre d'une année ne créent aucun droit au titre des années suivantes

Les autorisations d'engagement non utilisées à la fin de l'année ne peuvent pas être reportées.

Les crédits de paiement relatifs aux dépenses d'investissement disponibles sur un programme à la fin de l'année peuvent être reportés sur le même programme ou la même dotation dans la limite des autorisations d'engagement effectivement utilisées, mais n'ayant pas encore donné lieu à paiement.

Ces reports s'effectuent par décret en Conseil des ministres ou texte de niveau équivalent, en majoration des crédits de paiement pour les investissements de l'année suivante, sous réserve de la disponibilité des financements correspondants. Ce décret, qui ne peut être pris qu'après clôture des comptes de l'exercice précédent, est consécutif à un rapport du ministre chargé des finances qui évalue et justifie les recettes permettant de couvrir le financement des reports, sans dégradation du solde du budget autorisé de l'année en cours.

Ce décret est immédiatement communiqué, pour information, au Parlement.

Chapitre 3 : Des affectations de recettes

Article 29

Certaines recettes peuvent être directement affectées à certaines dépenses, notamment lorsqu'un lien économique réel existe entre une recette donnée et la dépense qu'elle finance ou lorsqu'un bailleur de fonds veut attribuer un financement à un objet précis.

Ces affectations prennent la forme de budgets annexes, de comptes spéciaux ou de procédures particulières au sein du budget général, d'un budget annexe ou d'un compte spécial.

Article 30

Des budgets annexes peuvent retracer, dans les conditions prévues par une loi de finances, les opérations des services de l'État non dotés de la personnalité morale résultant de leur activité de production de biens ou de prestation de services donnant lieu au paiement de redevances, lorsqu'elles sont effectuées à titre principal par lesdits services.

La création d'un budget annexe et l'affectation d'une recette à un budget annexe ne peuvent résulter que d'une disposition de loi de finances.

Sous réserve des règles particulières définies au présent article, les opérations des budgets annexes sont prévues, autorisées et exécutées dans les mêmes conditions que celles du budget général.

Les évaluations de recettes et les prévisions de dépenses d'un budget annexe ont un caractère indicatif.

Les budgets annexes doivent être présentés et exécutés en équilibre. Toutefois, la loi de finances peut autoriser un découvert sur un budget annexe pour une durée limitée, dans les conditions et limites qu'elle détermine. Sauf dispositions contraires prévues par une loi de finances, le solde de chaque budget annexe est reporté sur l'année suivante.

Les budgets annexes sont présentés en deux sections :

• La section des opérations courantes retrace les recettes et les dépenses de gestion courante.

• La section des opérations en capital retrace les recettes et les dépenses afférentes aux opérations d'investissement et aux variations de l'endettement.

Leur nomenclature budgétaire s'inspire du plan comptable général.

Les budgets annexes peuvent comporter un ou plusieurs programmes.

Aucun des mouvements de crédits prévus aux articles 24 à 28 de la présente directive ne peut être effectué entre le budget général et un budget annexe.

Article 31

Des comptes spéciaux peuvent être ouverts par une loi de finances. Les comptes spéciaux comprennent les comptes d'affectation spéciale et les comptes de commerce.

L'affectation d'une recette à un compte spécial ne peut résulter que d'une disposition d'une loi de finances.

Article 32

À l'exception du cas visé à l'article 37 de la présente directive, il est interdit d'imputer directement à un compte spécial des dépenses de salaires, traitements, indemnités et allocations de toute nature au personnel.

Article 33

Sous réserve des règles particulières prévues aux articles 34 et 35 de la présente directive, les opérations des comptes spéciaux sont prévues, autorisées et exécutées dans les mêmes conditions que celles du budget général.

Sauf dispositions contraires prévues par une loi de finances, le solde de chaque compte spécial est reporté sur l'année suivante.

Aucun des mouvements de crédits prévus aux articles 24 à 28 de la présente directive ne peut être effectué entre le budget général et un compte spécial.

Article 34

Les comptes d'affectation spéciale retracent, dans les conditions prévues par une loi de finances, des opérations budgétaires financées au moyen de recettes particulières qui sont, par nature, en relation directe avec les dépenses concernées.

Les recettes d'un compte d'affectation spéciale peuvent être complétées par des versements du budget général, dans la limite de 10 % des crédits initiaux de chaque compte.

Sauf dérogation expresse prévue par une loi de finances, aucun versement au profit du budget général, d'un budget annexe ou d'un compte spécial ne peut être effectué à partir d'un compte d'affectation spéciale.

En cours d'année, le total des dépenses payées au titre d'un compte d'affectation spéciale ne peut excéder le total des recettes constatées. Si, en cours d'année, les recettes effectives sont supérieures aux évaluations des lois de finances, des crédits supplémentaires peuvent être ouverts par arrêté du ministre chargé des finances, dans la limite de cet excédent.

Les crédits de paiement disponibles en fin d'année sur un compte d'affectation spéciale sont reportables sur l'année suivante dans la limite de l'excédent constaté, le cas échéant, en fin d'exercice sur le compte d'affectation spéciale concerné.

Article 35

Les comptes de commerce retracent les opérations à caractère industriel et commercial effectuées à titre accessoire par des services de l'État non dotés de la personnalité morale. Les évaluations de recettes et les prévisions de dépenses de ces comptes ont un caractère indicatif. Les comptes de commerce doivent être présentés et exécutés en équilibre. Toutefois, la loi de finances peut autoriser un découvert sur un compte de commerce pour une durée limitée dans les conditions et limites qu'elle détermine.

Article 36

Les procédures particulières permettant d'assurer l'affectation directe d'une recette à une dépense sont le fonds de concours, l'attribution de produits et le rétablissement de crédits.

Les fonds de concours sont constitués, d'une part, par des fonds à caractère non fiscal versés par des personnes physiques ou morales, notamment les bailleurs de fonds internationaux pour concourir à des dépenses d'intérêt public et d'autre part, par les produits de legs et donations attribués à l'État.

Les fonds de concours sont directement portés en recettes au budget général, au budget annexe ou au compte spécial considéré. Un crédit supplémentaire de même montant est ouvert par arrêté du ministre chargé des Finances sur le programme ou la dotation concernée. Les recettes des fonds de concours sont prévues, évaluées et autorisées par la loi de finances. L'emploi des fonds doit être conforme à l'intention de la partie versante. À cette fin, un décret pris sur le rapport du ministre chargé des finances définit les règles d'utilisation des crédits ouverts par voie de fonds de concours.

Les recettes tirées de la rémunération de prestations régulièrement fournies par un service de l'État peuvent, par décret pris sur le rapport du ministre chargé des finances, faire l'objet d'une procédure d'attribution de produits. Les règles relatives aux fonds de concours leur sont applicables. Les crédits ouverts dans le cadre de cette procédure sont affectés au service concerné.

Peuvent donner lieu à rétablissement de crédits dans des conditions fixées par arrêté du ministre chargé des finances :

1. Les recettes provenant de la restitution à l'État de sommes payées indûment ou à titre provisoire sur crédits budgétaires ;

2. Les recettes provenant de cessions entre services de l'État ayant donné lieu à paiement sur crédits budgétaires.

Article 37

Les financements apportés sous forme de dons par les bailleurs de fonds internationaux qui, par exception à l'article 2 de la présente directive et à titre transitoire, ne peuvent être versés en recettes du budget général sont gérés :

1. Soit, lorsqu'il s'agit de financements réguliers, dans des comptes d'affectation spéciale, créés par groupe de projets d'investissement,

regroupant les financements d'un ou, le cas échéant, de plusieurs bailleurs de fonds internationaux. Par exception aux dispositions de :

• l'article 32 de la présente directive, des dépenses de salaires, traitements, indemnités et allocations de toute nature au personnel peuvent être imputées sur ces comptes d'affectation spéciale

• l'article 34 de la présente directive, ces comptes d'affectation spéciale peuvent être abondés sans limites par un crédit budgétaire inscrit au budget de l'État au titre de la contrepartie nationale.

Chacun de ces comptes d'affectation spéciale forme un programme au sens de l'article 17 de la présente directive. Ils sont rattachés au ministre responsable de la mise en œuvre du ou des projets.

2. Soit, lorsqu'il s'agit d'opérations ponctuelles, par rattachement de fonds de concours.

Chapitre 4 : Des ressources et des charges de trésorerie et de financement

Article 38

Les ressources et les charges de trésorerie et de financement de l'État résultent des opérations suivantes :

1. Le mouvement des disponibilités de l'État ;

2. L'escompte et l'encaissement des effets de toute nature émis au profit de l'État ;

3. La gestion des fonds déposés par des correspondants du Trésor ;

4. L'émission, la conversion, la gestion et le remboursement des emprunts et autres dettes de l'État, y compris les bons et obligations du Trésor. Les ressources et les charges de trésorerie afférentes à ces opérations ne peuvent comprendre ni les primes ni les décotes à l'émission ;

5. L'encaissement des produits de cession d'actifs ;

6. La gestion des prêts et avances octroyés par l'État.

Article 39

Les opérations prévues aux alinéas 1 à 5 de l'article 38 de la présente directive sont effectuées conformément aux dispositions suivantes :

1. Le placement des disponibilités de l'État est effectué conformément aux autorisations annuelles données par la loi de finances de l'année ;

2. Aucun découvert ne peut être consenti aux correspondants du Trésor ;

3. Sauf disposition expresse d'une loi de finances, les établissements publics de l'État, les collectivités territoriales et leurs établissements publics sont tenus de déposer toutes leurs disponibilités auprès de l'État ;

4. L'émission, la conversion et la gestion des emprunts sont effectuées conformément aux autorisations annuelles données par la loi de finances de

l'année. Sauf disposition expresse d'une loi de finances, les emprunts émis par l'État sont libellés en francs CFA. Les remboursements d'emprunts sont exécutés conformément au contrat d'émission ;

5. Les cessions d'actifs sont effectuées conformément aux autorisations annuelles données par la loi de finances de l'année.

Article 40

Les opérations de gestion des prêts et avances de l'État sont effectuées conformément aux dispositions suivantes :

1. Les prêts et avances peuvent être accordés par le ministre des Finances à des collectivités ou personnes de droit public dans la limite de l'autorisation donnée chaque année à cet effet en loi de finances et pour une durée déterminée qui ne peut excéder cinq ans.

2. Ces opérations sont retracées dans un compte de prêt. Un compte distinct doit être ouvert pour chaque débiteur ou catégorie de débiteurs.

3. Les prêts et avances sont assortis d'un taux d'intérêt qui ne peut être inférieur à celui payé par l'État pour les emprunts et titres du marché obligataire de même échéance ou, à défaut, d'échéance la plus proche. Le montant de l'amortissement en capital des prêts et avances est pris en recettes au compte intéressé. Les intérêts perçus sont portés en recettes du budget général.

4. Toute échéance qui n'est pas honorée à la date prévue doit faire l'objet, selon la situation du débiteur :

a. Soit d'une décision de recouvrement immédiat, ou, à défaut de recouvrement, de poursuites effectives engagées dans un délai de six mois ;

b. Soit d'une décision de rééchelonnement faisant l'objet d'une publication au journal officiel ;

c. Soit de la constatation d'une perte probable faisant l'objet d'une disposition particulière de loi de finances et imputée au résultat de l'exercice. Les remboursements ultérieurement constatés sont portés en recettes au budget général.

Article 41

Dans une limite et à des conditions fixées en loi de finances, l'Etat peut accorder sa garantie financière ou son aval à des emprunts d'une durée inférieure à cinq ans émis par une collectivité publique ou personne morale de droit public. Cette limite de cinq ans ne s'applique pas aux garanties données par l'État aux prêts accordés par les bailleurs de fonds internationaux.

Ces opérations de garantie et d'aval sont retracées dans un compte de garantie. Un compte distinct doit être ouvert pour chaque bénéficiaire ou catégorie de bénéficiaire.

Dès qu'un risque sérieux de mise en jeu de la garantie ou de l'aval apparaît, des crédits sont ouverts à hauteur de ce risque dans la dotation prévue à l'article18 de la présente directive.

Les dépenses résultant de la mise en jeu des garanties et avals sont des opérations budgétaires.

Les garanties et les avals sont donnés par décret sur rapport du ministre chargé des finances.

Titre III : Des lois de finances

Article 42

Les lois de finances ont pour objet de déterminer les recettes et dépenses de l'État, de définir les conditions de l'équilibre budgétaire et financier, d'arrêter le budget de l'État et de rendre compte de son exécution.

Elles peuvent en outre comporter toute disposition de nature législative relative à la détermination des recettes et dépenses de l'État ou aux modalités de leur mise en œuvre et de leur contrôle.

Ont le caractère de lois de finances :

1. La loi de finances initiale ;

2. Les lois de finances rectificatives ;

3. La loi de règlement.

Le ministre chargé des finances prépare les projets de loi de finances, qui sont adoptés en Conseil des ministres.

Chapitre 1 : De la loi de finances initiale

Article 43

La loi de finances initiale comprend deux parties distinctes.

I. Dans la première partie, la loi de finances initiale :

1. Comporte les dispositions relatives aux ressources de l'État qui affectent l'équilibre budgétaire de l'année

2. Comporte l'évaluation de chacune des recettes budgétaires ;

3. Comporte toutes dispositions relatives aux affectations de recettes au sein du budget de l'État ;

4. Fixe les plafonds des dépenses du budget général et de chaque budget annexe, les plafonds des charges de chaque catégorie de comptes spéciaux ainsi que le plafond d'autorisation des emplois rémunérés par l'État ;

5. Arrête les données générales de l'équilibre présentées dans un tableau d'équilibre faisant apparaître :

a. le solde budgétaire global résultant de la différence entre les recettes et les dépenses budgétaires telles que définies respectivement aux articles12 et 15 de la présente directive ;

b. le besoin ou la capacité de financement de l'Etat, au sens des normes internationales en matière de statistiques de finances publiques

c. le solde budgétaire de base tel que défini dans le cadre des traités et conventions régissant la Communauté Economique et Monétaire de l'Afrique Centrale

6. Comporte les autorisations relatives aux cessions d'actifs, aux emprunts et à la trésorerie de l'État et évalue les ressources et charges de trésorerie et de financement, présentées dans un tableau des flux de trésorerie prévisionnels.

7. Fixe le plafond des dettes financières de l'État.

II. Dans la seconde partie, la loi de finances initiale :

1. Fixe, pour le budget général, par programme ou par dotation, le montant détaillé des crédits

2. Fixe le montant des recettes et des dépenses de chaque budget annexe et compte spécial, et, le cas échéant le montant des découverts autorisés

3. Autorise l'octroi des garanties de l'État et fixe leur régime ;

4. Approuve toutes les conventions de prêt avec les bailleurs de fonds internationaux, bilatéraux ou multilatéraux

5. Approuve les prêts et garanties accordés par l'État en application des articles40 et 41 de la présente directive

6. Peut :

a. Comporter des dispositions relatives à l'assiette, au taux et aux modalités de recouvrement des prélèvements obligatoires qui n'affectent pas l'équilibre budgétaire de l'année à condition que ces dispositions ne conduisent pas à diminuer le volume global de recettes fiscales en dessous du niveau fixé par le cadre budgétaire à moyen terme

b. Comporter des dispositions affectant directement les dépenses budgétaires de l'année ;

c. Définir les modalités de répartition des concours de l'État aux collectivités territoriales ;

d. Comporter toutes dispositions relatives à l'information sur la gestion des finances publiques et à son contrôle ;

e. Comporter toutes dispositions relatives aux modalités d'exécution du budget de l'État, à sa comptabilité et au régime de la responsabilité et de sanctions des agents de l'État en matière budgétaire, comptable et financière.

Article 44

Est joint au projet de loi de finances initiale un rapport sur la situation et les perspectives économiques, sociales et financières de la nation. Il comprend notamment la présentation des hypothèses, des méthodes et des résultats des projections sur la base desquelles est établi le projet de loi de finances de l'année. Il présente également les documents définitifs du cadrage budgétaire à moyen terme définis à l'article 8 de la présente directive.

Article 45

Sont jointes au projet de loi de finances initiale les annexes suivantes :

1. Une analyse des changements de la présentation budgétaire par rapport au précédent exercice faisant apparaître leurs effets sur les recettes, les dépenses et les soldes budgétaires de l'année concernée ;

2. Une analyse des prévisions de chaque recette budgétaire, évaluant les pertes de recettes liées aux dérogations fiscales ; la prévision de recette budgétaire au titre de l'année considérée est accompagnée d'une prévision, à titre indicatif, des montants attendus pour les deux années suivantes ;

3. Un état complet et détaillé de l'endettement prévisionnel en fin d'exercice accompagné de la stratégie d'endettement ;

4. Un tableau des opérations financières de l'Etat retraçant l'ensemble des flux financiers des administrations publiques ;

5. Un plan de trésorerie annuel mensualisé comportant notamment un plan d'engagement ;

6. Des annexes explicatives développant par programme, le montant des crédits présentés par titre au titre de l'année considérée ainsi que, à titre indicatif, au cours des deux années suivantes. Ces annexes sont accompagnées du projet annuel de performance de chaque programme présentant les objectifs poursuivis et les résultats attendus, mesurés au moyen d'indicateurs d'activité et de résultat ;

7. L'échéancier des crédits de paiement associés aux autorisations d'engagement ;

8. La répartition par ministère des emplois rémunérés par l'État ;

9. Des annexes explicatives détaillant le contenu des budgets annexes, comptes spéciaux, comptes de prêts et comptes de garantie ;

10. Un récapitulatif détaillé de l'ensemble des fonds des bailleurs prévus dans le cadre de l'exercice budgétaire à venir précisant leur montant, leur objet et leur mode d'intégration au budget national et à ses procédures de gestion ; à ce récapitulatif sont jointes des copies des conventions de financement concernées ;

11. Un rapport identifiant et évaluant les principaux risques budgétaires ;

12. Une note décrivant les principales mesures de dépenses et de recettes en précisant leur contribution aux objectifs de politique économique et leur cohérence avec les grandes politiques publiques.

La liste des annexes mentionnées au présent article peut être modifiée par les lois de finances.

Chapitre 2 : Des lois de finances rectificatives

Article 46

Sans préjudice des dispositions des articles 23 à 28 de la présente directive, les lois de finances rectificatives peuvent, en cours d'année, modifier les dispositions de la loi de finances de l'année. Le cas échéant, elles ratifient les modifications apportées par décret d'avance aux crédits ouverts par la dernière loi de finances.

Les lois de finances rectificatives sont présentées dans les mêmes formes que la loi de finances de l'année telle que définie à l'article 43 de la présente directive. Toutefois, s'agissant de la deuxième partie des lois de finances rectificatives, elles peuvent ne comporter que les éléments modifiant la deuxième partie de la loi de finances initiale.

Article 47

En cours d'exercice, un projet de loi de finances rectificative doit être déposé par le Gouvernement :

• Si les grandes lignes de l'équilibre budgétaire défini par la loi de finances de l'année se trouvent bouleversées, notamment en raison de l'évolution de la conjoncture, de l'intervention de décrets d'avances ou d'arrêtés d'annulation de crédits ;

• Si les recettes constatées dépassent sensiblement les prévisions de la loi de finances de l'année ;

• Si sont intervenues des mesures législatives ou réglementaires affectant de manière substantielle l'exécution du budget.

Article 48

Sont joints à tout projet de loi de finances rectificative :

1. Un rapport présentant les évolutions de la situation économique et budgétaire justifiant les dispositions incluses dans ce projet de loi de finances rectificatives ;

2. Une annexe explicative détaillant et justifiant les modifications de crédits proposées ;

3. Un tableau récapitulant les mouvements de crédits intervenus depuis la loi de finances initiale en application des articles 23 à 28 de la présente directive ;

La liste des documents mentionnés au présent article peut être modifiée par les lois de finances.

Chapitre 3 : De la loi de règlement

Article 49

La loi de règlement :

1. Arrête les résultats de la comptabilité budgétaire et de la comptabilité générale de l'exercice considéré et en donne quitus au Gouvernement ;

2. Procède aux modifications de crédits qui s'avéreraient, le cas échéant, nécessaires, notamment en :

• ratifiant les ouvertures de crédit intervenues par décret d'avance postérieurement à la dernière loi de finances afférente à cette année ;

• ouvrant, pour chaque programme concerné, les crédits nécessaires pour régulariser les dépassements constatés sur les crédits évaluatifs ;

• procédant à l'annulation des crédits n'ayant pas été consommés ;

• majorant le montant du découvert autorisé au niveau du découvert constaté d'un budget annexe ou d'un compte de commerce.

La loi de règlement peut également comporter toutes dispositions relatives au contrôle de la gestion des finances publiques, ainsi qu'à la comptabilité de l'État et aux régimes de responsabilité des agents chargés de l'exécution du budget.

Article 50

Sont joints au projet de loi de règlement :

1. Un état récapitulant et justifiant tous les mouvements de crédit intervenus en cours d'année

2. Des annexes explicatives développant par programme, le montant définitif des crédits ouverts et des dépenses constatées ainsi que la répartition définitive des crédits par titre comparé à leur répartition initiale. Elles présentent également l'écart entre les estimations et les réalisations au titre des fonds de concours ;

3. Les rapports annuels de performance présentant, sous le même format que les projets annuels de performance, pour chaque programme les résultats obtenus comparés aux objectifs fixés, les actions développées et les moyens utilisés, accompagnés d'indicateurs d'activité et de résultat ainsi que d'une estimation des coûts des activités ou des services rendus ;

4. Des annexes explicatives développant pour chaque budget annexe et chaque compte spécial, le montant définitif des recettes et des dépenses constatées, des crédits ouverts ou du découvert autorisé, ainsi que les modifications de découvert demandées ;

5. Des annexes explicatives développant, pour chaque compte de prêt et de garantie, les opérations effectuées ;

6. Les comptes de l'État qui comprennent :

a) Les résultats de la comptabilité budgétaire avec le développement des recettes et dépenses budgétaires du budget général, des budgets annexes et des comptes spéciaux du Trésor ; et

b) Le compte général de l'État comprenant la balance générale des comptes de l'année et les états financiers : bilan, compte de résultat, tableau des flux de trésorerie et état annexé dans les conditions définies par la directive portant Règlement Général sur la Comptabilité Publique

7. Un état développé des restes à payer et des restes à recouvrer de l'État accompagné d'un rapport indiquant les mesures envisagées pour maîtriser ces restes à payer et restes à recouvrer

8. Le tableau des opérations financières de l'État ;

9. Un rapport de la Cour des Comptes sur l'exécution de la loi de finances accompagné d'une certification de la régularité, la sincérité et la fidélité des comptes de l'État.

À l'exception des points 6 et 9, la liste des documents mentionnés au présent article peut être modifiée par les lois de finances.

Titre IV : De la préparation et de l'adoption du budget de l'état

Chapitre 1 : De la préparation du projet de budget

Article 51

Le ministre chargé des finances conduit, sous l'autorité du chef de l'exécutif, la procédure de préparation du budget annuel de l'État et des projets de loi de finances.

Article 52

Chaque année, la procédure de préparation du projet de loi de finances initiale est engagée par un Conseil des ministres qui sur proposition du ministre chargé des finances :

• Fixe le cadrage macro-économique sur la base d'hypothèses prudentes et crédibles et dans le respect du montant global des recettes et des dépenses fixées dans le cadre budgétaire à moyen terme défini à l'article 8 de la présente directive ;

• Détermine les priorités budgétaires et normes de dépenses pour les demandes de crédit des ministères, dans le respect des cadres de dépenses à moyen terme définis à l'article 8 de la présente directive ;

• Définit la procédure de présentation et d'arbitrage des demandes de crédit ainsi que leur calendrier.

Ce Conseil des ministres doit se tenir au plus tard six mois avant le début de l'exercice budgétaire couvert par le projet de loi de finances.

Le chef de l'exécutif, sur le rapport du ministre chargé des finances, procède aux arbitrages sur les dépenses et les recettes qui n'ont pu faire l'objet d'un accord entre ministres.

Chapitre 2 : De l'adoption du budget

Article 53

Le projet de loi de finances initiale, y compris le rapport et les annexes explicatives prévus aux articles 44 et 45 de la présente directive, est déposé au Parlement de l'État membre quinze jours avant l'ouverture de la session budgétaire, sauf disposition constitutionnelle contraire.

Le projet de loi de finances est défendu, au nom du chef de l'exécutif et en liaison avec l'ensemble des ministres sectoriels par le ministre chargé des finances.

Le Parlement doit se prononcer sur ce projet de loi de finances au plus tard avant la date de clôture de la session budgétaire. À défaut, il peut être mis en vigueur par ordonnance.

Toutefois, lorsque le projet de loi de finances n'a pu être déposé avant la date prévue au premier alinéa du présent article, la session budgétaire est immédiatement et de plein droit suivie d'une session extraordinaire dont la durée est au plus égale à la différence entre la date prévue au premier alinéa du présent article et la date de dépôt effective. Si à l'expiration de ce délai, le Parlement ne s'est pas prononcé, le projet de loi de finances peut être mis en vigueur par ordonnance.

Dans la mesure où, compte tenu de la procédure prévue à l'alinéa précédent, le projet de loi de finances n'a pu être voté avant le début de l'exercice, le Gouvernement est autorisé à continuer de percevoir les recettes et à exécuter, à titre provisoire mois par mois dans la limite d'un douzième par mois, les dépenses sur la base des crédits ouverts par la dernière loi de finances afférente à l'exercice précédent.

Article 54

Aucun article additionnel, aucun amendement à un projet de loi de finances ne peut être proposé par un parlementaire, sauf s'il tend à supprimer ou à réduire effectivement une dépense, à créer ou à accroître une recette ou à renforcer les procédures de contrôle du budget et des comptes publics.

Tout article additionnel et tout amendement doit être motivé et accompagné des développements des moyens qui le justifient.

La disjonction des articles additionnels ou amendements qui contreviennent aux dispositions du présent article est de droit.

Article 55

La seconde partie de la loi de finances initiale et, s'il y a lieu, des projets de lois de finances rectificatives ne peut être mise en discussion devant le Parlement avant le vote de la première partie.

Article 56

Les évaluations de recettes font l'objet d'un vote d'ensemble pour le budget général, les budgets annexes et les comptes spéciaux.

Les évaluations de ressources et de charges de trésorerie et de financement font l'objet d'un vote unique. Chaque compte de prêt ou de garantie fait toutefois l'objet d'un vote séparé.

La discussion des crédits du budget général donne lieu à un vote par programme. Les votes portent, le cas échéant, à la fois sur les autorisations d'engagement et sur les crédits de paiement. Les plafonds d'autorisation des emplois donnent lieu à un vote par ministère.

Les crédits des budgets annexes, des comptes spéciaux sont votés par budget annexe ou par compte spécial.

Article 57

Les projets de lois de finances rectificatives sont déposés au Parlement dès leur adoption en Conseil des ministres.

Le projet de loi de règlement est déposé et distribué au Parlement avant le dépôt du projet de loi de finances pour l'exercice à venir.

Le Parlement engage l'examen du projet de loi de règlement dès la première session qui suit son dépôt.

Titre V : Des principes relatifs à la mise en œuvre du budget de l'état

Chapitre 1 : De l'exécution

Article 58

Dès la promulgation de la loi de finances initiale, les crédits du budget voté sont mis à disposition des ministres sectoriels et des Hautes Autorités responsables des institutions constitutionnelles, par arrêtés du ministre chargé des finances.

Le ministre chargé des finances est responsable, en liaison avec les ministres sectoriels, de l'exécution de la loi de finances et du respect des soldes budgétaires définis en application de l'article 43 de la présente directive. À ce titre, afin de prévenir une détérioration de ces soldes, il dispose d'un pouvoir de régulation budgétaire qui lui permet de programmer le rythme de consommation des crédits en fonction de la situation de la trésorerie de l'État.

Si la situation ou les perspectives de trésorerie l'exigent, il peut, en cours d'exercice :

- Suspendre temporairement l'utilisation de certains crédits par instruction donnée au contrôleur financier dont copie est adressée à l'ordonnateur,
- Annuler certains crédits par arrêté dont copie est immédiatement adressée au Parlement.

Article 59

Le ministre chargé des finances est l'ordonnateur principal unique des recettes de l'État. Il peut déléguer ce pouvoir.

Les ordonnateurs principaux des dépenses du budget de l'État sont les ministres et les Hautes Autorités responsables des institutions constitutionnelles qui peuvent déléguer ce pouvoir à des agents soumis à leur autorité hiérarchique directe.

Le ministre chargé des finances est responsable de la centralisation des opérations budgétaires des ordonnateurs, en vue de la reddition des comptes relatifs à l'exécution des lois de finances.

Article 60

Le responsable de programme est nommé par le ministre sectoriel dont il relève. L'acte de nomination précise les conditions dans lesquelles les compétences d'ordonnateur lui sont déléguées, ainsi que les modalités de gestion du programme. Cet acte est transmis pour information au ministre chargé des finances.

Sur la base des objectifs généraux fixés par le ministre, le responsable de programme détermine les objectifs spécifiques, affecte les moyens et contrôle les résultats des services chargés, sous sa responsabilité, de la mise en œuvre du programme. Il s'assure du respect des dispositifs de contrôle interne et de contrôle de gestion.

Lorsqu'il modifie la répartition des crédits entre les différents titres au sein d'un programme, en application des dispositions de l'article 19 de la présente directive, l'ordonnateur délégué responsable de ce programme en informe immédiatement le ministre chargé des finances, après avoir pris l'avis du contrôleur financier.

Article 61

Le ministre chargé des finances nomme auprès de chaque ministre sectoriel un contrôleur financier chargé de veiller à la conformité budgétaire et à la régularité des projets d'engagement. À ce titre, il contrôle a priori, par l'apposition d'un visa préalable, les propositions d'actes de dépense qui lui sont transmises par le ministre ou ses ordonnateurs délégués selon des modalités définies par le ministre chargé des finances. Il ne peut être passé outre au refus de visa que sur autorisation écrite du ministre chargé des finances. Dans ce cas, la responsabilité du ministre chargé des finances se substitue à celle du Contrôleur Financier.

Le contrôleur financier assure, au profit du ministre chargé des finances, la centralisation de la comptabilité budgétaire du Ministère sectoriel auprès duquel il est placé.

Il peut en outre évaluer la qualité et l'efficacité du contrôle interne ainsi que du contrôle de gestion mis en œuvre par les ordonnateurs et ordonnateurs délégués.

Lors de la préparation du projet de budget du ministre sectoriel auprès duquel il est placé, le contrôleur financier vérifie le caractère sincère des prévisions de dépenses et d'emplois, et leur compatibilité avec les objectifs de maîtrise des finances publiques.

Article 62

Le paiement des dépenses de l'État relève de la responsabilité exclusive du comptable public ou d'un agent nommément désigné par lui, agissant sous son contrôle et sous sa responsabilité directe.

Préalablement au paiement, le comptable public vérifie la validité de la créance et le caractère libératoire du paiement. À défaut, il ne peut procéder au paiement.

Les comptables publics de l'État sont nommés par le ministre chargé des finances ou sur sa proposition.

Toutes les recettes publiques doivent être encaissées par un comptable public qui est tenu d'effectuer toute diligence nécessaire pour recouvrer les titres de recette régulièrement établis.

Les fonctions d'ordonnateur et de comptable public sont incompatibles.

Article 63

Les contrôles effectués par le Contrôleur Financier et par le Comptable Public peuvent, pour les dépenses à faible risque, faire l'objet d'une modulation dans des conditions fixées, pour chaque ministère, par décret sur proposition du ministre chargé des finances.

Les fonctions de contrôleur financier et de comptable public peuvent être cumulées.

Chapitre 2 : De la comptabilité

Article 64

L'État tient une comptabilité budgétaire destinée à vérifier le respect par le Gouvernement de l'autorisation parlementaire et une comptabilité générale destinée à mesurer l'évolution du patrimoine de l'État.

Les comptes de l'État comprennent les résultats de la comptabilité budgétaire et ceux de la comptabilité générale : ils doivent être réguliers, sincères et donner une image fidèle de l'exécution du budget et de l'évolution du patrimoine de l'État.

En outre, l'État met en œuvre une comptabilité destinée à analyser les coûts des différentes actions engagées ou des services rendus dans le cadre des programmes, et une comptabilité des matières, valeurs et titres.

Article 65

La comptabilité budgétaire est tenue, en partie simple, selon la nomenclature budgétaire de la loi de finances de l'année concernée.

Le fait générateur des écritures de comptabilité budgétaire est déterminé comme suit :

1. Les recettes sont prises en compte au titre du budget de l'année au cours de laquelle elles sont encaissées par un comptable public ; en outre, les États peuvent tenir une comptabilité budgétaire auxiliaire des liquidations et des émissions des recettes.

2. Les dépenses sont prises en compte successivement au moment de leur engagement puis de leur paiement, au titre du budget de l'année au cours de laquelle elles sont engagées par les ordonnateurs puis payées par les comptables publics ; en outre, les États peuvent tenir une comptabilité budgétaire auxiliaire des liquidations et des ordonnancements des dépenses. Toutes les dépenses doivent être imputées sur les crédits de l'année considérée, quelle que soit la date de la créance.

Toutefois, des dépenses budgétaires engagées et liquidées au cours de l'exercice budgétaire peuvent être payées après la fin de cet exercice, au cours d'une période complémentaire dont la durée ne peut excéder trente jours. En outre, lorsqu'une loi de finances rectificative est promulguée au cours du dernier mois de l'année civile, les opérations de recettes et de dépenses qu'elle prévoit peuvent être exécutées au cours de cette période complémentaire.

Article 66

La comptabilité générale est fondée sur le principe de la constatation des droits et obligations. Les opérations sont prises en compte au titre de l'exercice auquel elles se rattachent, indépendamment de leur date de paiement ou d'encaissement. Elle est tenue en partie double sur la base du plan comptable général.

Les règles applicables à la comptabilité générale de l'Etat s'inspirent des normes comptables internationalement reconnues. Elles doivent permettre la production d'une balance générale des comptes, d'un tableau de la situation nette ou bilan ou, en attendant d'y parvenir, d'un état récapitulant les actifs financiers et les passifs de l'État, d'un compte de résultat, d'un tableau de flux des opérations de trésorerie, d'un tableau des opérations financières de l'État et de l'état annexé.

Le ministre chargé des finances met à la disposition des ministres gestionnaires l'ensemble des informations comptables les concernant pour les aider à maîtriser leur budget et à améliorer leur gestion.

Les comptables publics sont responsables de la tenue des comptes de l'Etat dans le respect des principes et règles de la profession comptable. Ils s'assurent notamment de la sincérité des enregistrements comptables et du respect des procédures.

Chapitre 3 : De la trésorerie

Article 67

Les ressources publiques sont toutes, quels qu'en soient la nature et l'attributaire, encaissées et gérées par des comptables publics nommés par le ministre chargé des Finances et placés sous son autorité. Elles sont versées et conservées dans un compte unique ouvert au nom du Trésor à la Banque des États de l'Afrique Centrale. Aucun compte ne peut être ouvert par une administration publique dans une banque commerciale sauf dans les cas et dans les conditions déterminées par décret pris sur rapport du ministre chargé des finances.

Ce compte unique, qui peut être divisé en sous-comptes, ne peut présenter un solde débiteur.

Les dépenses publiques sont payées à partir de ce compte unique sur ordre des comptables publics.

Les fonds détenus par les comptables publics sont gérés selon le principe d'unité de caisse.

Article 68

Un plan annuel mensualisé de trésorerie, comportant notamment un plan d'engagement, est arrêté et annexé à la loi de finances de l'année. Il est régulièrement mis à jour par le ministre chargé des finances qui publie tous les trois mois une situation de la trésorerie et de l'exécution budgétaire.

Chapitre 4 : Du contrôle

Article 69

Les opérations relatives à l'exécution des lois des finances sont soumises à un triple contrôle, parlementaire, administratif et juridictionnel.

Article 70

Sans préjudice des pouvoirs généraux de contrôle du Parlement, le contrôle parlementaire s'exerce à l'occasion de l'examen des projets de loi de finances conformément aux articles 53 à 57 de la présente directive et vise également à s'assurer de la bonne exécution des lois de finances.

Les commissions parlementaires ont tout pouvoir pour entreprendre toute investigation et enquête relatives à l'exécution des lois de finances.

Les informations ou les investigations sur place que ces commissions demandent ne peuvent leur être refusées. Elles peuvent procéder à l'audition des Hautes Autorités en charge des institutions constitutionnelles, des ministres et de leurs subordonnés, dans les conditions déterminées par les Constitutions nationales. Toute personne entendue par ces commissions est, en ce qui concerne les questions budgétaires, financières et comptables, déliée du secret professionnel.

Le Gouvernement transmet au Parlement à titre d'information et aux fins de contrôle, des rapports trimestriels sur l'exécution du budget, en recettes comme en dépenses et sur l'application de la loi de finances. Ces rapports sont mis à la disposition du public.

Le Parlement peut s'appuyer sur la Cour des Comptes pour l'exercice du contrôle parlementaire. À cet effet, les commissions parlementaires chargées des finances peuvent demander à la Cour des Comptes la réalisation de toute enquête sur la gestion des services ou organismes qu'elles contrôlent.

Article 71

Le contrôle administratif comprend :

• Le contrôle hiérarchique de l'administration sur ses agents, qui le cas échéant peut s'exercer dans un cadre disciplinaire ;

• Le contrôle interne qui regroupe l'ensemble des procédures et méthodes permettant au responsable d'un service de s'assurer du bon fonctionnement de celui-ci et notamment de la bonne maîtrise des risques ;

• Le contrôle exercé par les inspections et corps de contrôle, y compris celui de l'inspection des finances qui peut s'exercer sur les services budgétaires et financiers de l'ensemble des ministères ;

• Le contrôle financier et comptable tel que défini aux articles 61 à 63 de la présente directive.

Article 72

Le contrôle juridictionnel des opérations budgétaires et comptables des administrations publiques est assuré par une Cour des Comptes qui doit être créée dans chaque Etat-Membre.

Cette Cour des Comptes est une juridiction et ses membres ont le statut de magistrat. Elle est indépendante par rapport au Gouvernement et au Parlement et autonome par rapport à toute autre juridiction. Elle décide seule de la publication de ses avis, décisions et rapports. Elle est l'institution supérieure de contrôle de chaque État.

Article 73

En ce qui concerne l'État, les missions de la Cour des Comptes sont notamment les suivantes :

1. Assister le Parlement dans le contrôle de l'exécution des lois de finances.

2. Certifier la régularité, la sincérité et la fidélité du compte général de l'État.

3. Juger les ordonnateurs, les contrôleurs financiers et les comptables publics dans les conditions prévues aux articles74 à 78 de la présente directive.

4. Contrôler la légalité financière et la conformité budgétaire de toutes les opérations de dépenses et de recettes de l'État. À ce titre, elle constate les irrégularités et fautes de gestion commises par les agents publics et fixe, le cas échéant, le montant du préjudice qui en résulte pour l'État. Elle peut en outre prononcer des sanctions.

5. Évaluer l'économie, l'efficacité et l'efficience de l'emploi des fonds publics au regard des objectifs fixés, des moyens utilisés et des résultats obtenus ainsi que la pertinence et la fiabilité des méthodes, indicateurs et données permettant de mesurer la performance des politiques et administrations publiques.

Elle peut, en outre, à la demande du Gouvernement ou du Parlement procéder à des enquêtes et analyses sur toute question budgétaire, comptable et financière.

Dans l'exercice de ses missions, la Cour des Comptes de chaque Etat-Membre peut au besoin solliciter l'assistance de la Cour des Comptes de la Communauté Economique et Monétaire de l'Afrique Centrale conformément aux traités et conventions communautaires.

Chapitre 5 : Des responsabilités et sanctions

Article 74

En cas de faute de gestion telle que définie à l'article 75 de la présente directive, tous les ordonnateurs encourent, en raison de l'exercice de leurs attributions, les responsabilités que prévoit la Constitution de chaque État, sans préjudice des sanctions prononcées par la Cour des Comptes.

Les contrôleurs financiers peuvent également être poursuivis et sanctionnés si les infractions commises par l'ordonnateur auprès duquel ils sont placés ont été rendues possibles par une défaillance des contrôles dont ils ont la charge.

Toute personne appartenant au cabinet d'un membre du Gouvernement, tout fonctionnaire ou agent d'un organisme public, tout représentant, administrateur ou agent d'organismes soumis à un titre quelconque au contrôle de la Cour des Comptes et toute personne à qui est reproché un des faits énumérés à l'article75 de la présente directive, peut être sanctionné pour faute de gestion.

Article 75

La faute de gestion est constituée par :

1. La violation des règles relatives à l'exécution des recettes et des dépenses de l'État et des autres organismes publics ;

2. La violation grave et répétée des règles de comptabilisation des produits et des charges applicables à l'État et aux autres organismes publics ;

3. La violation des règles relatives à la gestion des biens appartenant à l'État et aux autres organismes publics ;

4. Le fait, pour toute personne dans l'exercice de ses fonctions ou attributions, d'enfreindre de manière grave ou répétée les dispositions législatives ou réglementaires nationales destinées à garantir la liberté d'accès et l'égalité des candidats dans les contrats de commande publique ;

5. Le fait d'avoir entraîné la condamnation d'une personne morale de droit public ou d'une personne de droit privé chargée de la gestion d'un service public, en raison de l'inexécution totale ou partielle ou de l'exécution tardive d'une décision de justice ;

6. Le fait, pour toute personne dans l'exercice de ses fonctions ou attributions, de causer un préjudice grave à l'État ou à un organisme public, par des agissements manifestement incompatibles avec les intérêts de l'État ou de l'organisme, par des carences graves dans les contrôles qui lui incombaient ou par des omissions ou négligences répétées dans son rôle de direction ;

7. Les négligences graves ou répétées dans la gestion du budget, le suivi des crédits, la mise en œuvre de la dépense ainsi que la liquidation de la recette ;

8. L'imprévoyance caractérisée résultant de la consommation des crédits pour des dépenses d'intérêt secondaire au détriment des dépenses indispensables et prioritaires du service ;

9. La poursuite d'objectifs manifestement étrangers aux missions et attributions du service ;

10. La mise en œuvre de moyens manifestement disproportionnés ou inadaptés aux objectifs poursuivis par le service.

Cette liste peut éventuellement être complétée par les législations nationales.

Article 76

Sans préjudice des sanctions infligées par d'autres juridictions, les fautes de gestion sont sanctionnées, notamment par des amendes, par la Cour des Comptes.

Le montant des amendes est fixé en fonction du préjudice causé à l'État ou aux autres administrations publiques ainsi que de la gravité de la faute commise et de l'éventuelle réitération de pratiques prohibées. Il ne peut dépasser l'équivalent d'une année de salaire de l'intéressé.

Le régime des sanctions autres que les amendes est défini par les législations nationales.

Toutes les sanctions infligées par la Cour des Comptes sont déterminées individuellement pour chacune des personnes mentionnées à l'article 74 ci-dessus, dans le respect des droits de la défense. Toute sanction est motivée.

La faute de gestion est prescrite au terme de la cinquième année suivant les faits incriminés.

Article 77

Les comptables publics sont responsables sur leur patrimoine personnel de la gestion des fonds et valeurs dont ils ont la garde. Chaque année, ils rendent compte à la Cour des Comptes de la bonne tenue de leurs écritures et de la bonne conservation de ces fonds et valeurs. Dans l'hypothèse où cette reddition de leurs comptes ferait apparaître des irrégularités ou des insuffisances de fonds, la Cour des Comptes, après avoir entendu le comptable intéressé, prend un arrêt qui fixe le montant que le comptable devra payer à l'État ou à l'administration publique concernés, en tenant compte du montant du préjudice subi par la collectivité ainsi que des circonstances de l'infraction.

Elle peut en outre, en fonction de la gravité de la faute commise, imposer une amende au comptable défaillant, dans la double limite du montant visé à l'alinéa précédent et d'une année de salaire du comptable intéressé.

Les irrégularités et insuffisances constatées dans la gestion des fonds et valeurs visés au premier alinéa du présent article sont prescrites au terme de la cinquième année suivant les faits incriminés.

Article 78

Les décisions juridictionnelles de la Cour des Comptes prises en application des articles 74 à 77 de la présente directive sont, sous réserve de l'épuisement des voies de recours, exécutoires de plein droit.

Aucune autorité ne peut y faire obstacle.

Chapitre 6 : De la gestion des fonds des bailleurs

Article 79

Les règles d'exécution, de comptabilité, de gestion de trésorerie et de contrôle des fonds des bailleurs qu'il s'agisse d'organisations internationales ou d'États étrangers ainsi que le régime de responsabilité et de sanction des agents qui en ont la charge sont celles fixées par la présente directive.

Article 80

Toutefois, lorsque par exception à l'article 2 de la présente directive et à titre transitoire, une loi de finances crée pour la gestion des fonds des bailleurs un compte d'affectation spéciale ou met en place un fonds de concours, cette loi de finances peut prévoir, les dérogations suivantes :

1. L'engagement et l'ordonnancement des dépenses financées par ces fonds peuvent être confiés à une ou plusieurs personnes nommément désignées par accord entre le ministre auquel est rattaché le compte d'affectation spéciale, le ministre chargé des finances et le ou les bailleurs de fonds concernés ; ces personnes sont soumises aux mêmes obligations de rapports financiers périodiques que les agents chargés de l'exécution du budget national.

2. Les opérations de recouvrement et de paiement, exécutées par un comptable public, peuvent être soumises au contreseing de représentants du bailleur ou des bailleurs de fonds concernés.

3. Les financements apportés par les bailleurs de fonds peuvent être gérés dans un sous-comité du compte unique du Trésor à la Banque des États d'Afrique Centrale ouvert au nom du comptable public mentionné ci-dessus. Les conditions de fonctionnement de ce sous-compte sont fixées par une décision du ministre chargé des finances prise en accord avec le ou les bailleurs de fonds concernés.

4. Les opérations, activités et comptes de ces fonds peuvent faire l'objet d'un audit spécifique mandaté par le ou les bailleurs de fonds concernés, effectués conjointement avec les institutions de contrôle mentionnées au chapitre 4 du titre V de la présente directive.

Les modalités de mise en œuvre du présent article sont arrêtées dans le cadre des conventions de financement négociées et signées avec les bailleurs de fonds internationaux et jointes en annexe aux lois de finances.

Titre VI : Des dispositions transitoires et finales

Article 81

Les directives sur :

- Le Règlement Général sur la Comptabilité Publique
- Le Plan comptable de l'État
- La Nomenclature Budgétaire de l'État
- Le Tableau des Opérations Financières de l'État

Complètent et précisent, en tant que de besoin, les modalités d'application de la présente directive.

Article 82

Les législations et réglementations nationales devront être mises en conformité avec les dispositions de la présente directive dans les vingt-quatre mois de son adoption par la Communauté Economique et Monétaire de l'Afrique Centrale. À l'issue de ce délai, les prescriptions de la directive devront être effectivement appliquées par les Etats-Membres à l'exception des dispositions suivantes dont l'application effective pourra être différée jusqu'au terme d'un délai de huit années :

- Aux fonds des bailleurs (article 2 alinéa 2 ; article 3 alinéa 2 ; articles 79 et 80) ;
- Aux documents de cadrage à moyen terme (articles 8 et 9) ;
- Aux ordonnateurs (article 59 alinéa 2) ;
- Aux programmes et aux dotations (articles 17, 18 et 19 ; article 43 II alinéa 1 ; article 45 alinéa 6 ; article 50 alinéas 2 & 3 ; article 60) ;

• À la budgétisation des emplois (article 20) ;

• Aux autorisations d'engagement et crédits de paiement (article 21 ; article 45 alinéa 7) ;

• À la comptabilité d'analyse des coûts (article 64 alinéa 3) ;

• À la modulation des contrôles (article63) ;

• À la sanction des fautes de gestion

(article 76).

Pendant les délais fixés ci-dessus, les règles nationales en vigueur continuent de s'appliquer aux questions relatives aux dispositions ci-dessus dont l'application est différée.

S'agissant des dispositions relatives à la comptabilité générale (article 50 alinéas 6 et 9 ; article 66), le délai d'application effective peut être porté à dix ans. La Cour des Comptes, pendant ce délai, continuera à donner son appréciation sur la conformité du compte général de l'État avec les comptes de gestion des comptables publics principaux et les comptes administratifs des ordonnateurs principaux.

Article 83

Les États membres communiquent à la Commission de la Communauté Economique et Monétaire de l'Afrique Centrale, pour avis, le projet de texte national transposant les dispositions de la présente directive avant adoption. Ils communiquent ensuite à la Commission le texte des dispositions de droit interne adoptées dans les matières régies par la présente Directive.

Ces dispositions de droit interne doivent viser la référence de la présente Directive.

Article 84

La directive 2/08UEAC-190-CM 17 du 20 juin 2008 relative aux lois de finances est abrogée.

Article 85

La présente directive, qui entre en vigueur à compter de sa date de signature, sera publiée au Bulletin Officiel de la Communauté et à la diligence des autorités nationales, aux Journaux Officiels des Etats-Membres.

Fait à Brazzaville, le 19 décembre 2011

Pour le Conseil des ministres, Le Président,

PIERRE MOUSSA

RÉFÉRENCES BIBLIOGRAPHIQUES

I- OUVRAGES

A- Ouvrages généraux

- ARDANT (P.), *Institutions politiques et droit constitutionnel*, Paris, LGDJ, 2000, 606 p.
- BATTISTELLA (D.), *Théories des relations internationales,* Paris, Presses de la Fondation nationale des sciences politiques, 2e édition, 2006, 588 p. ; 4e édition, 2012, 751 p.
- BORCHARDT (K-D), *L'ABC du droit communautaire*, Luxembourg, Offices des publications officielles des communautés Européennes, 2000, 124 p.
- CARREAU (D.), JUILLARD (P.), *Droit international économique*, Paris, Dalloz, 2010, 770 p.
- CHEVALLIER (J.), L'État de droit, Paris, Montchrestien, 1999, 160 p.
- CHOUVEL (F.), *L'essentiel des finances publiques*, Paris, Gualiano, 4e édition, 2003, 95 p.
- CLERGERIE (J-L), GRUBER (A.), RAMBAUD (P.), *L'Union Européenne*, Paris, Précis Dalloz, 7e édition, 2008, 879 p.
- FAVROT (J-M), *L'essentiel de l'Union Européenne et du droit communautaire*, Paris, Gualino, 7e édition, 2006, 104 p.
- ISAAC (G.), *Droit communautaire général*, Paris, Masson, 1995, 328 p.
- KELSEN (H.),

Théorie pure du droit, Paris, Dalloz, 1962, 496 p.

Théorie générale des normes, Paris, PUF, 1996, 604 p.

Théorie générale du droit et de l'État, suivi de la doctrine du droit naturel et le positivisme juridique, Bruylant/LGDJ, 1997, 518 p.

- LEKENE DONFACK (E.), *Finances publiques camerounaises*, Paris, Berger-Levrault, 1987, 490 p.
- MARCHESIN (P.), *Introduction aux relations internationales*, Paris, Karthala, 2008, 219 p.
- MEKHANTAR (M.), *Finances publiques de l'État, la LOLF et le nouveau droit budgétaire de la France*, Paris, Hachette supérieur, 2009, 224 p.
- MOHAMED GHADHI (A.), *La longue marche de l'Afrique vers l'intégration, le développement et la modernité politique*, Paris, l'Harmattan, 2009, 564 p.
- MONJAL (P-Y.), *Les normes de droit communautaire*, Paris, PUF, 2000, 127 p.
- MUZELLEC (R.), *Finances publiques : notions essentielles, concours administratifs catégorie A, IPAG-IRA*, Paris, Sirey, 2000, 417 p.
- NOUHOUM DIALLO, *Le budget du Mali : analyse économique du budget dans la perspective de l'intégration régionale,* Paris, l'Harmattan, études africaines, 2006, 171 p.
- NTUNDA EBODE (J.V.) (dir.), *Enjeux géopolitiques en Afrique Centrale*, Paris, l'Harmattan, 2009, 426 p.
- QUEROL (F.), *Finances publiques*, Paris, Ellipses, 2009, 348 p.

B- Ouvrages spécialisés

- ATEBA OMBALA (M.), *Le contrôle juridictionnel des comptes de la Communauté Economique et Monétaire de l'Afrique Centrale*, Yaoundé, SOPECAM, 2007, 247 p.
- BOUVIER (M.), *Réforme des finances publiques : la conduite du changement*, Paris, L.G.D.J, 2007, 315 p.
- DAMAREY (S.), *Exécution et contrôle des finances publiques*, Paris, Gualino, 2007, 473 p.
- FABRE (F.J), FROMENT-MEURICE (A.), *Les grands arrêts de la jurisprudence financière,* Paris, Dalloz, 2007, 590 p.
- KANKEU (J.), *La réforme de l'État par la performance*, Bafoussam, PUP, 2012, 210 p.

- LIBONG BADJAN (P.), *Les réformes institutionnelles de la CEMAC, jeu des acteurs, intérêts des États*, Paris, l'Harmattan, 162 p.
- VALIN (G.), *Controlor & Audotor*, Paris, Dunod, 2006, 457 p.

C- Ouvrages méthodologiques

- BEAUD (M.), *l'art de la thèse/comment préparer et rédiger un mémoire de master, une thèse de doctorat ou tout autre travail universitaire à l'ère du net*, Paris, nouvelle édition, 2006, 202 p.
- GRAWITZ (M.), *Méthode des sciences sociales*, Paris, Précis Dalloz, 2001, 900 p.
- KALIKA (M.), *Le mémoire de master*, Paris, Dunod, 2008, 206 p.
- QUIVY (R.), CAMPENHOUDT (L.V.), *Manuel de recherches en sciences sociales*, Paris, Dunod, 1995, 289 p.

II- THÈSES ET MÉMOIRES

A- Thèses

- BANGO (A.), « L'élaboration et la mise en œuvre de la fiscalité dans les pays de la Communauté économique et monétaire de l'Afrique centrale (CEMAC) », Thèse de doctorat, Université Jean Moulin Lyon 3/École doctorale, 3 juin 2009, 540 p.
- KENFACK (J.), « Les actes juridiques des communautés et organisations d'intégration en Afrique centrale et orientale », Thèse de doctorat, Yaoundé, Université de Yaoundé II, 2003, 418 p.
- PORTAL (M.), « La politique qualité de la certification des comptes publics, le cas de la Cour des comptes », thèse de doctorat *es* sciences de Gestion, soutenue à la Cour des comptes française, le 4 décembre 2009, École doctorale Sociétés des Organisations, Université de Poitiers, 526 p.

B- Mémoires

- EBONGUE MAKOLLE (F.), « Droit supranational et ordre juridique interne, regard sur l'expérience camerounaise en matière d'intégration juridique (CEMAC, OHADA, COBAC, CIMA) », mémoire en vue de l'obtention du D.E.S.S en relations internationales (option diplomatie). IRIC, 2002, 109 p.
- JANGWA DIT MOUKOURI (J.A.), « La rationalisation par l'harmonisation des politiques sectorielles en Afrique Centrale dans la dynamique de l'intégration sous régionale : cas des infrastructures de transport », mémoire présenté et soutenu publiquement en vue de l'obtention d'un Master professionnel en relations internationales, option Banque Monnaie Finances Internationales, année académique 2010-2011, IRIC/MAS/BMFI/2011/JAN.
- MBOGNE CHEDJOU (G.C), « La transposition dans l'ordre juridique national des directives CEMAC : une analyse sous le prisme de la pratique européenne », IRIC/MEM/MAS2/IRMIC/2012/MBO.109 p.

III- DICTIONNAIRES ET LEXIQUES

- CORNU (G.), *Vocabulaire juridique*, Paris, PUF, 2011, 1095 p.
- DURAND (M.) (dir.), *Le Robert pour tous, dictionnaire de langue française*, Paris, Dictionnaires LE ROBERT, 1994, 1278 p.
- GENOUVRIER (E.), DESIRAT (C.), HORDE (T.), *Dictionnaire des synonymes*, Larousse, Paris, 2003, 743 p.
- GUINCHARD (S.) (dir.), *Lexique des termes juridiques,* Paris, Dalloz, 2010, 769 p.
- MORVAN (D.) (dir), *Le Robert pour tous, dictionnaire de langue française*, Paris, 1994, 1278 p.

IV- ARTICLES

- BIAO (B.), « Intégration régionale en Afrique Centrale, bilan et perspectives » *in L'intégration régionale en Afrique centrale, bilan et perspectives*, BEN HAMMOUDA (H.), BEKOLO EBE (B), TOUNA MAMA (dir.), Paris, Karthala, 2003, 312 p.
- KENFACK (J.), « Le juge camerounais à l'épreuve du droit communautaire et de l'intégration économique », *Juridis périodique*, n° 63, juillet-août-septembre 2005, pp.64-75.
- KOTT (S.), « Les prescriptions budgétaires et comptables dans les textes financiers », R.F.F.P n° 86-2004, L.G.D.J, pp.57-73.
- MEDE (N.), « Réflexion sur le cadre harmonisé des finances publiques dans l'espace UEMOA », Centre d'Étude et de Recherche en Administration et Finances (CERAF), Université d'Abomey-Calavi, Cotonou, septembre 2011, 121 p.
- MOUELLE KOMBI (N.), « L'intégration régionale en Afrique Centrale, entre inter étatisme et supranationalisme » in : *l'intégration régionale en Afrique Centrale : bilan et perspectives*, BEN HAMMOUDA (H.), BEKOLO EBE (B.), TOUNA MAMA (dir.), Paris, Karthala, 2003, pp 205-229.
- NNANGA (S.H), « Le juge des comptes au Cameroun : institution nouvelle pour une mission nouvelle ? », Revue Penant n° 842, janvier-mars 2003, pp. 21-45.
- NNANGA (S.H), « La protection juridictionnelle des finances publiques africaines », *R.A.S.J.* Vol 8, N° 1, 2011, pp 287-304.
- NTUDA EBODE (J.V.), « La redistribution de la puissance en Afrique Médiane CEMAC : nouvelle configuration des alliances sous régionales », *in Enjeux géopolitiques en Afrique Centrale,* Paris, l'Harmattan, 2009, pp. 45-76.
- TOGOLO (O.), « Le juge camerounais et le juge de la CEMAC : un regard prospectif », Juris périodique n° 63, édition spéciale, pp.76-87.

- PELLET (A.), « Les fondements juridiques internationaux du droit communautaire », *in* : *Collected courses of the academy of europeanlaw*, *Academy of Europeanlaw* (ed.), volume V, Book 2, 1997, pp.193-271.

- TSAFACK NANFOSSO (R.A) et TAMBA (I.), « Enjeux et problématique de l'intégration en Afrique centrale », in Ben HAMMOUDA (H.), BEKOLO-EBE (B.) et TOUNA MAMA, *L'intégration régionale en Afrique Centrale : Bilan et perspectives*, Paris, KARTHALA, 2003, pp.42-58.

- SEYNI N'DIAYE, « Le rôle des réformes institutionnelles », *Fonds Monétaire International, revue Finances et Développement*, décembre 2001, pp 18-21.

- SIETCHOUA DJUITCHOKO (C.) « La réforme inachevée du contrôle juridictionnel des comptes au Cameroun (commentaire de la loi n° 2003/005 du 21 avril 2003 fixant les attributions, l'organisation et le fonctionnement de la Chambre des Comptes de la Cour Suprême) », *Jurispériodique* n° 56, octobre-novembre-décembre 2003, pp 72-78.

V- ÉTUDES, RAPPORTS ET AUTRES DOCUMENTS

A- Études

- République française, ministère des Affaires étrangères, Direction Générale de la Coopération Internationale et du Développement, *« Analyse comparative des processus d'intégration économique régionale*, étude réalisée par le Cered/Forum et le Cernéa, Université Paris X Nanterre, sous la direction de HUGON (P.)

- République Française, ministère des Affaires étrangères, Direction de la Coopération Internationale et du Développement, *« La gestion de la dépense publique dans les pays de l'Afrique Francophone subsaharienne »*, étude réalisée à l'Université de Paris I Sorbonne, sous la direction de BOUVIER (M.), avril 2004, 398 pages.

B- Rapports

- YEHOUESSI (Y-D.), « L'application du droit international dans l'ordre juridique des États francophones ouest-africains : le cas du droit communautaire de l'union économique et monétaire ouest-africaine », Cour de justice de l'UEMOA, Les actes du colloque de Ouagadougou, 24-26 juin 2003, pp.343-357.
- Fonds Monétaire International-CEMAC, Département des finances publiques du FMI-AFRITAC Centre, Mission circulaire de sensibilisation et de dissémination des directives du cadre harmonisé de gestion des finances publiques en zone CEMAC, « *Présentation de la réforme globale, des principales innovations apportées par les nouvelles directives, des différentes phases et du calendrier de mise en œuvre* », Yaoundé, du 25 au 28 mars 2013, 34 p.
- Fonds Monétaire International-CEMAC, Département des finances publiques du FMI-AFRITAC Centre, Mission circulaire de sensibilisation et de dissémination des directives du cadre harmonisé de gestion des finances publiques en zone CEMAC, « *Le rôle de la Cour des comptes dans la nouvelle gestion des finances publiques* », Yaoundé, du 25 au 28 mars 2013, 48 p.
- AFRITAC Centre, Séminaire sur la Reddition des Comptes, « *La reddition des comptes de gestion : de l'élaboration au jugement* », Douala, du 18 au 22 février 2013, 8 p.
- CEMAC, Tournée de sensibilisation et de dissémination des directives du cadre harmonisé de gestion des finances publiques, « *État de mise en œuvre de nouvelles directives sur les finances publiques de la CEMAC : Progrès réalisés, difficultés rencontrées et perspectives* », Yaoundé, 25-28 mars 2013, 29 p.
- Banque Mondiale, *Le rôle du parlement dans le cadre de la NGFP*, Yaoundé, 25-28 mars 2013, 14 p.

C- Autres documents

- *Le Financier d'Afrique*, hebdomadaire du monde économique et financier n° 352 du 14 janvier 2014, « Le Cameroun viole les textes de la CEMAC », 11 p.
- Le Messager, n° 3728 du mardi 27 novembre 2012, p.9. « Le Cameroun passe de la logique de « dépenser plus », à la « logique de dépenser mieux ».
- Ministère des Finances, *La réforme des Finances publiques du Cameroun,* Manuel de pilotage et d'exécution du budget programme, Yaoundé, janvier 2013, 144 p.
- Document de Stratégie pour la Croissance et l'Emploi (DSCE), août 2009, 174 p.
- Cameroon Tribune n° 10419/6620 du jeudi 5 septembre 2013.
- Cameroon Tribune n° 10586/6785 du 9 mai 2014.

VI- SOURCES DOCUMENTAIRES EN LIGNE

- CARMELI (S), « La réception du droit communautaire dans l'ordre juridique italien », *revue internationale de droit comparé*.vol.53N° 2, avril-juin 2001, pp339-382, disponible sur www.Persee.fr/web/revues/home/Prescript/article/ridc-0035-3337-2001-num-53-2-17979. Consulté le 20/12/2013 à 14 h 30 min
- CHEVALLIER (J.), « L'ordre juridique », 49 pages, disponible sur www.U-Picardie.fr/Labo/Curaff/revues/roof/13/Chevallier. Consulté le 20/12/2013 à 11 h 49 min
- Conditionnalité (aide internationale), « La conditionnalité dans l'aide internationale est l'ensemble des conditions exigées par les grandes organisations économiques internationales en échange de prêts aux pays en développement ». Disponible sur fr.wikipédia.org/WIKI/conditionnalité (aide-internationale), consulté le 14 mai 2014 à 11 h 54 min
- « Congo, la Cour des Comptes et de Discipline Budgétaire », disponible sur http://www.Courdescomptes-cg.org/index.html, consulté le 6 juin 2014 à 21 h 17 min

- Cour des comptes du Gabon, « Le développement des compétences humaines des ISC », disponible sur courdescomptesci.com/attachements/File/2Gabon.pdf, consulté le 8 juin 2014 à 14 h 51 min
- DAMIEN (G.M.B.), « Ordre juridique autonomie et dépendance, une introduction », Cahiers *du CeDIE*, Université catholique de Louvain, 2012, N° 2012/07, disponible sur *www.uclouvain.be/CeDIE,p.6.*
- Déclaration de la Mission des Services du FMI au Tchad, le 28/09/2012, disponible sur makaila.over-blog.com/article-Tchad.110653317html, consulté le 28 juin 2014 à 23 h
- JAKAB (A.), « La neutralisation de la question de la souveraineté. Stratégies de compromis dans l'argumentation constitutionnelle sur le concept de souveraineté pour l'intégration européenne », revue *Jus politicum*, N° 1, pp1-5. Disponible sur www.juspoliticum.com/ la neutralisation-de-la-question, 28. Html ? art Page 5-5 consulté le 14/06/2014 à 2 h 45 min
- JOL Press, Entretien avec Sylvain KAHN, « Droit européen et souveraineté nationale : le débat est ouvert ». Disponible sur www.jolpress.com/choi-européen-souveraineté nationale-débat-euroscepticisme-article- 825326.html. Consulté le 14/06/2014 à O3h25min.
- KAMTOH (P.), « La mise en œuvre du droit communautaire », IDEF, 2012, 12 p., disponible sur http://www.Juriscope. org/actes juridique.
- KAMTOH (P.), « Le droit comme instrument d'intégration régionale : le cas du droit communautaire CEMAC » disponible sur http:// www.Parcesmotifs.net/SPIP.PHP ?
- OUAMBA-DIASSIVY (A.), *La souveraineté de l'État et l'intégration sous-régionale en Afrique centrale : Le cas de la CEMAC*, Rapport de stage pour l'obtention du diplôme de stage diplomatique, UY II, IRIC, 2009, p.45. Disponible sur mémoire online. Com/02/10/3185/m-la-souveraineté-de-l'État-et l'intégration-sous-régionale-en Afrique centrale-le-cas-de-la CEMAC. Html. Consulté le 14/06/2014 à 4 h 5 min

- OUMAROU (B.), « La conditionnalité, vecteur juridique de l'assistance financière du FMI au Cameroun », Afrilex n° 4, pp. 132-149, disponible sur http : www.afrilex.U-bordeaux4.fr, consulté le 30 mars 2014 à 20 h 54 min
- « Tchad : une Cour des comptes mise sur pied d'ici la fin de l'année », publié le 01/10/2013, disponible sur www.journalduTchad.com/article.Php?aid=5248, consulté le 8 juin 2014 à 22 h 22 min
- « Tchad : l'Assemblée Nationale approuve la création d'une Cour des comptes », disponible sur tchadinfos.com/Tchad, consulté le 8 juin 2014 à 21 h 59 min

VII- DOCUMENTS OFFICIELS

A- Textes internationaux et communautaires

- Le Traité Révisé de la CEMAC du 25 juin 2008.
- La directive N° 01/11-UEAC-190-CM-22 relative aux lois de finances.
- La directive N° 02/11-UEAC-190-CM-22 relative au règlement général de la Comptabilité publique.
- La directive N° 03/11-UEAC-190-CM-22 relative au plan comptable de l'État.
- La directive N° 04/11-UEAC-190-CM-22 relative à la nomenclature budgétaire de l'État.
- La directive N° 05/11-UEAC-190-CM-22 relative au tableau des opérations financières de l'État.
- La directive N° 06/11-UEAC-190-22 relative au code de transparence et de bonne gouvernance dans la gestion des finances publiques.
- La directive N° 05/10-UEAC-190-CM-21 du 28 octobre 2010 crée et fixe les attributions du Comité d'Experts en gestion des finances publiques.
- La directive N° 99/CEMAC-028-CM-03 portant harmonisation des législations des États membres en matière de Taxe sur la valeur ajoutée (TVA) et du droit d'accises (DA).

- La directive N° 06/08-UEAC-133-CM-18 fixant le régime du service universel dans le secteur des communications électroniques au sein des États membres de la CEMAC.
- La directive N° 07/08-UEAC-133-CM-18 fixant le cadre juridique de la protection des droits des utilisateurs des réseaux et des services de communication électroniques au sein de la CEMAC.
- La directive N° 01/08-UEAC-190-CM-17 du 20 juin 2008 relative aux lois de finances ;
- La directive N° 02/08-UEAC-190-CM-17 du 20 juin 2008 portant règlement général de la comptabilité publique ;
- La directive N° 03/08-UEAC-190-CM-17 du 20 juin 2008 relative à la nomenclature budgétaire ;
- La directive N° 04/08-UEAC-190-CM-17 du 20 juin 2008 relative au tableau des opérations financières de l'État ;
- La directive N° 05/08-UEAC-195-CM-18 du 19 décembre 2008 relative au plan comptable de l'État/CEMAC.
- Traité révisé de la CEMAC du 30 janvier 2009.
- Convention régissant l'Union Économique de l'Afrique centrale (U.E.A.C) du 25 juin 2008.
- La directive n° 5-97/CM/UEMOA du 16 décembre 1997 relative aux lois de finances.
- La directive n° 06/2009/CM/UEMOA relative aux lois de finances.

B- Textes nationaux

- La loi N° 2007/006 du 26 décembre 2007 portant régime financier de l'État.
- La loi n° 2003/005 du 21 avril 2013, fixant les attributions, l'organisation et le fonctionnement de la Chambre des comptes de la Cour Suprême du Cameroun.
- Décret N° 2005/374 du *11 octobre 2005* portant organisationdes Services du Contrôle Supérieur de l'État.

- Décret N° 2013/287 du *4 septembre 2013* portant organisation des Services du Contrôle Supérieur de l'État.
- Circulaire N° 001/CAB/PR du 30 juillet 2013 relative à la préparation du budget de l'État pour l'exercice 2014.
- Ordonnance n° 62/OF/4 du 7 février 1962 portant régime financier de la République Fédérale du Cameroun, modifiée par la loi n° 2002/001 du 19 avril 2002.
- Loi n° 96/06 du 18 janvier 1996 portant révision de la constitution du 2 juin 1972.
- Loi n° 2003/005 du 21 avril 2003 fixant les attributions, l'organisation et le fonctionnement de la Chambre des Comptes de la Cour Suprême du Cameroun.
- La loi n° 96.001 du 3 janvier 1996 portant organisation et fonctionnement de la Cour des comptes de la République Centrafricaine.
- Loi N° 13.001 portant Charte Constitutionnelle de Transition de la République Centrafricaine.

C- Normes internationales en matière de contrôle des finances publiques

- ISSAI I ou la Déclaration de LIMA d'octobre 1977 sur les lignes directrices du contrôle des finances publiques.
- ISSAI 10 ou la Déclaration de Mexico sur l'indépendance des ISC.
- ISSAI 30 sur le code de déontologie de l'auditeur.
- ISSAI 100 sur les principes fondamentaux du contrôle des finances publiques.
- ISSAI 200 sur les principes fondamentaux de l'audit financier.
- ISSAI 300 sur les principes fondamentaux de l'audit de performance.
- ISSAI 400 sur les principes fondamentaux de l'audit de conformité.

TABLE DES MATIÈRES

Questions juridiques aux éditions L'Harmattan

Dernières parutions

QU'EST-CE QUE LE DROIT ?
Théorie syncrétique et échelle de juridicité
Barraud Boris
La définition du droit ici est d'abord lexicographique et scientifique. La théorie syncrétique réunit toutes les définitions du droit en vigueur, loin d'être concurrentes elles s'associent. Ne s'opposant plus, elles se complètent. La seconde partie interroge les dimensions du droit en mesurant le niveau de force juridique par l'application des critères de juridicité. Cette nouvelle forme de rationalité de la pensée juridique permet au juriste de s'ouvrir à tout type de normes sociales tout en sauvegardant l'autonomie conceptuelle du droit.
(Coll. Le Droit aujourd'hui, 25.50 euros, 242 p.)
ISBN : 978-2-343-13423-9, ISBN EBOOK : 978-2-14-005340-5

LA RECHERCHE DE L'ÉQUILIBRE CONTRACTUEL DANS LE CAUTIONNEMENT
Regards croisés entre le droit français et le droit OHADA
Dibangue Guy - Préface de Pascal Rubellin
Le cautionnement est actuellement la sûreté qu'exigent de préférence les banques des emprunteurs. Si le législateur français semble surprotéger la caution par rapport au créancier, c'est l'inverse qui a été retenu par le législateur OHADA. Dans les deux cas, c'est le déséquilibre entre la protection raisonnable de la caution et la préservation des intérêts des créanciers. Suivant les récentes évolutions législatives en France et en droit OHADA, cette thèse vise l'équilibre contractuel du cautionnement dans une démarche de modernisation et de rationalisation de cette sûreté.
(Coll. Droit aujourd'hui, 42.00 euros, 456 p.)
ISBN : 978-2-343-13159-7, ISBN EBOOK : 978-2-14-005369-6

LE DROIT ANIMAL
Morales Frénoy Cathy
Plus qu'un droit protecteur, le droit animal réglemente les différentes utilisations de l'animal par l'Homme. Il est un corpus juridique transversal, issu du droit international, européen et national, qui régit les rapports entre l'homme et l'animal sans toujours offrir une protection juridique souvent souhaitée. Ce guide juridique offre à tout lecteur une étude complète de cette nouvelle discipline.
(Coll. Bibliothèques de droit, 45.00 euros, 470 p.)
ISBN : 978-2-343-12873-3, ISBN EBOOK : 978-2-14-005223-1

QUESTIONS D'ACTUALITÉ EN ÉTHIQUE ANIMALE
Pelé Marie, Sueur Cédric
L'éthique animale qui désigne l'étude de notre responsabilité morale à l'égard des animaux, n'est pas une prise de position mais un questionnement en perpétuelle évolution avec notre culture et notre temps. Cet ouvrage présente plusieurs éléments de réponses aux récentes questions posées par la société sur notre rapport aux animaux. Experts et étudiants abordent onze questions d'actualité en éthique animale. Leurs échanges sont retranscrits.
(Coll. Le Droit aujourd'hui, 24.00 euros, 236 p.)
ISBN : 978-2-343-13489-5, ISBN EBOOK : 978-2-14-005382-5

JE PARLE AUX ANIMAUX
Peter Friedman
Samantha Khury écoute les animaux et leur parle. Grâce à ce dialogue, elle parvient à comprendre leur comportement et à trouver les mots qui les guérissent. Non seulement Samantha Khury comprend le langage de nos fidèles compagnons, mais, en plus, ceux-ci lui confient leurs malheurs. Des propriétaires d'animaux domestiques, des gardiens de zoo et des entraîneurs de chevaux qui l'ont consultée en sont convaincus. Nous la voyons au travail, à l'écoute d'un chat dépressif, d'un perroquet déplumé en manque d'amour ou d'une jument qui a besoin de liberté... « Dans cette Théma Arte sur les rapports entre les hommes et les animaux, *Je parle aux animaux* est le plus intéressant. Sans doute parce qu'il pose la question de la communication avec nos compagnons à quatre pattes. Peter Friedman livre des séquences étonnantes. » (*TéléObs*). « Ce documentaire étonnant parvient à nous convaincre que la frontière entre les espèces est bien mince. Quand on dit que l'homme n'est qu'un animal ! » (*Le Figaro*)
(20 euros)
ISBN : 978-2-336-31591-1

TRAITÉ DE DROIT CONSTITUTIONNEL CONGOLAIS
Esambo Kangashe Jean-Louis
Préface de El hadj Mbodji - Postface de Dodzi Kokoroko
Dans sa conception, son évolution et sa pratique, le droit constitutionnel a toujours eu du mal à s'affranchir de crises politiques. Droit de crises ou de gestion de crise, le droit constitutionnel est avant tout au service des normes, dont le respect par tous contribue au fonctionnement régulier des institutions. Placés dans le contexte congolais, les trois versants du droit constitutionnel, à savoir le droit normatif, celui institutionnel et la branche consacrée aux libertés n'ont pas toujours été en cohérence avec le constitutionnalisme.
(Coll. Études africaines, 39.00 euros, 410 p.)
ISBN : 978-2-343-12352-3, ISBN EBOOK : 978-2-14-005341-2

SUR LE CHEMIN DES SAISIES
L'huissier de justice d'hier à demain
Berthé Ibrahim
Qu'est-ce qu'un huissier de justice ? D'où vient-il ? À quoi sert-il ? Cet ouvrage tente de répondre à ces interrogations et, à travers l'histoire, de peindre les différentes facettes de ce personnage spécifique du rouage de l'appareil judiciaire dans le temps et dans l'espace, des rives de la Seine en France jusqu'au bord du fleuve Djoliba au Mali.
(25.00 euros, 270 p.)
ISBN : 978-2-343-13501-4, ISBN EBOOK : 978-2-14-005261-3

LES TECHNIQUES D'ENQUÊTE CRIMINELLE
Typologie des crimes et constatations médico-légales
Moutassi Jean-Pierre
L'adoption de la loi de Juillet 2005 portant sur la procédure pénale démontre la volonté du gouvernement camerounais à promouvoir un état de droit. Voici un outil fondamental pour les praticiens du droit criminel : un outil de formation pour les jeunes fonctionnaires, ainsi que pour leurs aînés qui n'auraient pas eu l'occasion de vivre l'expérience des enquêtes judiciaires.
(Harmattan Cameroun, 45.00 euros, 498 p.)
ISBN : 978-2-343-13126-9, ISBN EBOOK : 978-2-14-005224-8

LES CLÉS DES ENJEUX FINANCIERS DU DIVORCE
Rond Patrice - Préface de Laurent Hincker
L'amour s'est consumé, l'argent part en fumée ! À une époque où toujours plus de couples se séparent, la finance du divorce inquiète. Comprendre ses arcanes financières, c'est pouvoir anticiper en cas de conflit au sein du couple. Comment rétablir un budget ou encore évaluer une prestation compensatoire ? À l'aide d'exemples chiffrés, l'auteur indique comment recenser et évaluer les revenus et patrimoines, et présente des méthodologies pratiques pour établir les droits

respectifs des époux. L'ouvrage rend compréhensibles les procédures financières qui ont lieu dans le divorce.
(17.00 euros, 156 p.)
ISBN : 978-2-343-11633-4, ISBN EBOOK : 978-2-14-004942-2

LUTTER EFFICACEMENT CONTRE LA FRAUDE
Enjeux stratégiques et opérationnels
Sous la direction de Catherine Véret Jost et Nicolas Dufour
Lutter efficacement contre la fraude pour recycler 50 à 100 milliards d'euros par an dans la croissance économique en France, voici l'enjeu de cet ouvrage qui explicite les leviers d'actions pour y parvenir, avec des retours d'expériences de professionnels et d'académiques. Il s'adresse à tous ceux qui ont la volonté de relever ce défi.
(Coll. Perspectives organisationnelles, 38.50 euros, 392 p.)
ISBN : 978-2-343-13167-2, ISBN EBOOK : 978-2-14-005143-2

L'ENFANT EN PRISON
Sous la direction de Catherine Ménabé et Mathieu Martinelle
Depuis 1946, les femmes détenues ont la possibilité de garder à leurs côtés, en prison, leur enfant jusqu'à ses 18 mois, voire 2 ans. Si la situation est peu étudiée, et souvent méconnue, elle mérite de profondes réflexions. Quelles sont les conditions de vie de ces jeunes enfants au sein du milieu pénitentiaire ? Comment est assuré leur développement psychomoteur et affectif malgré les contraintes carcérales ? Comment l'univers carcéral s'adapte à la présence d'enfants, non écroués mais, de fait, privés de liberté ?
(Coll. Bibliothèques de droit, 27.00 euros, 274 p.)
ISBN : 978-2-343-13051-4, ISBN EBOOK : 978-2-14-005015-2

LES TRENTE ANS DE LA LOI LITTORAL
Sous la direction de Jean-Luc Pissaloux et Anne Rainaud
La loi Littoral a maintenant plus de trente ans. Loi d'avant-garde, elle vise à concilier la protection du littoral avec le développement économique. Souvent contestée comme trop protectrice, empêchant l'urbanisation, elle est aussi considérée comme un « laisser-construire » dans les zones saturées. Ses concepts sont difficiles à interpréter et appliquer. Les défis climatiques auxquels est confronté le littoral ont impliqué la participation de géographes. La protection des cordons littoraux s'avère aujourd'hui une nécessité.
(Coll. Grale, 39.00 euros, 418 p.)
ISBN : 978-2-343-13140-5, ISBN EBOOK : 978-2-14-004988-0

CICÉRON, PÈRE DE LA CODIFICATION DU DROIT CIVIL
Gilardeau Eric
Confronté à la crise subie par la République, Cicéron cherchait une réponse au chaos des lois et aux contradictions du droit civil. Il en élabora une véritable codification. Du «De oratore» au «De officiis», il critiqua la science du droit et la soumit à la loi naturelle, avant d'instituer une méthode de codification protectrice des droits civils, dont se rapprocheront les codes civils français et autrichien. Il faut attendre les réformes du Code civil allemand de 2001 et du Code civil français de 2016 pour rejoindre Cicéron sur le rôle de la bonne foi et de l'imprévision en matière contractuelle.
(Coll. Logiques Juridiques, 26.00 euros, 248 p.)
ISBN : 978-2-343-13327-0, ISBN EBOOK : 978-2-14-004994-1

DROIT DES SOCIÉTÉS COMMERCIALES OHADA
Akam Akam André, Voudwe Bakreo
Ce livre vise à exposer, expliquer, systématiser et critiquer les règles qui régissent la constitution, le fonctionnement et la disparition des sociétés commerciales. Il montre que le droit des sociétés commerciales OHADA vise la promotion, la protection et la société judiciaire des investissements, autant qu'il tend à protéger les intérêts particuliers. En outre, il met en exergue la richesse, la

variété et la modernité du droit des sociétés de l'OHADA, ainsi que l'abondance et la qualité des travaux de recherche des auteurs africains et d'ailleurs qui s'intéressent au droit OHADA.
(Coll. Dynamiques du droit OHADA, 55.00 euros, 752 p.)
ISBN : 978-2-343-12819-1, ISBN EBOOK : 978-2-14-005077-0

LA PROTECTION CONTRE LES ATTEINTES AUX DROITS SUR LES SIGNES DISTINCTIFS DANS L'ESPACE OAPI
Badou Charles
Les signes distinctifs confèrent à leur propriétaire un droit exclusif d'exploitation. Celui-ci bénéficie de règles dérogatoires au droit commun, qui ont pour vocation première d'assurer aux signes distinctifs une protection contre les atteintes dont ils peuvent être l'objet. Mais l'efficacité de la protection est toute relative. La protection contre les atteintes aux signes distinctifs exige donc de nouvelles solutions qui, prenant en compte la particularité du droit de la propriété industrielle, protègeront efficacement les signes distinctifs contre les violations des droits exclusifs de leur propriétaire.
(Coll. Études africaines, 42.00 euros, 468 p.)
ISBN : 978-2-343-11816-1, ISBN EBOOK : 978-2-14-005019-0

DROIT DU TRAVAIL SÉNÉGALAIS
Tagum Fombeno Henri-Joël - Préface de Isaac Yankhoba Ndiaye
L'auteur questionne le droit du travail sénégalais, analyse les textes récents et leurs apports au droit du travail, met en lumière les imperfections de la législation et les difficultés d'interprétation qu'elles suscitent dans la pratique. La compréhension de la matière est rendue aisée avec les illustrations et exemples pratiques, souvent utilisés par l'auteur et issus de son expérience professionnelle.
(Harmattan Sénégal, 48.00 euros, 506 p.)
ISBN : 978-2-343-13272-3, ISBN EBOOK : 978-2-14-004933-0

LA FUSION DES SOCIÉTÉS COMMERCIALES EN DROIT INTERNE ET INTERNATIONAL
Contribution à la notion de «contrat-organisation»
Kalaani Adrian
La fusion est l'opération par laquelle une ou plusieurs sociétés transfèrent, par la suite de leur dissolution sans liquidation, leur patrimoine à une société établie ou nouvelle. Ce transfert est possible par la distribution de parts sociales aux associés de la société dissoute. Cette définition française et européenne souligne les effets principaux de la fusion en restant silencieuse sur sa nature juridique. Donc la fusion est un contrat-organisation qui entraîne une mise en commun du patrimoine et des membres de chacune des sociétés fusionnantes au sein d'une seule société préexistante ou nouvelle.
(Coll. Logiques Juridiques, 55.00 euros, 638 p.)
ISBN : 978-2-343-10971-8, ISBN EBOOK : 978-2-14-004827-2

LE PRAGMATISME JURIDIQUE
Barraud Boris
Le pragmatisme invite à se concentrer sur le mode de production des connaissances et sur les actions plutôt que sur les pensées. Le pragmatisme juridique, attaché à l'effectivité des normes, permettrait d'accepter et expliquer les modes de régulation originaux du XXIe siècle. L'enjeu est de permettre au droit scientifique d'accompagner l'évolution du droit pratique. Sont surtout concernées la gouvernance du cyberespace, la protection de l'environnement et la responsabilité sociale des entreprises. Affinant le visage du pragmatisme juridique, voici un outil ouvrant des pistes pour l'avenir de la recherche en droit.
(Coll. Bibliothèques de droit, 33.00 euros, 334 p.)
ISBN : 978-2-343-13206-8, ISBN EBOOK : 978-2-14-004920-0

Structures éditoriales du groupe L'Harmattan

L'Harmattan Italie
Via degli Artisti, 15
10124 Torino
harmattan.italia@gmail.com

L'Harmattan Hongrie
Kossuth l. u. 14-16.
1053 Budapest
harmattan@harmattan.hu

L'Harmattan Sénégal
10 VDN en face Mermoz
BP 45034 Dakar-Fann
senharmattan@gmail.com

L'Harmattan Cameroun
TSINGA/FECAFOOT
BP 11486 Yaoundé
inkoukam@gmail.com

L'Harmattan Burkina Faso
Achille Somé – tengnule@hotmail.fr

L'Harmattan Guinée
Almamya, rue KA 028 OKB Agency
BP 3470 Conakry
harmattanguinee@yahoo.fr

L'Harmattan RDC
185, avenue Nyangwe
Commune de Lingwala – Kinshasa
matangilamusadila@yahoo.fr

L'Harmattan Congo
67, boulevard Denis-Sassou-N'Guesso
BP 2874 Brazzaville
harmattan.congo@yahoo.fr

L'Harmattan Mali
Sirakoro-Meguetana V31
Bamako
syllaka@yahoo.fr

L'Harmattan Togo
Djidjole – Lomé
Maison Amela
face EPP BATOME
ddamela@aol.com

L'Harmattan Côte d'Ivoire
Résidence Karl – Cité des Arts
Abidjan-Cocody
03 BP 1588 Abidjan
espace_harmattan.ci@hotmail.fr

L'Harmattan Algérie
22, rue Moulay-Mohamed
31000 Oran
info2@harmattan-algerie.com

L'Harmattan Maroc
5, rue Ferrane-Kouicha, Talaâ-Elkbira
Chrableyine, Fès-Médine
30000 Fès
harmattan.maroc@gmail.com

Nos librairies en France

Librairie internationale
16, rue des Écoles – 75005 Paris
librairie.internationale@harmattan.fr
01 40 46 79 11
www.librairieharmattan.com

Librairie l'Espace Harmattan
21 bis, rue des Écoles – 75005 Paris
librairie.espace@harmattan.fr
01 43 29 49 42

Lib. sciences humaines & histoire
21, rue des Écoles – 75005 Paris
librairie.sh@harmattan.fr
01 46 34 13 71
www.librairieharmattansh.com

Lib. Méditerranée & Moyen-Orient
7, rue des Carmes – 75005 Paris
librairie.mediterranee@harmattan.fr
01 43 29 71 15

Librairie Le Lucernaire
53, rue Notre-Dame-des-Champs – 75006 Paris
librairie@lucernaire.fr
01 42 22 67 13

www.ingramcontent.com/pod-product-compliance
Lightning Source LLC
LaVergne TN
LVHW010950061026
849535LV00006B/1659